23rd Conference on Computational Linguistics and Speech Processing 2011

(ROCLING 2011)

Poster Papers

Taipei, Taiwan
8-9 September 2011

ISBN: 978-1-62276-509-6

Printed from e-media with permission by:

Curran Associates, Inc.
57 Morehouse Lane
Red Hook, NY 12571

Some format issues inherent in the e-media version may also appear in this print version.

Printed by Curran Associates, Inc. (2013)

For permission requests, please contact the Association for Computational Linguistics at the address below.

Association for Computational Linguistics
209 N. Eighth Street
Stroudsburg, Pennsylvania 18360

Phone: 1-570-476-8006
Fax: 1-570-476-0860

acl@aclweb.org

Additional copies of this publication are available from:

Curran Associates, Inc.
57 Morehouse Lane
Red Hook, NY 12571 USA
Phone: 845-758-0400
Fax: 845-758-2634
Email: curran@proceedings.com
Web: www.proceedings.com

Poster Session 2: Poster Papers

Time: Friday, September 9, 13:00-14:30

序 言

本年度的ROCLING共收到投稿數為 30 篇，每篇論文都至少經 2 位該領域的專家學者審查，最後議程委員會共接受 12 篇oral presentation論文和 13 篇poster presentation論文，包含了語音辨認與合成、機器翻譯、語音學與音韻學之分析及應用、自然語言處理之應用、工具與資源、及語音識別和理解等領域，此審查結果維持了ROCLING歷屆以來一貫的論文品質，並兼顧多層面研究人員的參與，在此非常感謝論文審查委員的把關。

今年的議程安排，除了最新的學術論文的發表外，也邀請三位語音及自然語言處理領域專家給予專題演講，包括新加坡Institute for Infoc omm Research李海洲博士、Google, Taiwan 總經理簡立峰博士與中國東北大學計算機軟件研究所朱靖波博士。此外，王駿發教授也熱心幫忙組織一個Panel Discussion Session ，關心語音及自然語言科技的未來應用與發展。非常感謝他們的幫忙。

我們同時要感謝國科會工程科技推展中心、中央研究院資訊科學研究所、中華電信研究所、資訊工業策進會、工研院資通所、無敵科技、賽微科技與致遠科技的協辦與贊助。另外，也謝謝台北科技大學電子系語音訊號處理實驗室，多媒體訊號處理實驗室，與元智大學資管系自然語言處理與文字探勘實驗室的同學們在各項事務上的協助。

最後，感激各位與會先進的積極參與和支持，使本次研討會得以順利舉行。

大會主席 廖元甫
議程主席 蔡偉和、禹良治 謹識
2011 年 9 月 8 日

Organization

Conference Chair

Yuan-Fu Liao	廖元甫	National Taipei university of Technology

Program Committee Co-Chairs

Wei-Ho Tsai	蔡偉和	National Taipei university of Technology
Liang-Chih Yu	禹良治	Yuan Ze University

Program Committee Members

Guo-Wei Bian	邊國維	Huafan University
Chia-Hui Chang	張嘉惠	National Central University
Jason S. Chang	張俊盛	National Tsing Hua University
Jing-Shin Chang	張景新	National Chi Nan University
Yi-Hsiang Chao	趙怡翔	Ching Yun University
Berlin Chen	陳柏琳	National Taiwan Normal University
Chia-Ping Chen	陳嘉平	National Sun Yat Sen University
Chien-Chin Chen	陳建錦	National Taiwan University
Hsin-Hsi Chen	陳信希	National Taiwan University
Keh-Jiann Chen	陳克健	Academia Sinica
Kuang-Hua Chen	陳光華	National Taiwan University
Sin-Horng Chen	陳信宏	National Chiao Tung University
Tai-Shih Chi	冀泰石	National Chiao Tung University
Jen-Tzung Chien	簡仁宗	National Cheng Kung University
Chih-Yi Chiu	邱志義	National ChiaYi University
Hung-Yan Gu	古鴻炎	National Taiwan University of Science and Technology
Wei-Tyng Hong	洪維廷	Yuan Ze University
Wen-Lian Hsu	許聞廉	Academia Sinica
Jeih-weih Hung	洪志偉	National Chi Nan University
Jyh-Shing Jang	張智星	National Tsing Hua University
Chih-Chung Kuo	郭志忠	Industrial Technology Research Institute

June-Jei Kuo	郭俊桔	National Chung Hsing University
Wen-Hising Lai	賴玟杏	National Kaohsiung First University of Science and Technology
Chao-Lin Liu	劉昭麟	National Chengchi University
Jyi-Shane Liu	劉吉軒	National Chengchi University
Chuan-Jie Lin	林川傑	National Taiwan Ocean University
Shou-De Lin	林守德	National Taiwan University
Richard Tzong-Han Tsai	蔡宗翰	Yuan Ze University
Yuen-Hsien Tseng	曾元顯	National Taiwan Normal University
Hsiao-Chuan Wang	王小川	National Tsing Hua University
Hsin-Min Wang	王新民	Academia Sinica
Yih-Ru Wang	王逸如	National Chiao Tung University
Chin-Sheng Yang	楊錦生	Yuan Ze University
Cheng-Zen Yang	楊正仁	Yuan Ze University
Ming-Shing Yu	余明興	National Chung Hsing University
Chung-Hsien Wu	吳宗憲	National Chen Kung University
Gin-Der Wu	吳俊德	National Chi Nan University
Jui-Feng Yeh	葉瑞峰	National ChiaYi University
Shih-Hung Wu	吳世弘	Chaoyang University of Technology

Program Overview

September 8, 2011 (Thursday) 9:10 ~ 20:00		
09:10-10:00	Registration	
10:00:10:10	Opening Ceremony	Prof. Leehter Yao Chair: Prof. Yuan-Fu Liao
10:10-11:10	Invited Talk: Machine Transliteration – Translating the Untranslatables	Speaker: Prof. Haizhou Li, Institute for Infocomm Research, Singapore Chair: Prof. Hsiao-Chun Wang
11:10-11:40	Coffee Break	
11:40-12:40	Oral Session 1: Speech Recognition and Synthesis	Chair: Prof. Chia-Ping Chen
12:40-13:30	Lunch	
13:30-14:30	ACLCLP meeting for future directions/ Poster Session 1:NSC Project reports	
14:30-15:30	Invited Talk: Opportunities and Technology Challenges for Search Engines in the mobile internet	Speaker: Dr Lee-Feng Chien, General Manager, Google Chair: Prof. Hsin-Hsi Chen
15:30-16:00	Coffee Break/ IJCLCLP editors meeting(資工系系辦公室會議室科技大樓 3 樓)	
16:00-17:00	Panel Discussion: Frontier of speech science and technology for real life	Panelists: 吳宗憲教授，簡立峰博士 郭志忠博士，沈家麟博士 Chair: Prof. Jhing-Fa Wang
17:00~18:00	Walking to banguet place (美麗信飯店)	
18:00-20:00	Banquet (美麗信飯店 buffet)	

September 9, 2011 (Friday) 9:30 ~ 16:20		
9:30-10:30	Invited Talk: Some Issues on Statistical Machine Translation Using Source and Target (or) Syntax	Speaker: Prof. Jingbo Zhu, Northeastern University, ShenYang, China Chair: Prof. Liang-Chih Yu
10:30-11:00	Coffee Break	
11:00-12:00	Oral Session 2: Machine Translation and Word Segmentation	Chair: Prof. Yuen-Hsien Tseng
12:00-13:00	Lunch	
13:00-14:30	Poster Session 2: Poster Papers	
14:30-15:00	Coffee Break	
15:00-16:00	Oral Session 3: Lexicon, Resources and NLP applications	Chair: Prof. June-Jei Kuo
16:00-16:20	Closing Ceremony and Best Paper Award	

Poster Session 2: Poster Papers
Time: Friday, September 9, 13:00-14:30

1. **Probabilistic Modulation Spectrum Factorization for Robust Speech Recognition**

Wen-Yi Chu, Yu-Chen Kao, Berlin Chen and Jeih-Weih Hung

在自動語音辨識技術的發展上，語音強健性一直都是一門重要的研究議題。在眾多的強健性技術中，針對語音特徵參數進行強化與補償為其中之一大主要派別。其中，近年來已有為數不少的新方法，藉由更新語音特徵時間序列及其調變頻譜來提升語音特徵的強健性。本論文即是從語音特徵時間序列的調變頻譜域著手，採用機率式潛藏語意分析之概念，對調變頻譜施以機率式分解並進行成分分析、進而擷取出較重要的成分以求得更具強健性的語音特徵。本方法之所有實驗皆於國際通用的 Aurora-2 連續數字資料庫進行，相較於使用梅爾倒頻譜特徵之基礎實驗，本方法能達到 62.84%的相對錯誤降低率。此外，我們也嘗試將所提方法跟一些知名的特徵強健技術做結合；實驗顯示，相對於單一方法而言，此結合法可進一步提升辨識精確率，代表所提之新方法與許多特徵強健技術有良好的加成性。

2. **應用語音辨識技術於鳥鳴聲辨識**

Wei-En Liao, Wei-Cheng Lin and Wei-Ho Tsai

野外賞鳥已成為大眾休閒的新趨勢，但一般民眾常只能看見鳥或聽見鳥鳴聲，卻不知其種類為何。為了協助大眾識別鳥類，本論文探討鳥鳴聲自動辨識問題，透過語音辨識相關技術，設計鳥鳴聲辨識系統。我們分別從音色及音高兩個層面進行分析，利用梅爾刻度倒頻譜係數表示鳥鳴聲的音色特徵，並搭配高斯混合模型進行特徵的參數模型化與比對；而音高層面分析則請圖求取鳥鳴聲所對應的音符，再利用雙連文模型捕捉音符的動態變化資訊，並據以比對未知鳥鳴聲。我們挑選出大台北地區常見的十種鳥類，並從商業 CD 及鳥類相關網站上收集鳥鳴聲資料，使系統訓練和測諳音檔分別屬不同的來源。實驗結果發現，採用音色、音高、與結合兩者的系統辨識正確率分別為 71.1%、72.1%、與 75.04%。

3. **使用分段式 GMM 及自動 GMM 挑選之語音轉換方法**

Hung-Yan Gu and Sung-Fung Tsai

本論文提出分段式(segmental)高斯混合模型(Gaussian mixture model, GMM)的觀念，用以改進語音轉換的效能，而為了應用該觀念於線上(on-line)進行的語音轉換處理，我們也發展了一個基於動態規劃(dynamic programming, DP)之自動GMM 挑選的演算法。此外， 為了使用單一高斯混合來對映(mapping)離散倒頻譜係數(discrete cepstrum coefficients, DCC)係數，我們也設計了一種高斯混合選取之演算法。關於分段式GMM觀念的評估，在此我們建造了三個採取不同功能組合之語音轉換系統，然後使用三個系統所轉換出的語音去作聽測實驗，實驗的結果顯示，分段式GMM 之觀念確實可用以改進音色相似度(timbre similarity)、及語音品質(voice quality)兩方面的效能。

4. 應用詞彙、語法與語料規則於中文手寫句辨識之校正模組

Tao-Hsing Chang, Chia-Bin Chou, Shou-Yen Su and Chien-Liang Liu

離線手寫中文文字辨識有使用者書寫字跡的變異和文字書寫字體不明顯等問題，造成辨識系統難以辨識其特徵而影響正確性。本論文的研究目的是利用特定領域主題語料中呈現的詞彙、語法及語料規則提高離線手寫中文文字辨識率。本文提出了一個三階段方法來達成目標。首先、利用詞彙優先概念，從候選字中挑選語料庫中的詞彙為辨識結果。第二、查看候選字中是否出現特定的文法組合，並以該組合的候選文字為辨識結果。第三、將剩下相鄰兩個未決定的候選字集組成字串，並和事先由語料庫所產生收錄的雙字組比對，若候選字中存在雙字組則以做為辨識結果。實驗結果顯示本文所提方法可有效的提高辨識率，由單一字頻決定法的 0.45 提升至 0.85。

5. Using Kohonen Maps of Chinese Morphological Families to Visualize the Interplay of Morphology and Semantics in Chinese

Bruno Galmar

A morphological family in Chinese is the set of compound words embedding a common morpheme. Self-organizing maps (SOM) of Chinese morphological families are built. Computation of the unified-distance matrices for the SOMs allows us to perform a semantic clustering of the members of the morphological families. Such a semantic clustering shed light on the interplay between morphology and semantics in Chinese. Then, we studied how the word lists used in a lexical decision task (LDT) [1] are mapped onto the clusters of the SOMs. We showed that such a mapping is helpful to predict whether in a LDT repetitive processing of members of a morphological family would elicit a satiation - habituation - of both morphological and semantic units of the shared morpheme. In their LDT experiment, [1] found evidence for morphological satiation but not for semantic satiation. Conclusions drawn from our computational experimentations and calculations are concordant with [1] behavioral experimental results. We finally showed that our work could be helpful to linguists to prepare adequate word lists for the behavioral study of Chinese morphological families.

6. **The Prior Knowledge Effect on the Processing of Vague Discourse in Mandarin Chinese**

Shu-Ping Gong and Kathleen Ahrens

This study investigates whether prior knowledge affects the processing of vague discourse in Mandarin Chinese. Vague discourse refers to the texts using vague references and neutral descriptors (e.g. 東西 *dōngxī* "thing", 事情 *shìqíng* "item", and 物件 *wùjiàn* "object"), rather than naming the referred to items at the basic level. Three conditions of discourse were tested: one was vague texts preceded by congruent titles, another was texts preceded by incongruent titles and the third was texts preceded without titles. An on-line self-paced reading task was conducted. Participants were instructed to read the vague texts and rate the level of comprehensibility. The rating scores for the level of comprehensibility and the reading time of the whole texts were measured. The experimental results show that people read texts preceded by congruent titles significantly faster than those preceded by incongruent and no titles. However, the reading time of texts preceded by incongruent titles was also significantly shorter than those preceded without titles. We conclude that when people simply read vague idea at a discourse level, the appropriate information is useful for text integration. Inappropriate information, however, can be paid little attention during the text processing and do not increase too much processing load.

7. **On the Learning of Chinese Aspect Markers through Multimedia Program**

Tzu-Hui Hsieh, Yi-Chun Kuo, Shu-Chun Chung and Jiun-Shiung Wu

The purpose of this study is to develop a multimedia program and examine its effects on learning Chinese aspect markers le, zai, and zhe. The materials in the program were based on linguistic studies of le, zai, and zhe (Li & Thompson, 2005; Lin, 2002; Liu, 1997; Pan, 1996; Smith, 1997; Wu & Kuo, 2003; Wu, 2003, 2005, 2007; Xiao & McEnery, 2004; Yeh, 1993). We predicted that this multimedia program with animation presenting the target sentences can significantly improve Chinese as a Foreign Language (for short, CFL) learners' acquisition of these aspect markers. The participants were totally 35 CFL beginners. Nineteen of them in the experimental group received the interactive multimedia program and sixteen of them in the control group took the computer-based grammar program. The teaching experiment is a section of twenty minutes per day for 3 days. We conduct a pretest, immediate posttest, and one-month delayed posttest, and the performances between the two groups were compared using the independent T-test. Findings indicated that the experimental group showed a significant advantage over the control group both in the immediate posttest and the delayed posttest.

8. 中文文字蘊涵系統之特徵分析

Wan-Chi Huang, Shih-Hung Wu, Liang-Pu Chen and Tsun Ku

文字蘊涵(Textual Entailment)的定義是判斷兩個句子能否互相推論。推論可分為五種類型：正向、反向、雙向、矛盾、獨立。這五種類型分別代表著不同的蘊涵關係。文字蘊涵辨識(Textual Entailment Recognition)是相當困難的自然語言處理問題。由於中文文字蘊涵的文獻較缺乏，本篇論文將中文文字蘊涵辨識提出了一個流程，提供給之後想要做這個題目的人的作為一個參考。中文的文字處理相較於英文的文字處理有許多不同的難處，在本篇論文中，我們將介紹處理中文的文字處理遇到的難處以及處理的流程。我們的系統使用支援向量機(Supportvector machine, SVM)作為區分類型的演算法。使用的特徵分為兩個方向：1.文字特徵2.語意特徵。

9. 結合語言模型與網路知識源於列印前檢查

Yu-Jui Huang, Ming-Chin Yen, Guan-Huei Wu, Yao-Yi Wang and Jui-Feng Yeh

人們印製文件時常會疏忽了錯字而在印製完畢後才發現內容有拼字錯誤，在這種情況下往往需要重新印製一份，但這不僅浪費紙張、墨水、印表機的電力等等資源也需花費額外的時間導致降低了工作效率。假如我們能在列印前先發現文件內容的拼字錯誤並及時阻止印表機列印，則可解決我們前面所提及的問題產生。因此，本研究使用語言模型來進行比對之外還另外增加了網路搜尋的新功能搭配一起進行檢查，以便改善拼字錯誤造成列印資源的浪費。

10. Diagnosing Discoursal Organization in Learner Writing via Conjunctive Adverbials

Tung-Yu Kao and Li-Mei Chen

The present study aim s to investigate genre influence on the use and m isuse of conjunctive adverbials (hereafter CAs) by compiling a learner corpus annotated with discoursal information on CAs. To do so, an online interface is constructed to collect and annotate data, and an annotat ing system for identifying the use and misuse of CAs is developed. The results show that genre difference has no im pact on the use and m isuse of CAs, but that there does exist a norm distribution of textual relations perform ed by CAs, indicating a pref erence preset in hum an cognition. Statistic analysis also show s that the proposed m isuse patterns do significantly differ from one another in terms of appropriateness and necessity, ratifying the need to differentiate these misuse patterns. The results in the present study have three possible applications. Fi rst, the annotate data can serve as training data for developing technology that automatically diagnoses learner writing on the discoursal level. S econd, the founding that textual relations performed by CAs form a distribution norm can be used as a princip le to evaluate discoursal organization in learner writing. Lastly, the misuse framework not only identifies the location of misuse of CAs but also indicates direction for correction.

11. Compositional Operations of Mandarin Chinese Verb “da3”: A Generative Lexicon Approach

Li-Chuan Ku

The compositional operations of Mandarin Chinese predicates are very complex. In a highly analytic language such as Mandarin Chinese, a verb can often choose from a wide range of nouns/nominal compounds as its arguments. This paper hopes to capture a different picture of such an operation through investigating authentic corpus data of Chinese verb “打” (da3, *to hit*). In this study, we’d like to show that the qualia structure and type system proposed by Pustejovsky’s (1995) the *Generative Lexicon* can affect the interpretation of verb-argument composition of “da3”, and to examine whether the compositional operations of “da3” varies under different senses with its own type selection preference. Our results show that, given that Wang and Huang (2010)’s similar investigation on the perceptual verb “kàn” (look at) indicates diverse mechanisms, the compositional operation patterns of “da3” are much like those proposed by Pustejovsky’s (2008). In view of this, we also provide some limitation and future direction of this study in the last section.

12. Typological Universals and Intrinsic Universals on the L2 Acquisition of Consonant Clusters

Chin-Chin Tseng

This study is to examine if typological universals built upon primary languages are applicable to interlanguage data in SLA. Implicational universal is considered the classic example of a typological universal by Croft (2003). Thus, the Interlanguage Structural Conformity Hypothesis, which consists of two implicational universals proposed by Eckman (1991), were tested against data from an interlanguage. The interlanguage data reconfirms that syllable structure plays a key role in the Fricative-Stop Prinicple. However, the Fricative-Stop Principle is sensitive to the position which clusters occur in a syllable. This typological universal is only applicable to final consonant clusters only. The test results do not conform with the Resolvability Principle. The Resolvability Principle claims that if a language has a consonantal sequence of length m in either initial or final position, it also has at least one continuous subsequence of length m-1 in this same position. Taiwanese3 speakers" interlanguage data show that they can produce a consonantal sequence of 3 [spr-], but fail to produce a consonantal sequence of 2 [bl-], which violates the proposed typological universal. Thus, intrinsic universals are proposed to explain the interlanguage data in this study, i.e. the position that a consonant cluster occurs in a syllable and its articulatory components all contributed to the intrinsic universals.

13. 多語語碼轉換之未知詞擷取

Yi-Lun Wu, Chaio-Wen Hsieh, Wei-Hsuan Lin, Chun-Yi Liu and Liang-Chih Yu

在多語環境下，一段語句可能發生由一種語言轉換到另一種語言的現象，也就是說，語句由兩種或兩種以上的語言所組成，此即為語碼轉換(code-switching)現象。以我國語言使用的情況來說，國語夾雜台客英短語的現象在日常生活中已相當普遍，這些語言混用現象也造成了語言處理上的重大挑戰。有鑑於此，本論文收集中英、國台及國客夾雜之文字語料，並分析以國語為主要語言之中英、國台及國客夾雜現象，接著提出以交互資訊(mutual information)與熵(entropy)為基礎之未知詞擷取演算法，自動從多語夾雜語料中找出未知詞。實驗結果顯示本論文所提出的方法可藉由過濾無關的新詞提升未知詞擷取之精確度。

機率式調變頻譜分解於強健性語音辨識
Probabilistic Modulation Spectrum Factorization for Robust Speech Recognition

朱紋儀 高予真 陳柏琳
國立臺灣師範大學資訊工程學系
Department of Computer Science and Information Engineering
National Taiwan Normal University
{698470075, 699470424, berlin}@ntnu.edu.tw

洪志偉
國立暨南國際大學電機工程學系
Department of Electrical Engineering
National Chi Nan University
jwhung@ncnu.edu.tw

摘要

在自動語音辨識技術的發展上，語音強健性一直都是一門重要的研究議題。在眾多的強健性技術中，針對語音特徵參數進行強化與補償為其中之一大主要派別。其中，近年來已有為數不少的新方法，藉由更新語音特徵時間序列及其調變頻譜來提升語音特徵的強健性。本論文即是從語音特徵時間序列的調變頻譜域著手，採用機率式潛藏語意分析之概念，對調變頻譜施以機率式分解並進行成分分析、進而擷取出較重要的成分以求得更具強健性的語音特徵。本方法之所有實驗皆於國際通用的 Aurora-2 連續數字資料庫進行，相較於使用梅爾倒頻譜特徵之基礎實驗，本方法能達到 62.84%的相對錯誤降低率。此外，我們也嘗試將所提方法跟一些知名的特徵強健技術做結合；實驗顯示，相對於單一方法而言，此結合法可進一步提升辨識精確率，代表所提之新方法與許多特徵強健技術有良好的加成性。

關鍵詞： 雜訊強健性、語音特徵參數強化、調變頻譜、機率式潛藏語意分析

一、緒論

大部份的自動語音辨識(automatic speech recognition, ASR)系統，在不受雜訊干擾的理想實驗室發展環境下，皆可獲得良好的辨識效果；但若應用至真實的日常環境中，卻往往因為環境中諸多複雜因素的影響，造成系統之訓練環境與測試環境存在不匹配(mismatch)的問題，使得此系統之辨識精確率大幅度降低。而以上所述造成環境不匹配問題的種種因素包含了：語者發音結構差異、語者腔調變異、加成性背景雜訊、摺積性通道雜訊及其他語者發音的干擾等。所謂的語音辨識之強健性技術，即是致力於降低上述因素所帶來之影響，進而使語音辨識系統在不匹配問題存在的環境下，仍能保有一定的辨識能力。

目前而言，針對雜訊干擾的各種語音強健技術大致可分為三種類型：第一種類型為以聲學模型為基礎之強健性技術(model-based techniques)，其概念為以不變動語音特徵為原則，主要作用於聲學模型空間，期望藉由調整聲學模型之參數而能更正確地代表含環境雜訊之語音特徵；第二種類型為以語音特徵為基礎之強健性技術(feature-based techniques)，它主要作用於語音特徵空間，期望雜訊語音與其原始乾淨語音在此特徵表

示(speech feature representation)域上能趨於一致，藉此降低環境雜訊在語音特徵上所造成的不匹配效應；最後第三個類型為綜合式強健性技術(joint technique)，它同時考慮到上述兩種類型的技術，以達到結合特徵空間與模型空間之資訊為目的。

以語音特徵為基礎之強健性技術的其中之一個研究方向，是對於語音特徵參數之統計特性加以正規化；此方向涵蓋了著名的倒頻譜平均值減去法(cepstral mean subtraction, CMS)[1]、倒頻譜平均數與變異數正規化法(cepstral mean and variance normalization, MVN)[2]與統計圖等化法(histogram equalization, HEQ)[3]等，這些方法皆是直接將時間序列域(temporal domain)上的語音特徵視作為隨機變數(random variable)的樣本(samples)，利用這些樣本估測隨機變數的各樣統計值(statistics)，進而對語音特徵時間序列做線性或非線性的轉換，使其在部分或全部統計特性上能達到正規化的目標。

值得注意的是，環境中的干擾因素不僅會改變語音特徵之統計特性，同時也會引發語音特徵之時空結構(temporal structure)扭曲；而特徵參數時間序列之調變頻譜(modulation spectrum)為一有效描繪時空結構之媒介，相對於上述之語音特徵正規化法的觀念而言，可能具有更廣泛的分析面向，因其同時考慮到了語音特徵隨時間變化的性質(即各調變頻率之成分)。特別一提的是，過去的研究[4]顯示，不同調變頻率成分對語音辨識有著不同的重要性，位於 1 Hz 至 16 Hz 之調變頻率成分包藏了最有用的語意資訊，其中又以 4 Hz 附近的頻率成分特別突出。因此，近年來已有為數不少的學者致力於正規化特徵參數之時空結構，藉此直接或間接地強化語音特徵之調變頻譜，藉此提升語音特徵的雜訊強健性；相關的技術包括了調變頻譜統計圖等化法(spectral histogram equalization, SHE)[5]、分頻式調變頻譜統計正規化法(sub-band modulation spectrum compensation)[6]與一系列資料導向(data-driven)之時間序列濾波器法[7-10]等。

綜觀上述之技術，絕大多皆是藉由正規化時間序列或調變頻譜之統計特性，以降低語句間不匹配的程度，進而提昇語音辨識系統之強健性。本論文嘗試更進一步、以一個嶄新的觀點切入，利用機率式潛藏語意分析(probabilistic latent semantic analysis, PLSA)[11]賦予調變頻譜機率的意義，其透過一組潛藏的主題機率分布，描述調變頻率與調變頻譜強度成分之間的關係。因此，此利用機率式潛藏語意分析來觀察語音特徵的時空結構，可視為一種對於調變頻譜施以機率式分解並同時進行成分分析的方法。實作上，我們藉由機率式潛藏語意分析，從乾淨訓練語音特徵中萃取出一組潛藏的主題機率分布，以利而後任一句乾淨或雜訊語句更新其強度調變頻譜時使用，進而達到強化語音特徵之調變頻譜之目的。

在一系列的語音辨識實驗上，我們發現上述的新方法可以顯著地提升原始語音特徵在雜訊環境下的精確率，其效能等同甚至超越現行許多強健性技術，足見此新方法不僅在理論上具有嶄新的意義、在應用上也有其實際顯著的價值。

二、正規化時間序列結構特性之方法

（一）語音特徵之調變頻譜受雜訊干擾之影響情形

對於一語音特徵時間序列 $\{x[n]\}$ 而言，其調變頻譜定義如下：

$$X[k] = DFT(x[n]), \tag{1}$$

其中，n 與 k 依序為音框索引與調變頻率索引，DFT 為離散傅立葉轉換(discrete Fourier transform)。式(1)之頻譜序列可視為一種對於原始語音訊號作降低取樣(down-sampled)後的調變訊號(由訊號取樣頻率轉至音框取樣率)，此序列即為所屬語音特徵時間序列之調變頻譜(modulation spectrum)。由式(1)可知，調變頻譜 $X[k]$ 之最高頻率與特徵序列 $x[n]$

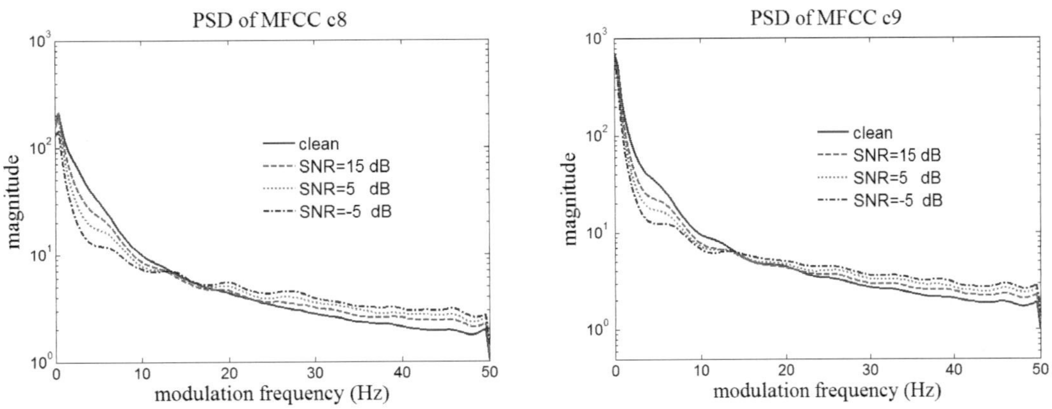

(a)c8　　(b)c9

圖一、梅爾倒頻譜參數於乾淨與三種訊噪比情況之功率頻譜密度圖

之取樣頻率(音框取樣率)相關。例如，在一般設定下，音框取樣率為 100 Hz，則最高調變頻率為 50 Hz。

過去已有不少學者投注心力於語音特徵之調變頻譜特性之研究，且大多研究不約而同地顯示，調變頻譜之低頻成分(約 1 Hz 至 16 Hz)對於語音辨識精確度有顯著的關連，而其中尤以 4 Hz 的成分最為重要。有趣的是，4 Hz 也是人耳聽覺最為敏感之調變頻率[12]。此外有一假說，4 Hz 為人類大腦皮層感知之重要調變頻率[13]。當語音訊號受到噪音干擾時，不僅會使其時間特徵時間序列產生失真，同時其調變頻譜也會因而改變。在此，我們用一簡例來說明雜訊對語音調變頻譜之強度(magnitude part)產生的失真。首先，我們求取語音之梅爾倒頻譜參數(Mel-frequency cepstral coefficients, MFCC)於乾淨與不同訊噪比(signal-to-noise ratio, SNR)情況下之調變頻譜，其次，值得注意的是，因為不僅有雜訊會影響調變頻譜之值，尚有其它干擾因素，如語句之說話內容及語者特性等。因此，為降低雜訊以外的其他因素，在此我們要觀察的調變頻譜強度，是經由 1,688 句語句(出自 Aurora-2 語音資料庫[16])之倒頻譜特徵的調變頻譜強度平均而得。圖一中的曲線為梅爾倒頻譜參數於乾淨與三種訊噪比情況之平均調變頻譜強度；其中，圖一(a)對應至第八維梅爾倒頻譜參數 c8，圖一(b)則對應至第九維梅爾倒頻譜參數 c9。從圖一(a)(b)，我們首先觀察到調變頻譜之強度皆較集中於低頻，呼應了前人之發現，即語音特徵的調變頻譜強度主要都集中於低頻成分。其次，若將乾淨特徵與含雜訊特徵之調變頻譜強度加以比較，可明顯看出雜訊對整個調變頻帶都造成失真，其中低頻之強度會因此下降，而高頻之強度則反而上升，兩者之臨界約在 15 Hz 至 20 Hz 之間。最後，若比較不同訊噪比(SNR)之對應曲線，我們發現隨著雜訊的比例升高，調變頻譜強度於低頻下降與高頻上升之幅度也隨之加劇；意謂著雜訊對於調變頻譜之影響為使之整體分布趨於平坦，這與過去一些相似研究之觀點大致相同[7, 8, 17]。

（二）特徵參數之調變頻譜之強健化的相關研究介紹

目前對於調變頻譜改進其雜訊強健性(noise robustness)之技術，大多是對式(1)之 $X[k]$ 其強度成分 $|X[k]|$ 作更新，並保留其相位成分 $\theta[k]=\angle X[k]$ 不變。更新後的強度成分與原始相位成分相結合後，經由反傅立葉轉換(inverse discrete Fourier transform, IDFT)以求得新語音特徵時間序列。若上所述之調變頻譜的強度能夠被適當地更新，則將可有效降低雜訊產生的失真，進而讓使用新的語音特徵的語音辨識系統獲得較佳的辨識率。以下，我們

將簡述幾種更新調變頻譜的演算法，這些方法皆被初步驗證能有效提升語音特徵的雜訊強健性。

1、調變頻譜統計圖法(spectral histogram equalization, SHE)

此項技術[5]是將圖像辨識(pattern recognition)常用的統計圖等化演算法(histogram equalization, HEQ)應用於語音特徵調變頻譜強度的更新上，利用一非線性的轉換(nonlinear transform)，使訓練語句與測試語句的調變頻譜強度趨於同一個機率分布函數(probability distribution function, PDF)。在此方法中，新調變頻譜強度$|\tilde{X}[k]|$與原始強度$|X[k]|$之關係為

$$\left|\tilde{X}[k]\right| = F_{ref}^{-1}\left(F_X\left(\left|X[k]\right|\right)\right) \tag{2}$$

其中，$F_X(\cdot)$為單一語句$\{x[n]\}$之調變頻譜強度的機率分布，而$F_{ref}(\cdot)$則為集合所有訓練語句之調變頻譜強度所求的參考機率分布。

上述之 SHE 法可將特徵的調變頻譜強度作非線性的轉換，進而使其機率分布正規化，與其相關連的方法包括了(調變)頻譜平均正規化法(spectral mean normalization, SMN)[6]及頻譜平均與變異數正規化法(spectral mean and variance normalization, SMVN)[6]等。這兩種方法利用了線性轉換(linear transform)，分別對調變頻譜強度之平均值、或平均值與變異數加以正規化，類似 SHE 的觀念，SMN 與 SMVN 同樣可將乾淨語音特徵與雜訊語音特徵之調變頻譜強度之間的不匹配降低，進而提升特徵的雜訊強健性。

2、分頻段調變頻譜統計正規化法

前面所提到的 SHE, SMN 與 SMVN 三種方法，是將全部調變頻帶之頻譜強度值視為同一隨機變數(random variable)的樣本(samples)，進而一齊作正規化。然而，如前所述，不同調變頻率的成分在語音辨識中存在不等價的重要性，低頻成分比高頻成分相對重要。因此，文獻[6]提出將調變頻帶切割成多段的子頻段，再分別對每一個子頻段的頻譜強度作統計值(如先前所提的平均值、變異數或統計圖)正規化處理，而為了強調較低調變頻率的重要性，在低頻部分，子頻段的頻寬較細、子頻段的數目較多，高頻部分則是相反。根據文獻[6]的實驗數據顯示，分頻段正規化相對於全頻帶正規化而言，可以得到更佳的辨識率，然而，其計算複雜度與所需記憶體空間也較大。

3、時間序列結構正規化法(TSN)

時間序列結構正規化法(temporal structure normalization, TSN)[7] 是屬於一種時間序列濾波器(temporal filter)設計之技術，其藉由語音特徵序列通過一事先設計之濾波器，以達到正規化調變頻譜之目的。茲將TSN法所使用的濾波器設計步驟簡述如下：

<u>STEP 1</u>: 將訓練語料庫中，所有乾淨語音特徵序列(對單一種類之特徵而言)對應之功率頻譜密度(power spectral density, PSD)作平均，此平均視為參考功率頻譜密度，以$\{\bar{P}_{SS}[k]\}$表示，其中k為頻率索引。

<u>STEP 2</u>: 對訓練與測試語料庫中，求取個別語音特徵序列之功率頻譜密度，以$\{P_{XX}[k]\}$表示，則濾波器的頻率響應(frequency response)定為：

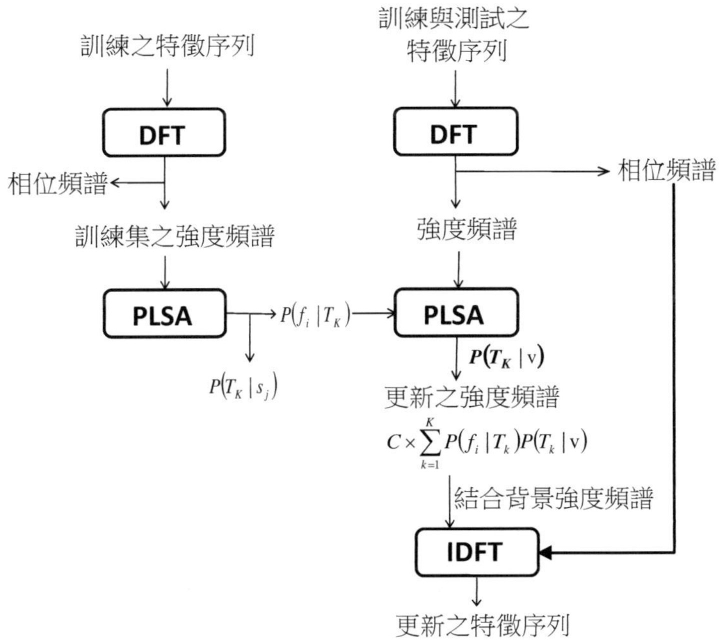

圖二、以機率式潛藏語意分析為基礎之調變頻譜正規化法之程序

$$H[k] = \sqrt{\frac{\overline{P}_{SS}[k]}{P_{XX}[k]}} \tag{3}$$

STEP 3:將式(3)做反離散傅立葉轉換(IDFT)，所得的序列先後經過窗化(windowing)與直流增益(DC gain)正規化後，最後所得的序列即為TSN所用的濾波器之脈衝響應(impulse response)，以 $\{h[n]\}$ 表示。

值得注意的是，上述的濾波器頻率響應 $\{h[n]\}$ 是隨不同特徵序列而改變(因為式(3)裡的 $\{P_{XX}[k]\}$ 是個別特徵序列的PSD)，個別特徵序列通過其對應的TSN濾波器後，新特徵序列的PSD會逼近於參考PSD，由於PSD可視為平緩化後(smoothed)的調變頻譜強度平方，故TSN的目標相當於將語音特徵序列的調變頻譜強度一致化，藉以降低因雜訊干擾在調變頻譜強度造成的變異。

三、以機率式潛藏語意分析為基礎之調變頻譜正規化法

本論文嘗試機率式潛藏語意分析(probabilistic latent semantic analysis, PLSA)[11]應用於調變頻譜處理，其是一種使用機率模型的方式，找出調變頻譜強度與不同語音特徵序列之間的主題資訊。PLSA 可被視為是一種觀點模型(aspect model)的分析，其透過一組隱藏變數的機率分布，以共同預測一事件發生的可能性，而此組隱藏變數，即可被喻為一組潛藏主題。當我們使用 PLSA 來更新語音特徵時間序列的調變頻譜強度時，其流程圖如圖二所示，而詳細步驟陳述如下：

（一）藉由乾淨語音特徵序列之調變頻譜強度，求取其對應的 PLSA 生成模型

我們使用 PLSA 的觀念，為每一句乾淨訓練語句之特徵序列的調變頻譜強度建立生成模型，其透過一組共享的潛藏主題機率分布，以描繪每一語音特徵序列與其調變頻譜強度

的對應關係，首先，我們建立一關係矩陣 V，其每一行(column)是個別訓練語句特徵序列之調變頻譜強度，長度為 L，若共有 M 句訓練語句特徵序列，則 V 為 $L \times M$ 的矩陣，通常 $M >> L$，接下來，我們將矩陣 V 近似為兩個矩陣之乘積[14]：

$$\mathrm{V} \approx \mathrm{G}\mathrm{H}^{\mathrm{T}} \tag{4}$$

其中 G 與 H^{T} 分別為 $L \times K$ 與 $K \times M$ 的矩陣，而 K 即為 PLSA 中預設的潛藏主題個數。在這兩個矩陣裡：

(1) 矩陣 G 的第 i 列(row)的向量，表示為第 i 個調變頻率之強度成分(以 f_i 表示)在不同潛藏主題中生成的機率值，

(2) 矩陣 H^{T} 的第 j 行(以 s_j 表示)則是表示第 j 個語句產生不同潛藏主題的主題機率分布。更明確地說明，關係矩陣 V 中的每一個元素 $a_{i,j}$ 被近似為：

$$a_{i,j} = P\left(f_i \mid s_j\right) \approx \sum_{k=1}^{K} P\left(f_i \mid T_k\right) P\left(T_k \mid s_j\right) \tag{5}$$

即為個別序列 s_j 透過潛藏主題分布估算產生調變頻譜強度 f_i 的機率值。觀察上式可知，機率式潛藏語意分析有兩大類的模型參數需要估算，分別為每一個調變頻譜的主題機率分布 $P\left(T_K \mid s_j\right)$ 與各主題生成調變頻譜強度的機率分布 $P\left(f_i \mid T_K\right)$；而這些參數則可經由最大化訓練語句中每一個調變頻譜之對數相似度(log-likelihood)，並以期望值最大化法(expectation-maximization, EM)求得。值得一提的是，已有研究證實在適當的設定與推導下，機率式潛藏語意分析與非負矩陣分解(nonnegative matrix factorization, NMF)為等價的概念[15]，而非負矩陣分解則是一項已被廣泛運用於影像處理的演算法。藉由文獻[15]所介紹的演算法，我們可以求得上述 PLSA 的兩大類參數 $\{P(T_K \mid s_j)\}$ 與 $\{P(f_i \mid T_K)\}$ 。

（二）利用 PLSA 生成模型參數，重建語音特徵序列之調變頻譜強度

在這一步驟中，無論是測試語句或是訓練語句，其原始調變頻譜強度(以 v 表示)，皆經由上一步驟所得之機率式潛藏語意分析的兩個機率分布 $P\left(f_i \mid T_K\right)$ 與 $P\left(T_K \mid s_j\right)$，進行重新估算(新的調變頻譜強度，在此以 $\tilde{\mathrm{v}}$ 表示)。其中必須注意的是，上述之 $P\left(T_K \mid s_j\right)$ 是乾淨訓練特徵序列其調變頻譜的主題機率分布，因此對於測試特徵序列之調變頻譜 v 而言，其主題機率分布是未知的。在這裡，為了使訓練語句與測試語句皆通過相同的處理、降低可能的失真，我們對於任一調變頻譜強度 v ，利用以下公式進行估算其主題機率分布 $P\left(T_K \mid \mathrm{v}\right)$：

$$P\left(T_K \mid \mathrm{v}\right) = \frac{\sum_{i=1}^{L+1} f_i \cdot h\left(T_k \mid f_i, \mathrm{v}\right)}{\sum_{j=1}^{L+1} f_j} \tag{6}$$

其中

$$h\left(T_k \mid f_i, \mathrm{v}\right) = \frac{P(f_i \mid T_k) P(T_k \mid \mathrm{v})}{\sum_{l=1}^{K} P(f_i \mid T_l) P(T_l \mid \mathrm{v})} \tag{7}$$

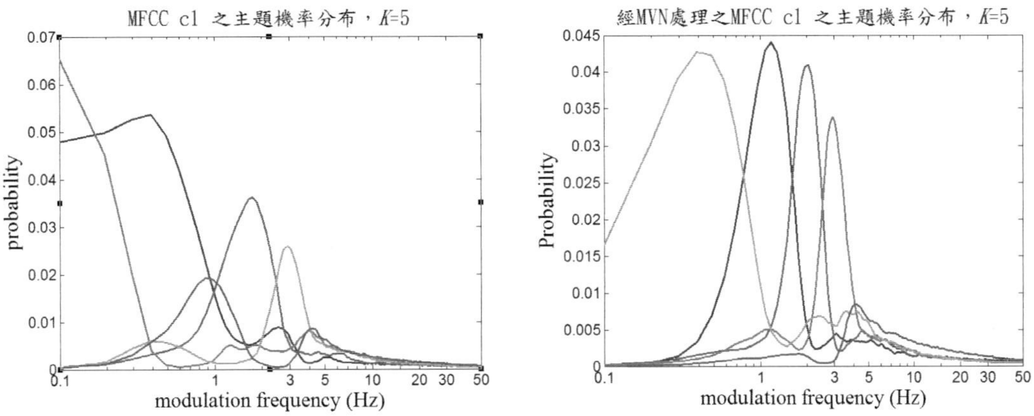

圖三、PLSA 對於(a)原始 MFCC 之 c1 (b)MVN 處理後 MFCC 之 c1 所求得的五個主題機率分布頻譜強度

在得到調變頻譜 v 的機率分布 $P(T_K \mid \mathrm{v})$，並配合原有的 $P(f_i \mid T_K)$，我們即可估算初步更新之每一維調變頻譜 $\tilde{\mathrm{v}}_i$，如下式所示：

$$\tilde{\mathrm{v}}_i = C \times \sum_{k=1}^{K} P(f_i \mid T_k) P(T_k \mid \mathrm{v}) \tag{8}$$

其中 C 為原始調變頻譜強度 v 每一維 v_i 的和，即 $C = \sum_{i=1}^{L} \mathrm{v}_i$ 。

此外，在實際操作上，由於原始機率式潛藏語意分析運用於語言模型時，皆會使用模型插補法，將其與背景模型相結合；在此我們採用相同的概念，將乾淨語音特徵之調變頻譜強度之平均作為背景調變頻譜強度(在此以 u 表示)，再利用插補法將其與式(8)之 $\tilde{\mathrm{v}}$ 做線性組合，得到最終之新的每一維調變頻譜強度 $\hat{\mathrm{v}}_i$，如下式所示：

$$\hat{\mathrm{v}}_i = \alpha \mathrm{u}_i + (1-\alpha)\tilde{\mathrm{v}}_i \tag{9}$$

其中 α 為加權值。

最後，我們將更新後之調變頻譜強度與原始調變頻譜相位做組合，並經由反傅立葉轉換(inverse DFT, IDFT)，將其轉換成新的特徵序列。

關於上述以 PLSA 為基礎之更新調變頻譜強度的演算法，有下列二項實作層面上的細節需注意，其描述如下：

(1) 儘管特徵時間序列之長度因語句而異，但是在此我們將其調變頻譜之長度(即其取離散傅立葉轉換的點數)設為定值，因此所有語句之調變頻譜長度皆相同，此外需注意的是，此定值需大於或等於任一待處理之特徵時間序列的長度，以避免時間混疊(time aliasing)的不良效應。

(2) 對更新後的調變頻譜進行反傅立葉轉換後，所得之序列長度會大於或等於原始特徵序列的長度(假設為 N)，因此我們只保留此新序列的前 N 點，作為最終的新特徵序列，此作法是根據最小化平方差(minimum mean squared error, MMSE)的最佳準則而得。

在圖三(a)與三(b)中，我們繪製了由以上 PLSA 法所得到的五個隱藏主題對應之調變頻譜強度(即等式(4)中矩陣 G 的行向量)，圖三(a)是對應原始 MFCC 之 c1 特徵，圖三(b)則是對應經 MVN 處理後 MFCC 之 c1 特徵。這兩圖都顯示了，PLSA 所得之潛藏主題調變頻譜強度都集中在低頻成分(大約 10 Hz 以下)，如前所述，這區域正是重要語音資訊匯集之處，顯示了 PLSA 可以有效將語音特徵序列重要的調變頻譜成分擷取出、並抑制不重要或容易受干擾的中高頻成分。而圖三(a)與三(b)的主要差別，在於後者的多數主題頻譜強度其極低頻之近直流成分(DC)很小，這是因為 MVN 處理後的 MFCC 特徵，其直流成分為零，PLSA 法所得的主題頻譜強度忠實地反映了這個前提。

四、實驗結果與分析

（一）實驗語料庫

本論文所使用的實驗語料庫為 Aurora-2 英文連續數字語料庫[16]，參與錄音計畫的語者皆是美國成年人。為了評估雜訊或通道對於語音的影響，測試部分的語音分別摻有八種不同來源的加成性雜訊(additive noise)和兩種不同特性的通道效應。根據不同種類的干擾，分成三個測試集：Set A, Set B 與 Set C。Set A 的語音分別含有地下鐵(subway)、人聲(babble)、汽車(car)和展覽會館(exhibition)等四種加成性雜訊與 G.712 通道效應； Set B 的語音則分別含有餐廳(restaurant)、街道(street)、機場(airport)和火車站(train station)等四種加成性雜訊與 G.712 的通道效應；Set C 分別加入了地下鐵(subway)與街道(street)兩種雜訊與 MIRS 通道效應。其中，而其中的訊噪比則有七種，分別為 clean (∞ dB)、20 dB、15 dB、10 dB、5 dB、0 dB 和-5 dB。Aurora-2 資料庫提供兩種訓練聲學模型的模式：乾淨情境訓練模式(clean-condition training)與複合情境訓練模式(multi-condition training)，本論文統一使用乾淨語料訓練模式來進行實驗，訓練集的乾淨語音共有 8,440 句，其中並無加成性雜訊，卻包含了 G.712 的通道效應，因此在三個測試集中，訓練集只與測試集 Set C 有通道上的不匹配。

（二）實驗設定

在前端處理方面，本論文的基礎實驗是採用梅爾倒頻譜係數做為語音特徵參數，其中預強調(pre-emphasis)參數設為 0.97，視窗函數為漢明窗(Hamming window)，取樣音框長度(frame length)為 25 毫秒，音框間距(frame shift)為 10 毫秒，每個音框是以 39 維特徵向量表示，其中包含 12 維的梅爾倒頻譜係數(c_1~c_{12})與第零維倒頻譜係數(c_0)，附加上其第一階差量係數(delta coefficient)和第二階差量係數(acceleration coefficient)。

在聲學模型的設定上，每個數字模型(one, two, …, nine, zero 和 oh)皆由一個由左到右(left-to-right)形式的連續密度隱藏式馬可夫模型(continuous density hidden Markov model, CDHMM)表示，其中包含 16 個狀態(state)，每個狀態則有 20 個高斯混合(Gaussian mixtures)。靜音模型則為 1 個狀態，內含 36 個高斯混合的模型。上述所有聲學特徵的建立、聲學模型的訓練與各種辨識實驗都是使用 HTK 工具套件[18]完成。

（三）辨識效能評估方式

辨識效能評估的方式是採用美國標準與科技組織(the national institute of standards and technology，NIST)[19]所訂立的評估標準，進行正確轉譯文句字串與辨識字串的比較。評估單位是以詞精確率(word accuracy)為單位，計算正確轉譯文句字串與辨識字串間的詞取代個數(substitutions)和詞插入個數(insertions)；計算公式如下所示：

$$\text{詞精確率}(\%) = \frac{\text{詞正確辨識個數} - \text{詞插入個數}}{\text{輸入詞總數}} \times 100\% \qquad (10)$$

值得注意的是，根據原 Aurora-2 資料庫的設定，每一種雜訊的平均詞精確率計算方式

表一、 PLSA 法作用於原始 MFCC 特徵的辨識結果，其中 Avg(%)與 RR(%)分別為總平均辨識精確率與相對錯誤降低率。

平均詞精確率 (%)		Clean	Set A	Set B	Set C	Avg.	RR
MFCC baseline		99.79	72.46	68.31	78.82	72.07	——
PLSA	K=5	99.56	89.20	90.20	89.41	89.62	62.84
	K=10	99.59	89.05	90.25	89.25	89.57	62.66
	K=15	99.61	88.81	90.15	88.87	89.36	61.90
	K=20	99.59	88.78	90.18	88.69	89.32	61.76

是對於 20 dB 至 0 dB 的五種訊噪比(SNR)辨識率取平均，而排除掉乾淨情況和-5dB 二種極端的訊噪比的辨識率；本論文後續的所有平均辨識率皆是遵循此種呈現方式。

（四）實驗結果呈現與討論

1、PLSA 法作用於原始 MFCC 所得之辨識率

我們將所提出的 PLSA 法對於原始 39 維 MFCC 語音特徵參數時間序列做處理，其對應的平均辨識精確率詳列於表一之中；在 PLSA 法的參數設定上，我們令潛藏主題個數 K 分別為 5,10, 15 與 20，而式(9)中的加權值 α 則預設為 0.85。從表一的數據中，我們有以下幾點發現：

(1) 在匹配的乾淨環境下，相較於基礎實驗結果，PLSA 法對應的辨識精確率略為下降，但其下降程度並不顯著(最大下降率為 0.23%)，且跟選擇隱藏主題個數並無明顯關係。此現象驗證了，以 PLSA 為基礎的模型足以充分呈現語音特徵之調變頻譜強度的特性。對於調變頻譜強度而言，PLSA 為一種高效能編碼(encoding)的方式，其中只需使用少量之隱藏主題，就足以保有語音特徵之調變頻譜強度內含的辨識資訊。

(2) 在不匹配的雜訊干擾環境下，PLSA 處理後之語音特徵其表現明顯優於原始語音特徵。跟基礎實驗結果比較，在使用主題數為 5(K =5)的 PLSA 法時，辨識精確率被提升了 17.55%，相對錯誤降低率高達 62.84%，而其它主題數的 PLSA 法也有十分類似的效能。因此，我們所提出的 PLSA 法確實能有效提升原始梅爾倒頻譜特徵之雜訊強健性。此外，回顧圖三所顯示之主題機率分布對應之頻譜強度，可推知藉由 PLSA 的處理，對應至非語音成分失真之高頻調變頻譜成分會被大幅縮減，因而得到辨識精確率的進步。

(3) 相較於乾淨環境情況下，在雜訊干擾環境中增加主題機率分布數量 K，辨識精確率反而會微幅下降。然而跟乾淨環境之情形類似，不同主題數之 PLSA 其所造成的辨識精確率差距並不明顯，平均而言最大差距僅 0.30%(從 89.62%下降至 89.32%)。

2、PLSA 法結合其他強健性特徵演算法所得之辨識率

其次，我們將原始語音特徵先經過倒頻譜平均消去法(CMS)[1]或倒頻譜平均與變異數正規化法(MVN)[2]處理後，再透過我們所提出的 PLSA 法加以處理，藉此觀察 PLSA 與 CMS 或 MVN 這兩種典型的特徵序列處理技術是否有加成性，其所對應的辨識精確率分別列於表二與表三。觀察這兩個表的數據、並與表一比較，我們可知：

表二、 PLSA 為基礎之方法作用於經 CMS 處理之 MFCC 特徵的辨識結果，其中 RR_1 (%)與 RR_2 (%)分別為對比於基礎實驗與 CMS 法之辨識率之相對錯誤降低率。

平均詞精確率 (%)		Clean	Set A	Set B	Set C	Avg.	RR_1	RR_2
MFCC baseline		99.79	72.46	68.31	78.82	72.07	–	–
CMS		99.82	79.31	82.46	79.90	80.69	30.86	–
PLSA+ CMS	*K*=5	99.66	89.70	91.09	90.00	90.32	65.34	49.93
	K=10	99.69	89.63	91.00	89.89	90.23	65.02	49.87
	K=15	99.71	89.49	90.89	89.78	90.11	64.59	48.78
	K=20	99.73	89.38	90.92	89.70	90.06	64.41	48.52

表三、 PLSA 為基礎之方法作用於經 MVN 處理之 MFCC 特徵的辨識結果，其中 RR_1 (%)與 RR_2 (%)分別為對比於基礎實驗與 MVN 法之辨識率之相對錯誤降低率。

平均詞精確率 (%)		Clean	Set A	Set B	Set C	Avg.	RR_1	RR_2
MFCC baseline		99.79	72.46	68.31	78.82	72.07	–	–
MVN		99.82	88.58	89.32	88.28	88.82	59.97	–
PLSA+ MVN	*K*=5	99.66	89.98	91.01	89.72	90.34	64.70	13.60
	K=10	99.68	90.06	91.06	89.90	90.43	65.74	14.40
	K=15	99.73	90.07	91.14	89.91	90.47	65.88	14.76
	K=20	99.72	90.21	91.18	90.06	90.57	66.24	15.54

(1) 相對於使用原始 MFCC 特徵之基礎實驗而言，CMS 與 MVN 皆能改善辨識精確率，其中又以 MVN 的改進效果較好，可提供高達 17%左右的精確率提升。而我們所提的 PLSA 法，在四種潛在主題數的選擇下，皆優於 MVN 法。

(2) 當 PLSA 法與 CMS 結合時，相較於單一 PLSA 法或單一 CMS 法而言，都能使辨識精確率更有效的提升，此進步的現象也同樣發生於 PLSA 法與 MVN 的結合上。整體平均辨識率都可超過 90%，另外，在結合 PLSA 法的前提下，CMS 與 MVN 的表現差距很小(辨識精確率的差距僅有 0.5%左右)， 這代表了在 PLSA 法前置處理方法的選擇上，我們可使用簡易的 CMS 法，即可趨於較複雜的 MVN 達到的效能。

(3) 跟表一呈現的數據類似，在結合 CMS 或 MVN 後的 PLSA，其潛在主題數目的多寡與辨識精確率並無顯著的關係。而改變潛在主題數目所造成的平均精確率變化皆在 0.3%以下，這也顯示了我們可以使用很少的潛在主題(如 *K*=5)，也就是說在簡化運算複雜度的前提下亦不影響 PLSA 法的優異性。

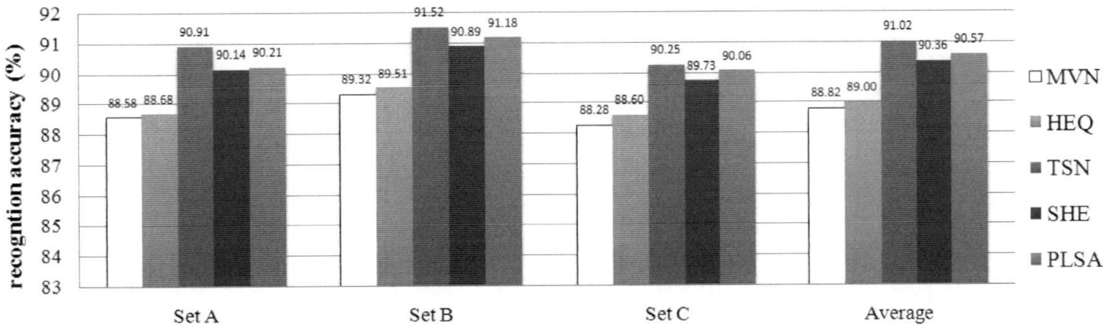

圖四、PLSA 法與其它調變頻譜更新法的效能比較(經 MVN 前置處理過)

3、PLSA 法與其他調變頻譜更新法的效能比較

在這一節中，我們將所提出的 PLSA 法，與一系列的語音特徵時間序列處理技術進行辨識精確率的比較。這些時間序列處理技術，包括了在第二章中提到的 HEQ、TSN 與 SHE 等，都是直接或間接地更新特徵之調變頻譜，進而強化雜訊強健性。由於在文獻中提及這些技術時，都是直接展示其作用於 MVN 前置處理後之特徵的辨識效果，在這裡，我們同樣先將原始語音特徵 MFCC 先經 MVN 處理後，再分別運作這些技術。

圖四中展示了上述這些技術所得之平均辨識精確率，我們提出的 PLSA 法所採用的隱藏主題數為 20。從此圖中，我們看到這裡所用的所有方法皆能提升 MVN 特徵的辨識精確率，所引用的三種方法中，又以 TSN 的效能最好，能達到 91.02%的總平均辨識率，雖然我們提出的 PLSA 法，辨識效能略低於 TSN，但也可使總平均辨識率提升至 90.57%，此初步顯示了 PLSA 法足以與現今有名的調變頻譜更新技術在效能上並駕齊驅。

4、PLSA 降低調變頻譜強度失真的效能

最後，除了辨識精確率的驗證，我們嘗試進一步藉由 PLSA 法於不同訊噪比(SNR)下所得之特徵序列調變頻譜強度，檢視其降低雜訊所產生之失真的能力。圖五(a)-(d)為單一語句其原始與經過各種處理方法後之第一維梅爾倒頻譜特徵參數 c1 於三種不同訊噪比(clean、10dB 與 0dB)之功率頻譜密度(power spectral density, PSD)。首先，觀察圖五(a)可發現，雜訊干擾所引發的不匹配效應，明顯普遍存在整個調變頻率範圍[0, 50Hz]內。圖五(b)則顯示，MVN 可有效降低低調變頻率之 PSD 失真，但是不匹配情形仍舊存在於中高調變頻率成分。圖五(c)與圖五(d)則是前述圖五(a)與(b)兩類特徵參數經過 PLSA 處理過後之 PSD 曲線；從這兩圖皆可發現，藉由 PLSA 法，可大幅降低整個頻率範圍的 PSD 失真。而相較於圖五(c)，圖五(d)中於不同訊噪比之 PSD 曲線則更為一致，顯示 PLSA 與 MVN 結合後，能更有效降低雜訊產生的失真。

五、結論與未來展望

本論文針對語音特徵時間序列之調變頻譜提出嶄新的分析與強化技術，利用機率式潛藏語意分析(PLSA)賦予調變頻譜強度其機率的意義，並透過一組潛藏的主題機率分布，以描繪語句與調變頻譜強度之關係，同時予以機率式分解與成分分析，並藉此更新調變頻譜強度以求取更具強健性的語音特徵序列。辨識實驗結果顯示，所提出的新方法能有效提升雜訊環境下語音辨識精確率，且展示了此新方法與時間序列域之正規化法能有互

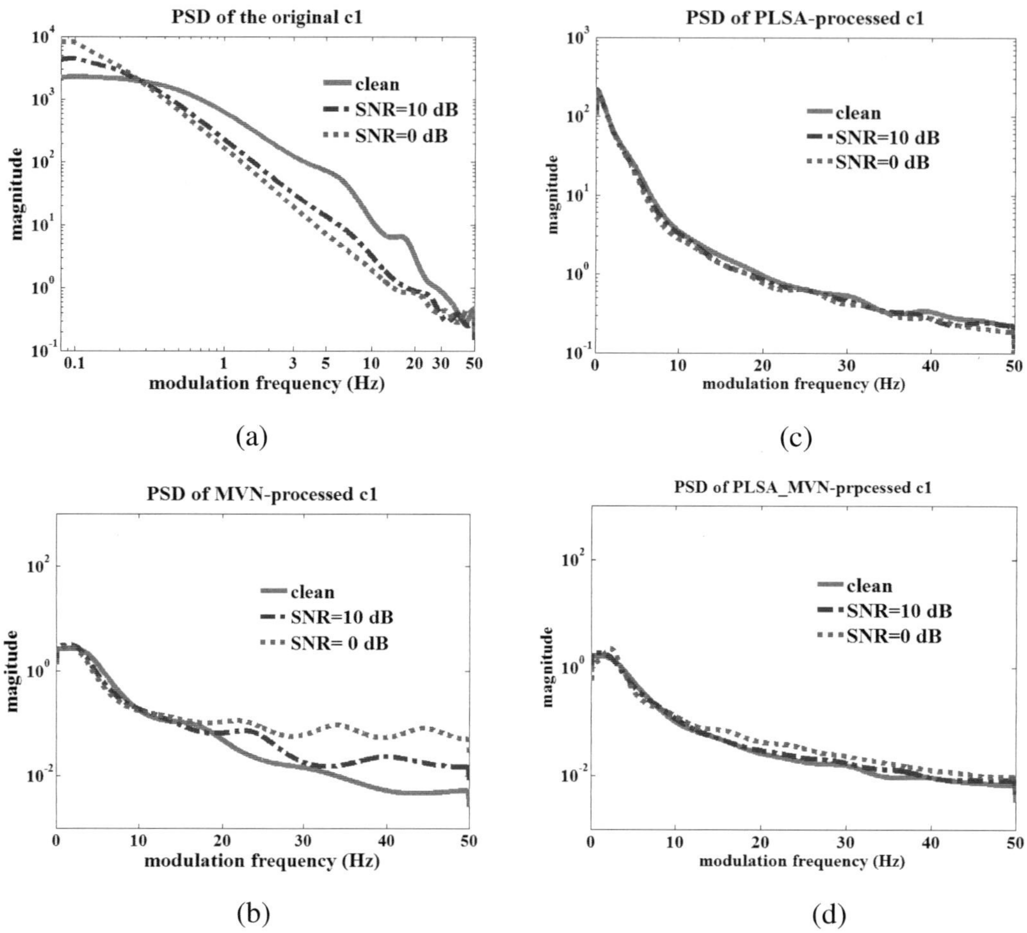

圖五、c1 特徵序列於三種訊噪比情況下之 PSD 曲線，其中(a)為原始 MFCC 特徵，(b)為 MVN 處理後之特徵 (c)為 PLSA 處理後之特徵 (d)為 PLSA 結合 MVN 處理後之特徵

補的作用。未來，我們期望能嘗試將其它資料分解(data factorization)的技術運用於調變頻譜的分析上[20]，進而比較其特性與探索優缺點。同時，將 PLSA 法與統計圖等化法及其延伸[21]作結合；並且，應用 PLSA 法探索語音訊號於其它域的特性。

參考文獻

[1] S. Furui, "*Cepstral Analysis Techniques for Automatic Speaker Verification,*" IEEE Trans. on Acoustic, Speech and Signal Processing, Vol. 29(2): pp. 254-272, 1981

[2] A. Vikki, and K. Laurila, "*Segmental Feature Vector Normalization for Noise Robust Speech Recognition,*" Speech Communication, Vol. 25: pp. 133-147, 1998

[3] A. D. L. Torre, A. M. Peinado, J. C. Segura, J. L. Perez-Cordoba, M. C. Benitez, and A. J. Rubio, "*Histogram equalization of speech representation for robust speech recognition,*" IEEE Trans. on Speech and Audio Processing, Vol. 13(3): pp. 355-366, 2005

[4] N. Kanedera, T. Arai, H. Hermansky, and M. Pavel, "*On the importance of various modulation frequencies for speech recognition,*" in Proc. European Conf. Speech Communication and Technology (Eurospeech), 1997

[5] L. C. Sun, C. W. Hsu, and L. S. Lee, "*Modulation Spectrum Equalization for robust*

Speech Recognition," in Proc. IEEE Workshop on Automatic Speech Recognition and Understanding (ASRU), 2007

[6] S-Y. Huang, W. H. Tu, and J-W. Hung, "*A study of sub-band modulation spectrum compensation for robust speech recognition*," in Proc. ROCLING XXI: Conf. on Computational Linguistics and Speech Processing, 2009

[7] X. Xiao, E. S. Chng, and H. Li, "*Normalization of the speech modulation spectra for robust speech recognition,*" IEEE Trans. on Speech and Audio Processing, 2008

[8] J-W. Hung and W-Y. Tsai, "*Constructing modulation frequency domain based features for robust speech recognition*," IEEE Trans. Acoustic, Speech, Language Processing, 2008

[9] H. Hermansky and N. Morgan., "RASTA processing of speech," IEEE Trans. on Speech and Audio Processing, 2(4): pp. 578-589, 1994

[10] J. Koehler et al., "*Integrating RASTAPLP into Speech Recognition*," in Proc. IEEE International Conference on Acoustics, Speech and Signal Processing (ICASSP), pp. 421-424, 1994

[11] T. Hofmann, "*Probabilistic latent semantic analysis.*" in Proc. Uncertainty in Arterial Intelligence, UAI, 1999

[12] H. Hermansky, "*Should Recognizers Have Ears?*" Invited Tutorial Paper, in Proc. ESCA-NATO Tutorial and Research Workshop on Robust speech recognition for unknown communication channels, pp. 1-10, 1997

[13] S. Greenberg, "*On the origins of speech intelligibility in the real world*," in Proc. ESCA-NATO Tutorial and Research Workshop on Robust Speech Recognition for Unknown Communication Channels,1997

[14] B. Chen, "*Word topic models for spoken document retrieval and transcription,*" ACM Transaction on Asian Language Information Processing, Vol. 8, No. 1, pp. 2:1-2:27, 2009

[15] J. Driesen, H. Van Hamme, "*Modeling vocabulary acquisition, adaptation and generalization in infants using adaptive Bayesian PLSA*," Neurocomputing, 2011

[16] H. G. Hirsch and D. Pearce, "*The AURORA experimental framework for the performance evaluations of speech recognition systems under noisy conditions*," in Proc. ISCA ITRW ASR 2000

[17] C-P. Chen and J. Bilmes, "*MVA processing of speech features*," IEEE Trans. on Audio, Speech and Language Processing, Vol. 15, No. 1, pp. 257-269, 2007

[18] http://htk.eng.cam.ac.uk/

[19] http://www.nist.gov/index.html

[20] W-Y. Chu, J-W. Hung and B. Chen, "*Modulation spectrum factorization for robust speech recognition,*" in Proc. APSIPA Annual Summit and Conference (APSIPA ASC), 2011

[21] B. Chen, W-H. Chen, S-H. Lin, and W-Y. Chu, "*Robust speech recognition using spatial–temporal feature distribution characteristics,*" Pattern Recognition Letters, Vol. 32, No. 7, pp. 919-926, 2011

應用語音辨識技術於鳥鳴聲辨識

廖偉恩	黎欣捷	蔡偉和
國立台北科技大學	國立台北科技大學	國立台北科技大學
電腦與通訊研究所	電腦與通訊研究所	電腦與通訊研究所
t8418044@ntut.edu.tw	t9419004@ntut.edu.tw	whtsai@ntut.edu.tw

摘要

野外賞鳥已成為大眾休閒的新趨勢，但一般民眾常只能看見鳥或聽見鳥鳴聲，卻不知其種類為何。為了協助大眾識別鳥類，本論文探討鳥鳴聲自動辨識問題，透過語音辨識相關技術，設計鳥鳴聲辨識系統。我們分別從音色及音高兩個層面進行分析，利用梅爾刻度倒頻譜係數表示鳥鳴聲的音色特徵，並搭配高斯混合模型進行特徵的參數模型化與比對；而音高層面分析則試圖求取鳥鳴聲所對應的音符，再利用雙連文模型捕捉音符的動態變化資訊，並據以比對未知鳥鳴聲。我們挑選出大台北地區常見的十種鳥類，並從商業 CD 及鳥類相關網站上收集鳥鳴聲資料，使系統訓練和測試音檔分別屬不同的來源。實驗結果發現，採用音色、音高、與結合兩者的系統辨識正確率分別為 71.1%、72.1%、與 75.04%。

關鍵詞：音色、音高、高斯混合模型、雙連文模型。

1. 前言

目前全世界大約有九千七百多種鳥類，而台灣這樣一個小島就佔了約二十分之一的種類，雖然我們周遭住有許多這些可愛的鄰居，但往往都只聽到它們的叫聲，卻不知它們是誰。鳥類的鳴聲豐富且多變，我們期望藉由物種之間的鳴聲差異性，發展出一套鳥鳴聲辨識系統，讓不是鳥類專家的一般民眾，也可以從自己隨意錄製的一段鳥鳴聲音檔中，讓系統判斷所屬鳥種並獲得之相關訊息。

目前鳥鳴聲自動辨識的相關研究仍十分有限。文獻[1]中使用動態時間校正(Dynamic Time Warping，DTW)演算法，將測試聲音檔的頻譜圖（spectrogram）與事先經過專家挑選的樣板音檔作比對。文獻[2]中分別比較 DTW 和隱藏式馬可夫模型(Hidden Markov Model，HMM)在辨識鳥類聲音上的效能，其中使用 6 種特徵參數：線性預估編碼參數(Linear Predict Coding，LPC)、線性預估倒頻譜係數、LPC reflection、梅爾倒頻譜係數(Mel-frequency Cepstral Coefficients，MFCC) [3]、log mel-filter bank channel 和 linear mel-filter bank channel。實驗結果顯示，使用 DTW 的辨識效能不錯，但是對於雜訊較大的輸入聲音檔或是容易混淆的短促鳴叫聲，則需要挑選更適合的頻譜圖樣本，這道手續通常需要經驗豐富的專家反覆地試驗。對於使用 HMM，辨識效果則取決於輸入參數的鑑別度，但效能不一定比 DTW 好。而不論是 DTW 或 HMM，所使用的辨識線索皆來自於音色(timbre)特徵。本論文所提出之辨識系統，除了考慮音色特徵參數外，更加上音高(pitch)特徵參數。實驗結果發現將這兩種特徵參數進行結合後可有效提升鳥鳴聲辨識正確率。

本論文的章節組織如下：第二章描述辨識系統架構；第三章說明音色特徵參數擷取及統計模型；第四章描述音高特徵參數擷取及統計模型；第五章結合音色與音高特徵來設計辨識系統；第六章將說明本研究所使用的鳥鳴聲資料庫並呈現實驗結果；第六章進行本研究之總結。

2. 辨識系統架構

本論文所提出的辨識系統如圖 1。我們可將其分成三個單元，分別是「音色分析」、「音高分析」、與「整合決策」。各單元皆包含兩種操作模式，一為訓練、另一為測試，簡介如下：

(1) 音色分析
此單元目標是擷取各種鳥之鳴聲的音色特徵，並表示為統計模型，以便識別未知鳥鳴聲。

(2) 音高分析
此單元目標是擷取各種鳥之鳴聲的音高特徵，並表示為統計模型，以便識別未知鳥鳴聲。

(3) 整合決策
此單元整合音色與音高的判斷資訊，進行最後決策以告知使用者辨識結果。

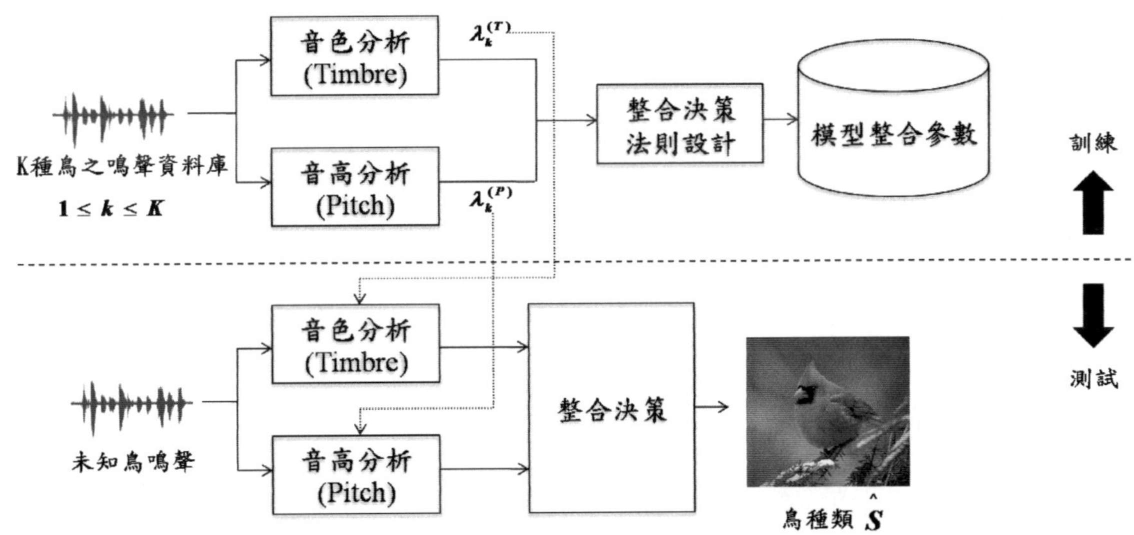

圖 1　本論文之鳥鳴聲辨識系統架構圖。

3. 音色分析

音色分析過程如圖 2 所示。主要包括預處理、特徵參數擷取、與統計模型建立及匹配。

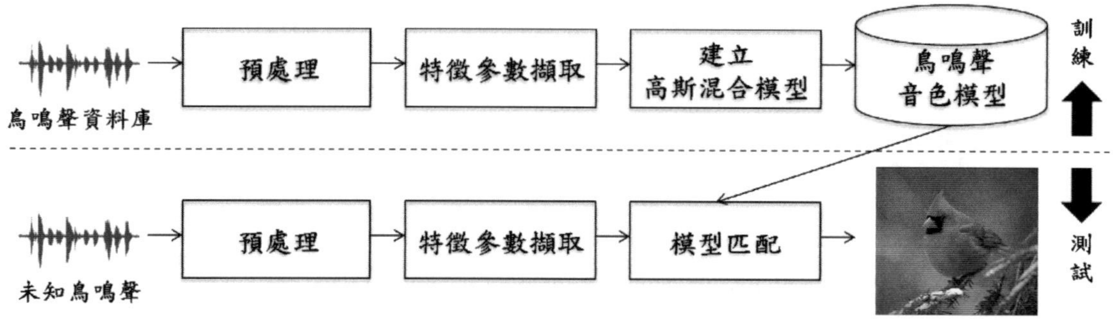

圖 2　音色分析過程。

3.1 特徵參數擷取

音色之差異如同鋼琴與吉他都彈奏相同音符，卻聽起來有不同的聲音。不同的鳥種，可視為不同的樂器一樣，音色也不相同。

首先，我們先將鳥鳴聲訊號經由短時間（short-term）快速傅利葉轉換（Fast Fourier Transform, FFT）成為一串音框頻譜序列。令 $x_{t,j}$ 為第 t 個音框訊號在第 j 個 FFT 頻率刻度上的絕對振幅頻譜（magnitude spectrum），其中 $1 \le j \le J$，而 J 為頻率刻度的總數。

再將各音框的絕對振幅頻譜送入一個「三角頻帶組」(triangular filter banks)，其中頻帶中心即是梅爾刻度值，該刻度值 mel 與頻率 f Hz 的轉換方式為 $\mathrm{mel}(f) = 2595 \cdot \log_{10}(1 + f/700)$，而頻帶的寬度為兩相鄰梅爾刻度差。接著計算各頻帶的能量值 $SG_{t,b} = \sum_{j=l_b}^{u_b} \left| x_{t,j} \right|^2$，其中 l_b 為第 b 個頻帶中最低的 FFT 頻率刻度，u_b 為第 b 個頻帶中最高的 FFT 頻率刻度，然後再將所有頻帶的對數能量值進行離散餘旋轉換(Discrete Cosine Transform, DCT)[4]，以取得倒頻譜係數（cepstral coefficients）[4]，詳細計算方式如下：

$$\mathbf{X}_t = \frac{1}{B}\sum_{b=1}^{B} \log\left(\sum_{j=l_b}^{u_b} \left| x_{t,j} \right|^2 T_b(j) \right) \cos\left(\frac{\pi i}{B}(b-0.5) \right) \tag{1}$$

其中 B 為頻帶總數，$T_b(j)$為第 b 個頻帶的三角濾波器。

3.2 高斯混合模型**(GMM)**

為了凝聚同種鳥之不同叫聲的共有音色特徵，我們利用「高斯混合模型」[4][5]來進行 MFCC 參數統計。高斯混合模型是聲學訊號分類中最常見且最成功的模型之一。一個高斯混合模型包含若干高斯機率密度函式，每一高斯機率密度函式以期望值μ_g與變異量Σ_g所描述，其中 g 代表 G 個高斯機率密度函式中之第 g 個，另外含一加權數 w_g 將各高斯機率密度函式加總成為一機率密度。我們將模型參數記為：$\boldsymbol{\lambda}_k^{(T)} = \{w_g, \mu_g, \Sigma_g | 1 \le g \le G\}$。這些參數可經由最大化期望值法(Expectation-Maximization, EM)[4][5]估算出，此即訓練階段所須執行之工作。若資料庫中有 K 隻鳥，則我們產生 K 個模型 $\boldsymbol{\lambda}_1^{(T)}, \boldsymbol{\lambda}_2^{(T)}, \ldots, \boldsymbol{\lambda}_K^{(T)}$，代表這些鳥鳴聲的音色模型。

在測試階段，若有一未知鳥鳴聲片段之特徵向量序列為 $\mathbf{X}=\mathbf{X}_1,\mathbf{X}_2,\ldots,\mathbf{X}_T$，其中每一向量維度為 D，則我們對各模型 $\boldsymbol{\lambda}_k^{(T)}$，$1 \le k \le K$ 分別計算似然率：

$$P\left(\mathbf{X}|\boldsymbol{\lambda}_k^{(T)}\right)=\prod_{k=1}^{K}P(\mathbf{X}_t|\boldsymbol{\lambda}_k^{(T)}) \tag{2}$$

其中

$$P\left(\mathbf{X}_t\boldsymbol{\lambda}_k^{(T)}\right)=\sum_{g=1}^{G}w_g\frac{1}{\sqrt{(2\pi)^D\left|\boldsymbol{\Sigma}_g\right|}}\exp\left(-\frac{1}{2}\left(\mathbf{X}_t-\boldsymbol{\mu}_g\right)'\boldsymbol{\Sigma}_g^{-1}\left(\mathbf{X}_t-\boldsymbol{\mu}_{\backslash g}\right)\right) \tag{3}$$

則根據最大似然率決策法(maximum likelihood decision)[4]，**X** 應判斷為

$$S=\arg\max_k P(\mathbf{X}\mid\boldsymbol{\lambda}_k^{(T)}) \tag{4}$$

在實作上，考慮鳥鳴聲資料庫可能並無包含大量的聲音樣本可供精確的模型訓練，因此我們藉由模型調適技術[6]來產生個個鳥種的模型。該技術先根據EM演算法將所有訓練用之鳥鳴聲見立一個高斯混合模型當作通用模型（Universal Model），再經由最大事後機率（Maximum A Posterior, MAP）調適法進行通用模型之調整，以產生各鳥種的高斯混合模型。

4. 音高分析

音高參數與聲音的基頻（fundamental frequency, F0）有關，一連串基頻高低不同的聲音串在一起就如同不同音符被演奏出一般。本單元的基本概念是假設每種鳥都有其各自的歌聲或歌唱語言，像是音符高低相連有其獨特的規則。若我們能捕捉每種鳥的音符相連接資訊，則可據此識別未知的鳥鳴聲所屬鳥種類。如圖3所示為音高分析過程，主要包括音高特徵擷取及統計模型建立與匹配。

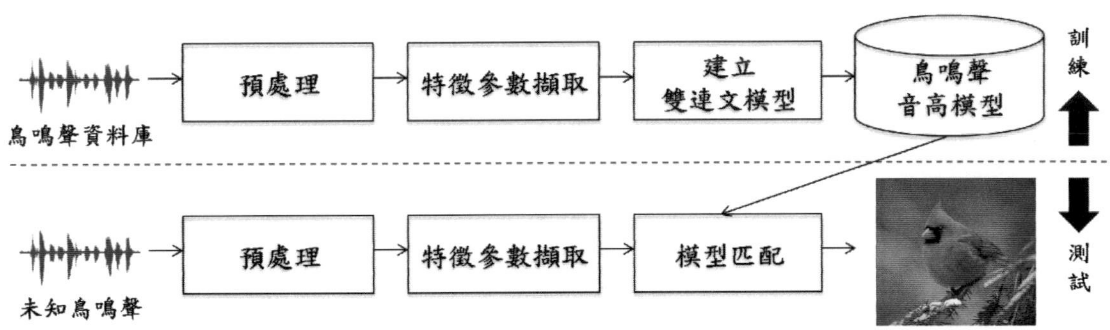

圖3　音高分析過程。

4.1 特徵參數擷取

我們採用次諧波總和法（Sub-Harmonic Summation, SHS）[7]進行音高求取。SHS的原理是根據基頻除了本身的能量較高外，其倍頻諧波（Harmonic）的能量也通常較高，若某一基頻與其倍頻諧波的能量總和明顯較高於其他頻率時，該頻率極有可能為基頻。其求取音高流程如圖4。

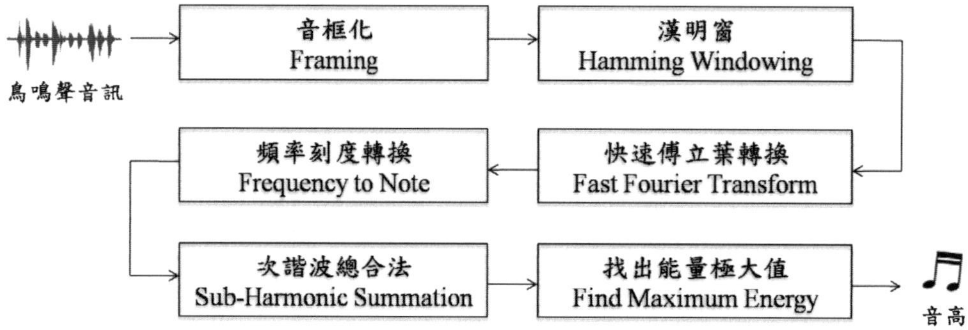

圖 4　音高求取流程圖

令 $x_{t,j}$ 為第 t 個音框訊號在第 j 個 FFT 頻率刻度上的振幅，其中 $1 \leq j \leq J$，而 J 為頻率刻度總數。透過方程式 5 將 FFT 刻度轉為 MIDI 音符刻度 $e_1, e_2, \ldots, e_N$

$$N(j) = 12 * \log_2\left(\frac{freq(j)}{440}\right) + 69.5 \tag{5}$$

$$y_{t,n} = \max_{\forall j, N(j)=e_n} x_{t,j} \tag{6}$$

則我們可求取訊號在 t 時間屬於音符 e_n 的能量。理想上，若在時間 t 的鳴唱音符為 e_n，則屬於音符刻度 e_n 的能量 $y_{t,n}$ 應是所有 $y_{t,1}, y_{t,2}, \ldots, y_{t,N}$ 中最大者，如(6)所示。但由於有諧波的存在，能量 $y_{t,n}$ 可能並非最大。因此為了避免誤判，可利用 SHS 的觀念檢查各音符及其若干個八度音符的加權能量和（Strength）：

$$z_{t,n} = \sum_{c=0}^{C} h^c \, y_{t,n+12c} \tag{7}$$

其中 C 是欲列入考慮的八度音符數，而 h 為小於 1 的權重。據此判定演唱音符應為

$$o_t = \arg\max_{1 \leq n \leq N} z_{t,n} \tag{8}$$

4.2 鳥鳴聲之模型建立

為了捕捉音符間相連的動態資訊，我們採用雙連文模型（Bi-gram Model）技術來訓練屬於鳥鳴聲的模型。

當給定一串音符序列 $o_1, o_2, \ldots o_t, \ldots$，雙連文模型可用以描述該序列中各音符前後相連接的關係，其做法是統計所有可能之兩音符組合，例如 w_1 與 w_2 的發生頻率或機率：$P(o_t = w_1 | o_{t-1} = w_2)$。若兩個音符 w_1 與 w_2 常出現於某一種鳥的鳴聲中，則機率 $P(o_t = w_1 | o_{t-1} = w_2)$ 值會較大；反之，若兩個音符幾乎不會出現於某一種鳥的鳴聲中，則機率 $P(o_t = w_1 | o_{t-1} = w_2)$ 值會較小。

在測試階段，若有一未知鳥鳴聲片段之音符序列為 $\mathbf{O = O_1, O_2, \ldots, O_T}$，則我們對各模型 $\lambda_k^{(P)}$，$1 \leq k \leq K$ 分別計算似然率：

$$P\left(O|\lambda_k^{(P)}\right)=\prod_{t=1}^{t=T}P(O_t|\lambda_k^{(P)}) \tag{9}$$

則根據最大似然率決策法（maximum likelihood decision）[4]，**O** 應判斷為

$$S=\arg\max_k P(\mathbf{O}\,|\,\lambda_k^{(P)}) \tag{10}$$

5. 結合音色與音高分析之辨識系統

經實驗發現，使用音色分析與音高分析所獲得的鳥鳴聲辨識結果有許多差異與互補之處，因此嘗試結合音色與音高之辨識系統，如圖 6 所示。

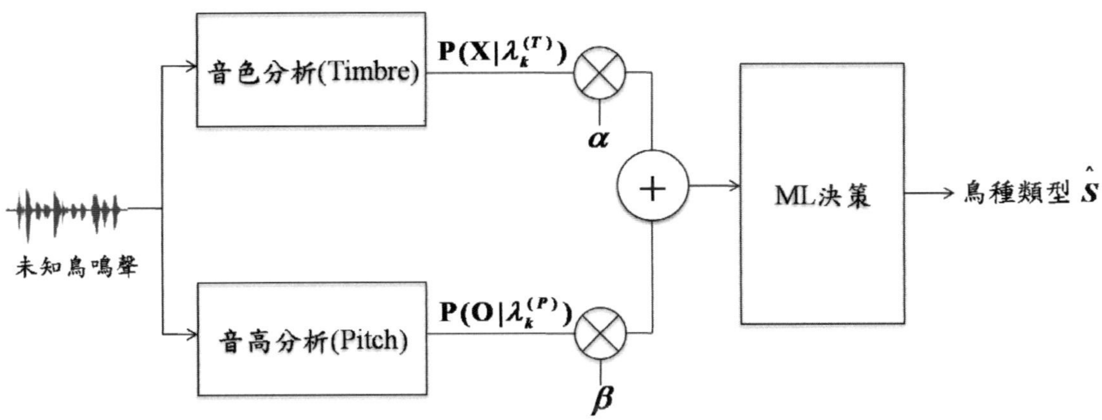

圖 6　整合音色與音高之辨識系統架構圖。

將一未知鳥種的鳴聲訊號，經由音色分析與音高分析後產生兩似然率，再將這兩似然率做加權總和，最後挑選加總後的最大似然率。據此判斷該鳥鳴聲為何種鳥，即：

$$\hat{S}=\arg\max_{1\le k\le K}[\,\alpha\cdot \mathbf{P}(\mathbf{X}|\lambda_k^{(T)})+\beta\cdot \mathbf{P}(\mathbf{O}|\lambda_k^{(P)})] \tag{11}$$

在本篇論文中，α 與 β 分別設定成 0.6 與 0.4。

6. 鳥鳴聲辨識系統

6.1 鳥鳴聲資料庫

本論文所使用的鳥鳴聲音檔有兩個來源，分別是市面上販售的商業 CD 及網路上收集來的鳥鳴聲音檔，整理如表 1、2 所示：

表 1　商業 CD 之來源。

專輯名稱	出版商
鳥-野鳥鳴唱圖鑑	風潮有聲出版有限公司
台北鳥視界	台北市政府新聞處

八仙山國家森林遊樂區常見鳥類鳴聲	行政院農業委員會林務局
大雪山國家森林遊樂區常見鳥類鳴聲	行政院農業委員會林務局

表 2　網路上收集鳥鳴聲之來源。

網站名稱	網站位置
台灣大學動物博物館	http://archive.zo.ntu.edu.tw/
國立鳳凰谷鳥園	http://www.fhk.gov.tw/
Bird Call Recordings	http://www.geocities.com/RainForest/9003/birdcall.htm
Macaulay Library	http://macaulaylibrary.org/index.do

這些商業 CD 和網站包含各種不同鳥類的鳴聲，在考慮到訓練語料量的多寡、地域的合理性、科目差異和鳴聲類型上，本篇論文共挑選了 10 種大台北地區常見的鳥種來進行實驗，分別為小卷尾、小啄木、小彎嘴畫眉、山紅頭、五色鳥、白耳畫眉、紅嘴黑鵯、紫嘯鶇、黃嘴角鴞、樹鵲。

一我們將商業 CD 音檔及網路上音檔兩種來源合併後各取一半，使得訓練音檔與測試音檔之檔案數不會差異太大。

使用商業 CD 上的音檔，原始音檔格式一律為雙聲道 44.1KHz 的 PCM WAV 檔。至於網路上收集而來的音檔，原始格式有些是經過 MP3 壓縮過的音檔，也有 PCM 格式的 WAV 檔，而取樣頻率從 8KHz 至 48KHz 不等。為了實驗的一致性及節省運算時間，我們把兩者來源的音檔皆調整為 22.05KHz 單聲道的 PCM WAV 檔。

6.2 實驗結果

6.2.1 基於音色分析之鳥聲辨識結果

首先進行不同高斯混合數的鳥鳴聲辨識實驗，結果列於表 3。從表中得知，當混合數為 64 時，其辨識率優於其他混合數。因此在本篇論文中，GMM 之混合數皆為 64。其辨識結果如表 4，總辨識率為 71.08%，其辨識率之計算方式如(12)。若僅觀察表中鳥鳴聲，僅有小彎嘴畫眉的辨識率較高，其餘的鑑別度都頗低。

$$\text{辨識率正確率}=\frac{\text{被正確辨識出的音檔數目}}{\text{總測試音檔數目}}\times 100\% \tag{12}$$

表 3　不同高斯混合數之辨識率。

高斯混合數	4	8	16	32	64	128
小卷尾	55.84%	58.44%	58.44%	59.74%	64.93%	62.33%
小啄木	59.8%	59.8%	60.78%	62.74%	62.74%	62.74%
小彎嘴	80%	81.93%	83.22%	83.22%	82.58%	81.93%
山紅頭	69.13%	69.13%	70.37%	71.6%	70.37%	69.13%
五色鳥	72.14%	73.05%	73.97%	74.42%	74.88%	74.88%
白耳畫眉	74.41%	75.58%	77.9%	77.9%	76.744%	76.74%
紅嘴黑鵯	62.42%	63.69%	64.96%	66.24%	68.78%	67.51%
紫嘯鶇	68%	72%	76%	76%	76%	76%
黃嘴角鴞	63.96%	63.96%	63.96%	63.96%	67.56%	65.76%
樹鵲	50.68%	52.05%	56.16%	57.53%	56.16%	54.79%
總辨識率	**67.12%**	**68.23%**	**69.52%**	**70.25%**	**71.08%**	**70.25%**

表 4　基於音色之鳥鳴聲辨識混淆矩陣。

	小卷尾	小啄木	小彎嘴	山紅頭	五色鳥	白耳畫眉	紅嘴黑鵯	紫嘯鶇	黃嘴角鴞	樹鵲
小卷尾	64.93%	10.38%	0%	9.09%	0%	6.49%	6.49%	0%	2.59%	0%
小啄木	9.8%	62.74%	14.7%	2.94%	3.92%	2.94%	2.94%	0%	0%	0%
小彎嘴	0%	6.45%	82.58%	0%	0%	0%	0%	6.45%	0%	4.51%
山紅頭	7.4%	3.7%	6.17%	70.37%	6.17%	3.7%	0%	2.46%	0%	0%
五色鳥	0%	0.91%	0%	0%	74.88%	0%	13.69%	0%	6.84%	3.65%
白耳畫眉	3.48%	0%	8.13%	0%	0%	76.74%	5.81%	5.81%	0%	0%
紅嘴黑鵯	0%	6.39%	0%	4.45%	8.28%	0%	68.78%	2.54%	15.92%	0%
紫嘯鶇	0%	0%	16%	0%	0%	8%	0%	76%	0%	0%
黃嘴角鴞	2.7%	13.51%	0%	9%	0%	7.2%	0%	0%	67.56%	0%
樹鵲	2.73%	0%	10.95%	0%	0%	0%	21.91%	0%	8.21%	56.16%

6.2.2　　基於音高方法分析之鳥聲辨識結果

觀察現有鳥鳴聲資料庫，其基頻範圍介於 366 Hz 至 8591 Hz，對應音符為 66-120。基於音高分析之辨識結果如表 5，總辨識率為 72.09%。若僅觀察表中鳥鳴聲，僅有小彎嘴畫眉及五色鳥的辨識率高於 80%，其餘的鑑別度都頗低。

表 5　基於音高之鳥鳴聲辨識混淆矩陣。

	小卷尾	小啄木	小彎嘴	山紅頭	五色鳥	白耳畫眉	紅嘴黑鵯	紫嘯鶇	黃嘴角鴞	樹鵲
小卷尾	61.03%	19.48%	0%	10.38%	0%	5.19%	3.89%	0%	0%	0%
小啄木	2.94%	71.56%	12.74%	0%	1.96%	0%	3.92%	0%	2.94%	3.92%
小彎嘴	0%	7.74%	82.58%	0%	0%	0%	0%	7.74%	0%	1.93%
山紅頭	1.23%	0%	7.4%	75.3%	2.46%	1.23%	0%	0%	0%	0%
五色鳥	0%	1.36%	0%	1.82%	82.19%	0%	11.41%	0%	2.73%	0.45 %
白耳畫眉	0%	0%	11.62%	0%	0%	76.74%	5.81%	5.81%	0%	0%
紅嘴黑鵯	0%	6.36%	0%	2.54%	9.55%	0%	63.05%	2.54%	15.92%	0%
紫嘯鶇	0%	0%	4%	0%	12%	28%	0%	56%	0%	0%
黃嘴角鴞	7.2%	21.62%	5.4%	0%	0%	0.09%	0%	0%	64.86%	0%
樹鵲	5.4%	0%	8.21%	0%	0%	0%	24.65%	0%	2.73%	58.9%

6.2.3　　將音色及音高方法結合後之鳥鳴聲辨識結果

如第 5 章介紹，我們將音色及音高兩種方法結合。在(11)式中，我們將 GMM 計算後的似然率 $\mathbf{P}\left(\mathbf{X}|\lambda_k^{(T)}\right)$ 及 Bigram 計算出的 $\mathbf{P}\left(\mathbf{O}|\lambda_k^{(P)}\right)$ 分別乘上 α 與 β 之權重，在本篇論文裡，α=0.6、β=0.4。

觀察表 6，結合後之鳴聲總辨識率達 75.04%。觀察表中鳥鳴聲之辨識率，小彎嘴畫眉、五色鳥、白耳畫眉及紫嘯鶇的辨識率皆高於 80%，且最低的辨識率也高於 60%。

表 6　整合音色、音高方法後之鳥鳴聲辨識混淆矩陣。

	小卷尾	小啄木	小彎嘴	山紅頭	五色鳥	白耳畫眉	紅嘴黑鵯	紫嘯鶇	黃嘴角鴞	樹鵲
小卷尾	67.53%	12.98%	0%	9.09%	0%	5.19%	2.59%	0%	2.59%	0%
小啄木	2.94%	75.49%	9.8%	0%	0.09%	0%	3.92%	0%	2.94%	3.92%
小彎嘴	0%	5.8%	85.16%	0%	0%	0%	0%	5.8%	0%	3.2%
山紅頭	1.23%	0%	6.17%	75.3%	2.46%	1.23%	0%	1.23%	0%	0%
五色鳥	0%	1.36%	0%	1.82%	83.1%	0%	9.13%	0%	3.19%	1.36%
白耳畫眉	0%	0%	10.46%	0%	0%	80.23%	4.65%	3.48%	0%	0%

紅嘴黑鵯	0%	6.36%	0%	1.27%	9.55%	0%	65.6%	1.27%	15.92%	0%
紫嘯鶇	0%	0%	4%	0%	4%	12%	0%	80%	0%	0%
黃嘴角鴞	7.2%	21.62%	5.4%	0%	0%	1.8%	0%	0%	63.96%	0%
樹鵲	4.1%	0%	5.47%	0%	0%	0%	21.91%	0%	2.73%	65.75%

7. 結論與未來展望

本論文提出結合音色與音高線索來辨識鳥類鳴聲。實驗發現，當我們單獨用音色或音高線索來辨識十種鳥的鳴聲時，僅有 1 至 2 種鳥的鳴聲辨識率高於 80%；但若將兩種特徵結合後，將有 4 種鳥辨識率超過 80%，驗證結合使用音色及音高之方法能提升鳥鳴聲辨識效能。

由於受限於鳥鳴聲音檔的收集數量有限，所以本篇論文只挑選大台北地區常見的十種鳥種，對於系統的強健性和實用性還需要加入更多鳥種來驗證。相較於目前人聲辨識的成果來說，鳥鳴聲辨識系統還有極大的改進空間。

參考文獻

[1] S. E. Anderson, A. S. Dave, and D. Margoliash, "Template-based automatic recognition of birdsong syllables from continuous recordings," *J. Acoust. Soc. Amer.*, vol. 100, no. 2, pp. 1209–1219, Aug. 1996.

[2] J. Kogan and D. Margoliash, "Automated recognition of bird song elements from continuous recordings using dynamic time warping and hidden Markov models: A comparative study," *J. Acoust. Soc. Amer.*, vol. 103, no. 4, pp. 2187–2196, Apr. 1998.

[3] S. B. Davis and P. Mermelstein, "Comparison of Parametric Representations for Monosyllabic Word Recognition in Continuously Spoken Sentences," *IEEE Trans. on Acoustic, Speech and Signal Processing*., vol. 28, no. 4, pp. 357–366, Aug. 1980.

[4] X. Huang, A. Acero, and H. W. Hon, *Spoken Language Processing*, Prentice Hall, 2001.

[5] A. Ramalingam and S. Krishnan, "Gaussian Mixture Modeling of Short-Time Fourier Transform Features for Audio Fingerprinting," *IEEE Transactions on Information Forensics and Security*, 2006.

[6] D. Reynolds and T. Quatieri, "Speaker Verification Using Adapted Gaussian Mixture Models," *Digital Signal Processing 10*, PP. 19-41, 2000.

[7] M. Piszczalski and B. A. Galler, "Predicting musical pitch from component frequency ratios", *Journal of the Acoustical Society of America*, 66(3), pp.710—720, 1979.

使用分段式 GMM 及自動 GMM 挑選之語音轉換方法

A Voice Conversion Method Using Segmental GMMs and Automatic GMM Selection

古鴻炎　　　　蔡松峰
Hung-Yan Gu　　　　Sung-Fung Tsai

國立台灣科技大學 資訊工程系
Department of Computer Science and Information Engineering
National Taiwan University of Science and Technology
{guhy, M9615069}@mail.ntust.edu.tw

摘要

本論文提出分段式(segmental)高斯混合模型(Gaussian mixture model, GMM)的觀念，用以改進語音轉換的效能，而爲了應用該觀念於線上(on-line)進行的語音轉換處理，我們也發展了一個基於動態規劃(dynamic programming, DP)之自動 GMM 挑選的演算法。此外，爲了使用單一高斯混合來對映(mapping)離散倒頻譜係數(discrete cepstrum coefficients, DCC)係數，我們也設計了一種高斯混合選取之演算法。關於分段式 GMM 觀念的評估，在此我們建造了三個採取不同功能組合之語音轉換系統，然後使用三個系統所轉換出的語音去作聽測實驗，實驗的結果顯示，分段式 GMM 之觀念確實可用以改進音色相似度(timbre similarity)、及語音品質(voice quality)兩方面的效能。

關鍵詞：語音轉換，離散倒頻譜，高斯混合模型，音色相似度，語音品質

一、緒論

以 GMM 爲基礎的語音轉換方法首先由 Stylianou 提出[1]，之後有許多研究者對這種方法的相關議題再作了更進一步的探討[2-5]，然而幾個棘手的問題至今仍然存在，其中一個最令人注意的是，經語音轉換得到的頻譜大多都會發生頻譜過度平滑化(over smoothing)的現象[2-4]，而使得轉換出的語音聽起來會有明顯的語音品質退化的感覺。此外，另一個也需要注意的問題是，當嘗試以最大加權值之混合來作單一高斯混合之頻譜對映時，某些相鄰音框的轉換出的頻譜，可能會發生頻譜不連續的問題，而使得轉換出的語音會時常聽到怪音(artifact sound)。

在本論文裡，我們嘗試以不同的方向來解決頻譜過度平滑的問題。在 GMM 爲基礎的語音轉換方法中，跨越多個(如 128 個)高斯混合作加權和(weighting sum)的運算，是導致過度平滑的一個重要原因。一個典型的基於 GMM 的對映函數，其公式如下[1]:

$$y = F(x; \mu, \Psi) = \sum_{m=1}^{M} \left[\frac{w_m \cdot N(x; \mu_m^x, \Psi_m^{xx})}{\sum_{m=1}^{M} w_m \cdot N(x; \mu_m^x, \Psi_m^{xx})} \left(\mu_m^y + \left(\Psi_m^{yx}\right) \cdot \left(\Psi_m^{xx}\right)^{-1} \cdot (x - \mu_m^x) \right) \right] \tag{1}$$

其中 x 表示來源語者的頻譜特徵向量，y 表示轉換後得到的頻譜特徵向量，M 是高斯混合 $N(\bullet, \bullet, \bullet)$的總數，而 μ 及 Ψ 分別表示平均向量與共變異矩陣的集合。爲了解決頻譜過度平滑之問題，我們認爲減少公式(1)中高斯混合的個數 M 是必需的，然而當直接減小 M 值時，訓練出的 GMM 所建構的機率密度函數必然會變得粗糙。因此，我們思考去對模型訓練的語句先作切割，使成爲一序列的語音片段，然後將這些語音片段作分類而分成數群，接著拿各群的語音音框分別去訓練出混合個數較少(如 16 個混合)的 GMM，而不同群的語音片段所訓練出的多個 GMM，將來就只從其中挑出一個 GMM 來對屬於同一分類的來源語音(source speech)音框作頻譜對映，如此，基於 GMM 的對映函數(如公式(1))就可使用較少的混合個數。也就是說原先一個複雜的 GMM 對映函數，現在被多個較簡單的 GMM 對映函數所取代了。

在本論文裡，我們探討國語(華語)之語音轉換，而國語是一個音節顯著的語言，因此我們決定以訓練語句裡所標示的各個音節作爲語音片段(segment)，如此一句話若有 7 個音節，就看成是由 7 個語音片段串接而成。再者，國語有 37 種不同的韻母，因此我們就依據韻母來把訓練語句的語音片段分成 37 群。由於我們使用的是平行語料，所以對於各群的平行語音片段，就可分別拿去訓練出一個對應的聯合(joint) GMM 模型，當訓練好 GMM 模型之後，就可拿這 37 個 GMM 模型去作線上的語音轉換處理。至於一個輸入的語音音框，應如何從這 37 個 GMM 中去挑選出一個正確的 GMM 來對它作頻譜轉換？對於這個問題，我們發展了一個以 DP 爲基礎的 GMM 自動挑選之演算法，該演算法將會在 3.1 節中詳細說明。

除了採取分段式的多個 GMM 來減少高斯混合的個數之外，我們更進一步採取單一高斯混合作對映的方法，來對來源語者的輸入音框作頻譜轉換，希望如此的組合式處理，能夠用以解決轉換出的頻譜包絡會變得過度平滑的問題。不過，當採取前述的組合式處理時，相鄰的兩個音框的轉換後頻譜，仍然可能發生頻譜不連續的情況，而導致怪音被產生出來。爲了避免發生頻譜不連續的情形，我們就嘗試設計一個基於 DP 的演算法，以便對一序列的音框作整體考量，即同時考慮各高斯混合被使用的似然率(likelihood)及其對頻譜連續性可能造成的危害，這個演算法的細節，我們將在 3.2 節中說明。依據前述提到的幾個作法，我們實際去製作出線上處理之語音轉換系統，然後使用這些系統轉換出的語音來作聽測實驗。

二、系統訓練階段

我們的語音轉換系統，在訓練階段的主要處理步驟如圖一所示。首先我們邀請了三位錄音者，分別到隔音錄音室來錄製 375 句之平行語料，取樣率設爲 22,050Hz，其中二位是男性，在此以 M1 和 M2 作代號，而另一位是女性，以 F1 作代號。在本研究裡，我們把 M1 當作來源語者，而把 M2 和 F1 分別作爲目標語者，也就是說我們要把 M1 的語音轉換成 M2 及 F1 的語音。

2.1 標音與分群

對於各個語者所錄的訓練語句，我們先操作 HTK (HMM tool kit)軟體，經由強制對齊(forced alignment)來作自動標音，把一個語句的各個音節的邊界標示出來。由於自動標記的音節邊界有很多是錯誤的，因此我們再操作 WaveSurfer 軟體，以人工檢查自動標記的音節邊界是否有錯，若發現錯誤則加以更正。然後，依據各音節的拼音符號標記及音節邊界標記，就可將一個訓練語句的各個音節的語音信號分別擷取、及存成獨立的音檔，再依語句編號、音節序號和音節拼音來命名該音檔。整體來說，375 個訓練語句可擷取出 2,926 個音節音檔。之後，作為模型訓練之用的音節音檔，我們再依其檔名中的韻母拼音符號，將這些音節音檔分成 37 群。

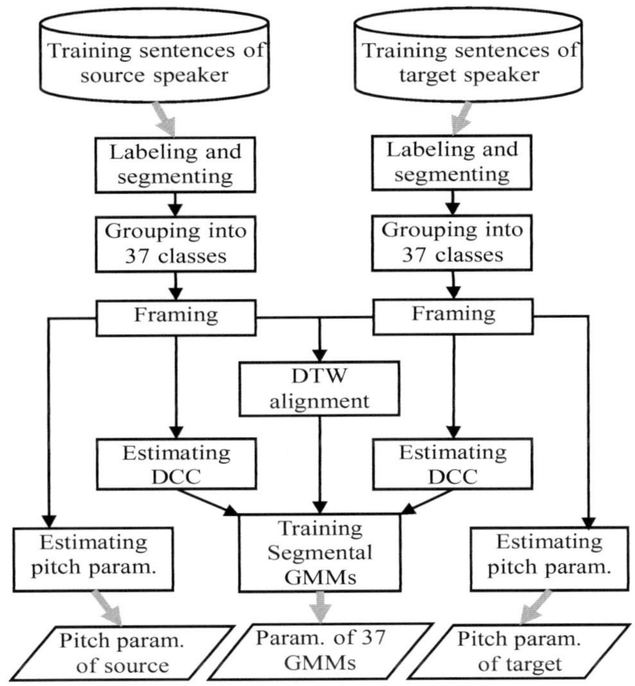

圖一、訓練階段之主要處理流程

2.2 DCC 係數計算

關於一個語音音框的振幅頻譜包絡(magnitude-spectrum envelope)的估計，過去已有一些方法被提出。雖然 STRAIGHT 法[12]可估計出相當準確的頻譜包絡，但是它需求的計算量也很大，而難以用於製作即時處理的系統。因此在本論文裡，我們採用離散倒頻譜之頻譜包絡估計方法[7, 8]，並且以離散倒頻譜係數(DCC)作為頻譜參數。對於一個語音音框，我們使用先前發展的 DCC 估計程式[8]來計算出 40 維的 DCC 係數，在此一個音框的長度設為 512 個樣本點(23.2ms)，而音框位移則設為 110 個樣本點(5ms)。

2.3 分段式 GMM 之訓練

在圖一中經由方塊 "Grouping into 37 classes" 的處理之後，對於各群的音節片段，我們就分別拿去訓練出一個由 16 個高斯混合所形成的 GMM 模型，所以這樣得到的 37 個 GMM，就稱為 37 個分段式 GMM。

由於我們使用的是平行語料，每一個來源語者音節和它對應的目標語音音節，可先以動態時間校正(dynamic time warping, DTW)作時間軸對齊的處理，這由圖一裡的 "DTW alignment" 方塊負責。然後，一個來源語音音框和它所對齊的目標語音音框，兩音框算出的 DCC 係數就可被合併成一個 80 維的頻譜特徵向量，接著我們使用基於 MLE (maximum likelihood estimate)的 GMM 訓練方法[9]，來對各群合併後 DCC 向量進行 MLE 訓練，如此就可得到各群的聯合機率密度之 GMM 模型。

2.4 音高參數

我們使用一種基於自相關函數及 AMDF (absolute magnitude difference function)的基週偵測方法[10]，來偵測各音框的音高頻率，然後將一個語者發音中有聲(voiced)音框偵測出的音高頻率值收集起來，據以求出他們的平均值及標準差，這就是我們所需要的音高參數。

三、語音轉換階段

我們研究的語音轉換方法，其主要的處理流程如圖二所示。當一句未知內容的語句輸入後，它首先會被切割成一序列的音框，而音框長度(512 點)和位移(110 點)則和 2.2 節裡使用的一樣。然後，在圖二的左邊流程，會對各音框的音高頻率作偵測，當一個音框被偵測爲無聲時，圖二中的三個灰色方塊就被直接跳過，也就是不需作音高頻率的調整，且 DCC 頻譜參數也未被轉換。相對地當一個音框被偵測爲有聲時，我們在此採用一種簡便的音高調整公式來調整音高頻率，

$$q_t = \mu^y + \frac{\sigma^y}{\sigma^x}(p_t - \mu^x) \tag{2}$$

其中 p_t 表示偵測出的音高頻率值，μ^x 和 σ^x 分別表示來源語者的音高頻率平均值和標準查，而 μ^y 和 σ^y 是目標語者的。

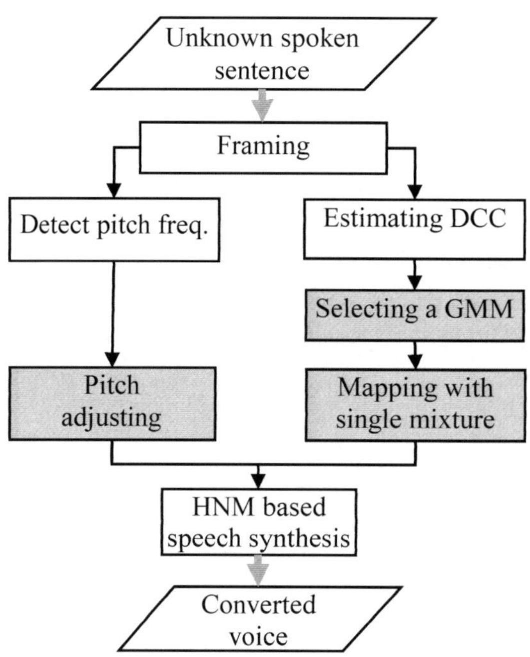

圖二、轉換階段之主要處理流程

在圖二裡的右邊流程，基本上是一個音框接著一個音框來作處理，但是在“Selecting a GMM”之方塊裡，我們提出一種 GMM 自動挑選之演算法，該演算法是以每 20 個有聲音框爲一個批次(batch)來作 GMM 的挑選，以便爲各個有聲音框從 37 個 GMM 中選出正確的(或鄰近的)一個 GMM。之後，在“Mapping with single mixture”之方塊裡，我們再從一個音框所選取到的 GMM 裡，選取出一個高斯混合來作單一高斯混合之 DCC 係數對映，以便避免頻譜曲線過度平滑的情形發生。不過，我們不能只依據加權值的大小來分別爲各個音框挑選出單一個高斯混合，因爲相鄰音框的轉換後頻譜的連續性也必需被考慮，以避免怪音被產生出來。對於單一高斯混合選取的問題，我們也發展了一個基於 DP 的演算法，該演算法和前人提出的[4]不一樣，基本上是把一序列的有聲音框(左、右兩邊被無聲音框包夾)，當作一個批次來作單一高斯混合選取的處理。接著在圖二裡左右流程合併之方塊 ”HNM based speech synthesis”，我們使用一個基於 HNM (harmonic plus noise model)的信號合成方法[8, 11]，去依據轉換出的 DCC 係數及音高頻譜，把語音信號再合成出來。

3.1 分段 GMM 之選取方法

對於一個線上處理的語音轉換系統來說，輸入語音的說話內容是事先不知道的，因此當要對一個音框的 DCC 係數作對映時，我們如何知道 37 個 GMM 當中的那一個應被選取? 這樣的問題必須先被解決，而該問題是一種語音辨識的問題，不過它不需要像語音辨識那樣嚴厲地被對待，因爲選取到錯誤但近似的 GMM 是可以容忍的。

在語音辨識領域，隱藏式馬可夫模型(hidden Markov model, HMM)是最常被採用的統計模型，不過在此我們希望以所訓練出的 37 個 GMM 來取代 HMM 的角色，如此就不需另外去訓練 HMM。此外，我們觀察到一個非常接近真實的現象是，一個人不可能在一個很短暫的時間如 100ms 之內，發出多於 2 個的語音片段，在此語音片段指的是音節。所以，我們決定把每 20 個連續的有聲音框(含蓋 100ms 之時間範圍)作爲一個批次，去作 20 個音框整批的 GMM 選取之處理，如此一個批次裡就只需選出一個或二個的 GMM。本論文研發了一個 DP 爲基礎的 GMM 挑選之演算法，該演算法會依據最大似然率(maximum likelihood)去選出一個或二個 GMM。

令第 t 個輸入音框的 DCC 係數是由第 s 個 GMM 所產生的機率是 $G_t(s)$，其詳細計算公式爲

$$G_t(s) = \sum_{m=1}^{M} w_m(s) \cdot N\left(x_t;\ \mu_m^x(s),\ \Psi_m^{xx}(s)\right) , \tag{3}$$

其中 $W_m(s)$表示第 m 個高斯混合的加權，x_t 表示第 t 個音框的 DCC 向量。此外，令 $R(t, s)$表示從時刻 1 到時刻 t 的音框都是由第 s 個 GMM 所產生的似然率對數值，而令 $D(t, s)$ 表示從時刻 1 到時刻 t 的音框是由 2 個 GMM 所產生，並且第 t 個音框是由第 s 個 GMM 所產生的似然率對數值。依據前述的定義，我們可以推導出如下的兩個遞迴公式:

$$R(t,s) = \log\left(G_t(s)\right) + R(t-1, s) , \tag{4}$$

$$D(t,s) = \log\left(G_t(s)\right) + \max\left\{ \max_{0 \le v < 37,\, v \ne s} \left[R(t-1,v)\right],\ D(t-1,s) \right\} , \tag{5}$$

其所需設定的邊界值是，$D(1, s)$=0 和 $R(1, s)$=$G_1(s)$，s=0, 1, ..., 36。接著，依據公式(4)

和(5)，我們可得到 T 個音框整體的最大似然率爲

$$A(T)=\max\left\{\max_{0\le v<37}\left[R(T,v)\right],\ \max_{0\le v<37}\left[D(T,v)\right]\right\}\ , \tag{6}$$

其中 T 在本論文裡設爲 20。在依據公式(4)，(5)和(6)得到 $A(20)$之最大似然率數值之後，我們可作回溯(backtrack)處理，去找出 $A(20)$數值的最佳行走路徑，而得到 20 個音框各自所被指派的 GMM 編號。

3.2 單一高斯混合之對映

所謂使用單一高斯混合來對映一個輸入音框的 DCC 係數，其實際作法是把公式(1)裡的累加符號及加權項移除，如此轉換出的 DCC 向量 y 就變成以下列公式來計算，

$$y=F^k(x)=\mu_k^y+\left(\Psi_k^{yx}\right)\cdot\left(\Psi_k^{xx}\right)^{-1}\cdot(x-\mu_k^x)\ , \tag{7}$$

其中 x 表示輸入音框的 DCC 係數，$F^k(x)$表示使用第 k 個高斯混合所建立的對映函數。

關於公式(7)裡 k 值(即高斯混合之編號)的選取的問題，我們設計了一個基於 DP 的高斯混合選取之演算法。首先令 3.1 節中爲第 t 個音框自動挑出之 GMM 編號爲 $I(t)$，接著以 $F_{I(t)}^k(x_t)$ 表示使用第 k 個高斯混合來對第 t 個音框之 DCC 向量 x_t 作對映，此外以 $C(t, k)$ 表示從時刻 1 到時刻 t 的累積距離，但是限定在時刻 t 時使用編號爲 k 的高斯混合，如此我們設計的遞迴公式就可寫成

$$C(t,k)=\min_{\substack{0\le m<M,\\ w_m(I(t-1))\,>\,H}}\left[dist\left(F_{I(t)}^k(x_t),F_{I(t-1)}^m(x_{t-1})\right)+C(t-1,m)\right]\ , \tag{8}$$

其中 $dist(\bullet,\ \bullet)$表示對兩 DCC 向量之間作幾何距離的量測，H 是一個門檻參數，我們依經驗設定它的值爲 0.3，而 $W_m(I(t\text{-}1))$表示第 $I(t\text{-}1)$個 GMM 的第 m 個混合的加權。

公式(8)的意義是，在各個時刻 t 先依 $W_m(I(t)) > H$ 之條件篩選出加權夠大的幾個高斯混合，然後從各時刻篩選出的高斯混合中，以 DP 的觀念去串接出行走的路徑，最後在結束的時刻 T 時，以下列公式找出最小的累積距離 $B(T)$，

$$B(T)=\min_{0\le k<M,\ w_k(I(T))>H}\left[C(T,k)\right]\ , \tag{9}$$

所以依據公式(8)和(9)，我們可求得最小的累積距離，然後經由回溯的程序找出行走的路徑，如此就可決定時刻 1 到時刻 T 各個音框所應選取的高斯混合。至於公式(8)裡 $C(t, k)$在 t=0 時的邊界數值，我們可直接設定成 $C(0, k)=0$，$0 \le k < M$。

3.3 基於 HNM 之語音信號合成

在諧波加雜音模型(harmonic plus noise model，HNM)中，一個有聲音框的頻譜被分割成低頻的諧波部分和高頻的雜音部分，而分割這兩部分的邊界頻率稱爲最大有聲頻率(maximum voiced frequency，MVF)。關於 MVF 值的偵測，在 Stylianou 的博士論文裡[11]，提出了一個對各個音框逐一作偵測的方法，不過爲了簡化語音信號合成處理的程序，在此我們把各個有聲音框的 MVF 值都直接設爲 6,000Hz。

假設第 i 和第 i+1 個音框都是有聲的，並且分別有 L^i 和 L^{i+1} 個諧波成分(harmonic partials)，L^i 的值以 MVF / q_i 作計算，q_i 表示第 i 個音框的轉換過的基頻值。當要對這兩個音框之間的第 t 個樣本點產生出信號樣本值，首先我們以線性內插來計算第 t 個樣本點上的各個諧波成分的頻率值 $f_k(t)$ 和振幅值 $a_k(t)$ ，計算方式如公式(10)所示，

$$f_k(t) = f_k^i + \frac{f_k^{i+1} - f_k^i}{N} \cdot t, \quad k = 1, 2, ..., L,$$
$$a_k(t) = a_k^i + \frac{a_k^{i+1} - a_k^i}{N} \cdot t, \quad k = 1, 2, ..., L \tag{10}$$

其中 N 表示兩相鄰音框之間的樣本點總數(在此設爲 110，即音框位移的點數)，L 表示 L^i 和 L^{i+1} 兩者的較大值，此外 f_k^i 和 a_k^i 分別表示第 i 個音框的第 k 的諧波成分的頻率值和振幅值，f_k^i 可以 $f_k^i = k \times q_i$ 作計算，而 a_k^i 則必需依據第 i 個音框對映得到的 DCC 係數，轉換成頻譜包絡後再去求取它的數值，關於 a_k^i 數值求取的細節請參考我們先前發表的論文[8]。另外，如果 L^i 小於 L^{i+1}，我們就直接設定 $a_k^i = 0$，$k = L^i + 1, ..., L^{i+1}$。然後，第 t 個樣本點上的諧波信號 $h(t)$就可以公式(11)來作計算，

$$h(t) = \sum_{k=1}^{L} a_k(t) \cdot \cos(\phi_k(t)), \quad 0 \le t < N,$$
$$\phi_k(t) = \phi_k(t-1) + 2\pi \cdot f_k(t) / 22{,}050 \tag{11}$$

其中 $\phi_k(t)$ 表示第 k 個諧波成分在樣本點 t 時的累積相位，22,050 是取樣率。至於 $\phi_k(t)$ 的初值 $\phi_k(-1)$ ，我們可令它等於前一個音框最後一個樣本點時的累積相位(即 $\phi_k(N-1)$)，以保持相位的連續性。如果本音框是第一個音框(即沒有前一個音框)，則可令 $\phi_k(-1)$ 的值爲一個隨機值，使用隨機值是符合語音信號特性的。

四、實驗評估

爲了評估所提出的轉換方法，我們建造了三個語音轉換系統，分別以 SOG，SSG 和 SLG 作爲代號，在代號 SOG (system using original GMM for mapping)的系統裡，我們使用 350 個訓練語句來訓練出一個由 256 個高斯混合形成的 GMM，然後使用公式(1)來對各個輸入音框的 DCC 係數作對映。另外，在代號 SSG (system using single Gaussian mixture for mapping)的系統裡，我們仍然使用 350 個語句所訓練出的一個具有 256 個高斯混合的 GMM，不過在轉換階段，3.2 節裡說明的高斯混合選取方法被用來爲一序列的輸入音框選取出各音框的單一高斯混合，然後各輸入音框的 DCC 係數就使用所選出的單一高斯混合及公式(7)來作對映。至於在代號 SLG (system using selected GMM for mapping)的系統裡，我們首先以 350 個語句來訓練出 37 個分段式 GMM，而各分段式 GMM 都只有 16 個高斯混合，然後在轉換階段，我們採用 3.1 節裡說明的 GMM 選取方法，來爲每 20 個有聲音框選取出最大似然率的一個或兩個分段 GMM，接著採用 3.2 節裡的高斯混和選取方法，來爲各輸入音框選取出單一個高斯混合，再依據公式(7)作對映。

當把一個來源語者的發音檔，分別輸入到前述的三個語音轉換系統，我們就可得到三個轉換出語音檔。然後使用轉換出的音檔，我們進行了兩種類型的聽測實驗，分別是音色相似度之聽測、和語音品質之聽測。在這二類型的聽測實驗裡，我們都邀請了 25 位人士來聆聽音檔並給予相對分數，而在這 25 位人士中，有 20 位是不熟悉語音轉換之研究的。

4.1 音色相似度測試

首先我們準備了 5 個音檔，它們的代號分別是 VS(由來源語者發音)，VT(由目標語者發音)，VX1(經由 SOG 系統轉換得到)，VX2(經由 SSG 系統轉換得到)，VX3(經由 SLG 系統轉換得到)，其中 VS 與 VT 具有相同的說話內容，而 VX1、VX2 和 VX3 三者也有相同的內容，但不同於 VS 和 VT 的，這 5 個音檔可從網頁 http://guhy.csie.ntust.edu.tw/VoiceConv/去下載。在進行聽測實驗時，我們以 ABX 的次序來撥放前述的音檔，在此 A 固定為 VS，B 固定為 VT，而 X 則隨機由 VX1、VX2 和 VX3 三者中選出，每次以 ABX 次序播放完音檔後，受測者就被要求給一個分數。在此分數的定義是，9 分(或 1 分)表示 X 的音色確定就是 B(或 A)的音色，7 分(或 3 分)表示 X 的音色比較接近 B(或 A)的音色，而 5 分表示 X 的音色無法判斷是接近 A 或接近 B。

做完聽測實驗之後，25 位受測者所給的分數被用來計算出三個系統各自的平均分數(AVG)和標準差(STD)，所得到的分數數值就如表 1 所列出的。由表一的平均分數可知，不同性別之間的語音轉換(即從 M1 到 F1)，會比同性別之間的(即從 M1 到 M2)獲得明顯較高的分數。此外，拿三個系統的平均分數作比較，可從表一的數值得知，SLG 系統的表現明顯比 SSG 系統的好許多(7.05 vs 6.24，7.60 vs 7.24)，而 SSG 系統的表現則是比 SOG 系統的稍微好一些(6.24 vs 6.08，7.24 vs 6.92)。所以本論文提出的分段式 GMM 之觀念及自動 GMM 挑選之演算法，的確可幫忙改進所轉換出語音的音色相似度。

表一、音色相似度聽測之平均分數與標準差

		SOG	SSG	SLG
M1=>M2	AVG	6.08	6.24	7.05
	STD	1.11	1.09	0.93
M1=>F1	AVG	6.92	7.24	7.60
	STD	1.13	1.07	1.10

4.2 語音品質測試

在此我們使用三個系統轉換出的語音檔 VX1、VX2 和 VX3，來進行語音品質的聽測實驗。音檔撥放的次序為 AX，A 固定設為 VX1，而 X 則隨機由 VX2 和 VX3 兩者中取出，每次以 AX 次序播放完音檔後，受測者就被要求給一個分數。在此分數的定應是，9 分(或 1 分)表示 X 的語音品質明顯比 A 的好(或差)，7 分(或 3 分)表示 X 的品質比 A 的稍微好(或差)一些，5 分則表示 X 和 A 的語音品質無法分辨優劣。

作完聽測實驗之後，我們收集 25 位受測者所給的分數，來計算出 SSG 和 SLG 兩系統各自的平均分數和標準差，結果得到的數值如表二裡列出的。依據表二的平均分數可看出，同性別之間(即從 M1 到 M2)的轉換語音的品質，會比不同性別之間(即從 M1 到 F1)

的較好約 0.5 分，這顯示不同性別之間的轉換語音的品質，是比較難作改進的。此外，依據 SLG 和 SSG 兩系統的平均分數作比較，我們可看出 SLG 的分數都比 SSG 的高約 0.7 分，並且 SLG 的平均分數都高於 5 分，所以分段式 GMM 之觀念及自動挑選 GMM 之演算法，確實可用以改進所轉換出語音的語音品質。

表二、語音品質聽測之平均分數與標準差

		SSG vs SOG	SLG vs SOG
M1=>M2	AVG	5.23	6.04
	STD	1.43	1.45
M1=>F1	AVG	4.89	5.55
	STD	1.50	1.47

4.3 倒頻譜距離量測

在所錄音的 375 句平行語料中，最後 25 句並未被用於訓練 GMM 模型，因此這 25 句來源語者發音的語音檔，在此就分別被輸入到三個語音轉換系統 SOG、SSG 和 SLG，去作語音轉換的處理，以便量測轉換出語音和目標語音(目標語者發音)之間的倒頻譜距離，用以作爲轉換後頻譜和目標頻譜之間的接近程度的客觀量測。

對於轉換出的語音音檔的每一個有聲音框，我們先依先前作 DTW 時間對齊的資料，來找出目標語者發音檔中對應的音框，然後將兩對應音框的 DCC 係數，拿去計算幾何距離，接著再依所有有聲音框量測到的距離去計算出平均距離，結果對於三個語音轉換系統，我們計算出的平均距離就如表三裡所列出的。

表三、轉換後語音的平均倒頻譜距離

	SOG	SSG	SLG
M1=>M2	0.543	0.609	0.601
M1=>F1	0.598	0.634	0.612

依據表三列出的數值，可發現 SOG 系統會得到最小的平均距離，然而由聽測實驗的結果可知，SOG 系統在音色相似度方面是最差的，並且在語音品質方面也是比 SLG 系統差，如此的不一致性，其原因應是公式(1)裡的加權和運算，會導致於對映出的頻譜變得過度平滑化，而造成音質變差。另一方面，SLG 系統比起 SSG 系統所表現出的效能改進，則是有反應在所量測出的平均距離上，SLG 比 SSG 多增加了選取分段式 GMM 之處理步驟。

4.4 分段 GMM 選取之例子

當我們使用 3.1 節的方法，來爲有聲的音框序列挑選似然率最高的分段 GMM 時，有時會發生挑錯 GMM 的情況，一個例子如圖三所示，此音框序列爲/song-4/ (“送”)的發音，第一欄數字表示音框的編號，第二欄數字表示各音框偵測出的音高，第三欄數字表示各音框的對數能量值，第四欄資料則是我們的演算法爲各音框所挑選出的分段 GMM(以對應的韻母表示)。觀察第四欄的 GMM 挑選結果可以發現，在音框編號 543 時會發生韻母的切換，從韻母/ong/ (/ㄨㄥ/) 切換到韻母 /eng/ (/ㄥ/)，但是正確的答案應是不切換韻母的，即此序列的音框都要挑選到韻母/ong/。不過這兩個韻母(/ong/與/eng/)的發音，其共同點是具有相同的韻尾音素/ng/，所以我們認爲類似圖三的韻母挑選節果是可以接受的。

Frame	Pitch	Energy	Vowel
526	0	58.99	
527	0	56.65	
528	185	63.61	ong
529	185	67.59	ong
530	182	70.43	ong
531	170	71.34	ong
532	165	70.41	ong
533	160	70.83	ong
534	156	71.16	ong
535	149	70.57	ong
536	146	69.66	ong
537	141	68.95	ong
538	136	67.60	ong
539	130	64.12	ong
540	128	64.08	ong
541	125	63.74	ong
542	121	62.00	ong
543	116	61.37	eng
544	113	60.39	eng
545	113	59.01	eng
546	164	58.54	eng
547	164	56.07	eng
548	135	50.28	eng
549	0	51.49	
550	0	47.81	

圖三、語音/song-4/的有聲音框之 GMM 挑選情形

五、結論

依據聽測實驗的結果，我們可說 SLG 系統是三個系統之中效能最好的，不管是在音色相似度、還是在語音品質上都表現得最好，因此 SLG 系統所採用的處理方法，即本論文提出的分段式 GMM 之觀念及自動 GMM 挑選之演算法，經由聽測實驗的驗證，的確可用以改進 GMM 爲基礎的語音轉換機制。另一方面，依據客觀量測出的平均倒頻譜距離，可知使用原始 GMM 轉換方法之 SOG 系統，仍然可得到三個系統中最小的平均距離，不過 SOG 系統轉換出的語音，在音色相似度上卻是表現最差的，並且在語音品質上也是比 SLG 系統的差。目前我們僅根據韻母來作語音的分段與分群，將來可再考慮把有聲聲母(如/m/, /n/, /l/)的部分獨立切成語音段，這樣應可進一步改進語音轉換的效能。

參考文獻

[1] Y. Stylianou, O. Cappe, and E. Moulines, ”Continuous probabilistic transform for voice conversion,” *IEEE trans. Speech and Audio Processing*, vol. 6, no. 2, pp.131–142.1998.

[2] T. Toda, H. Saruwatari, and K. Shikano, “Voice conversion algorithm based on Gaussian

mixture model with dynamic frequency warping of STRAIGHT Spectrum," *Int. Conf. Acoust., Speech, and Signal Processing*, Salt Lake City, pp. 841-844, 2001.

[3] T. Toda and A. W. Black and K. Tokuda, "Voice conversion based on maximum-likelihood estimation of spectral parameter trajectory," *IEEE trans. Audio, Speech, and Language Processing*, vol. 15, no. 8, pp. 2222-2235, 2007.

[4] Z. H. Jian and Z. Yang, "Voice Conversion Using Viterbi algorithm based on Gauaaian mixture model", *Int. Symposium on Intelligent Signal Processing and Communication Systems*, pp. 32-35, Xiamen, China, 2007.

[5] Z. Yue, X. Zou, Y. Jia, and H. Wang, "Voice conversion using HMM combined with GMM", *2008 Congress on Image and Signal Processing*, Sanya, China, pp. 366-370, 2008.

[6] E. Godoy, O. Rosec, and T. Chonavel, "Alleviating the one-to-many mapping problem in voice conversion with context-dependent modeling", *Proc. INTERSPEECH*, pp. 1627-1630, Brighton, UK, 2009.

[7] O. Cappé and E. Moulines, "Regularization techniques for discrete cepstrum estimation," *IEEE Signal Processing Letters*, vol. 3, no. 4, pp. 100-102, 1996.

[8] H. Y. Gu and S. F. Tsai, "A discrete-cepstrum based spectrum-envelope estimation scheme and its example application of voice transformation," *International Journal of Computational Linguistics and Chinese Language Processing*, vol. 14, no. 4, pp. 363-382, 2009.

[9] R. A. Redner and H. F. Walker, "Mixture densities, maximum likelihood and the EM algorithm," *SIAM Review*, vol. 26, no. 2, pp. 195-239, 1984.

[10] H. Y. Kim, et al., "Pitch detection with average magnitude difference function using adaptive threshold algorithm for estimating shimmer and jitter," 20-th Annual *Int. Conf. of the IEEE Engineering in Medicine and Biology Society*, Hong Kong, China, 1998.

[11] Y. Stylianou, *Harmonic plus noise models for speech, combined with statistical methods, for speech and speaker modification*, Ph.D. thesis, Ecole Nationale Supèrieure des Télécommunications, Paris, France, 1996.

[12] H. Kawahara, I. Masuda-katsuse, and A. De. Cheveign, "Restructuring speech representations using a pitch-adaptive time-frequency smoothing and an instantaneous-frequency-based F0 extraction: possible role of a repetitive structure in sounds," *Speech Communication*, vol. 27, pp. 187-207, 1999.

應用詞彙、語法與語料規則於中文手寫句辨識之校正模組

Revision for Recognizing Chinese Handwritten Sentences Based on Lexical, Syntactical and Corpus Rules

張道行 Tao-Hsing Chang
周嘉彬 Chia-Bin Chou
蘇守彥 Shou-Yen Su
國立高雄應用科技大學 資訊工程系
Department of Computer Science and Information Engineering
National Kaohsiung University of Applied Sciences
changth@cc.kuas.edu.tw
papperkut@hotmail.com
shouyen@gmail.com

劉建良 Chien-Liang Liu
國立臺灣師範大學 資訊工程學系
Department of Computer Science and Information Engineering
National Taiwan Normal University
clliu@mail.nctu.edu.tw

摘要

離線手寫中文文字辨識有使用者書寫字跡的變異和文字書寫字體不明顯等問題，造成辨識系統難以辨識其特徵而影響正確性。本論文的研究目的是利用特定領域主題語料中呈現的詞彙、語法及語料規則提高離線手寫中文文字辨識率。本文提出了一個三階段方法來達成目標。首先、利用詞彙優先概念，從候選字中挑選語料庫中的詞彙為辨識結果。第二、查看候選字中是否出現特定的文法組合，並以該組合的候選文字為辨識結果。第三、將剩下相鄰兩個未決定的候選字集組成字串，並和事先由語料庫所產生收錄的雙字組比對，若候選字中存在雙字組則以做為辨識結果。實驗結果顯示本文所提方法可有效的提高辨識率，由單一字頻決定法的 0.45 提升至 0.85。

Abstract

Recognition of off-line handwritten Chinese character had been an important problem. Because of the variation and vagueness derived from different users' handwritings, it was hard to recognize handwriting characters via statistical features obtained from database. The purpose of this study is to use lexical, syntactical and corpus rules for increasing the accuracy mentioned above. Our methods could be divided into three phases. First, we used lexical rule "multi-syllable words priority" to predict some characters of a sentence from candidate characters. Second, neighbor several candidate characters in which particular grammar patterns appear will be treated as the characters of the sentence. Finally, two adjacent candidate characters will be regarded as a string. The strings which occur in a corpus frequently will be used to be the characters of the sentence. To contrast approach “highest frequency priority”, experimental results shown that the accurate rate of Chinese handwriting character recognition could be effectively increased from 0.45 to 0.85.

關鍵詞：中文手寫辨識，離線辨識，詞彙規則，語法規則，語料規則

Keywords: Handwritten Chinese character recognition, offline recognition, lexical rules, syntactic rules, corpus rules. .

一、緒論

由於資訊科技發展，許多文件都有數位檔案的版本供資訊系統擷取使用。而如何將傳統紙張文件回溯建立可辨識內容的數位文件檔案，成為重要的問題，因為若以人工手動輸入方式將資料輸入建檔，將耗費龐大的人力和時間成本。因此許多研究提出自動轉換傳統紙張文件為數位資料的方法，其中文字辨識(Character Recognition)是自動辨識文件內容的解決方法之一。文字辨識技術主要可分成兩類：一為即時文字辨識(On Line Character Recognition , OLCR)，二為光學文字辨識(Optical Character Recognition , OCR)。即時文字辨識採用手寫過程的時間序列特性，主要用於即時的手寫輸入文字辨識。光學文字辨識則是一種離線(Off-line)文字辨識的方式，適合已存在之文件的後續數位化處理。

光學文字辨識的處理流程大略分成五個程序[8]：首先，文字文件影像輸入，將文字文件以影像檔案方式儲存。第二，影像前處理。將影像檔案做二值化、細線化、文字切割、正規化等，此階段會產生單一字的字元影像，並利用一些方法消除同字的外形變異以及影像失真所造成辨識錯誤。第三，特徵擷取。擷取影像特徵並記錄做為辨識的依據。第四，分類器與辨識模型。先經由分類器學習將已知字元影像正確分類至所屬文字，再透過辨識模型將先前記錄的字元影像特徵與分類器進行運算，找出最相似的文字。第五，輸出文字辨識結果。

其中分類器與辨識模型程序雖然已有許多不同的辨識方法[7][9][10]被提出，但由於大多採單一字元候選字機率最高者為結果的基本架構，因此仍會有發生辨識錯誤的可能。若是能利用詞彙、語法或語意關係等語言線索，設計一個有效的校正模組，或許可以進一步提升傳統文字辨識系統的效能。例如以傳統辨識模組辨識「今天」兩個手寫字，並假設辨識模組對每個字元影像都會產生三個較可能的候選字元。其中第一個影像辨識結果依機率高低分別為「金」、「今」、「會」。而第二個影像辨識結果分別為「天」、「大」、「夫」。傳統辨識模組會根據各字元最可能的候選字選出「金」和「天」。但若從詞彙的角度來看，則僅只有「今天」這組字元組合是有意義的詞彙。這說明了若運用像詞彙這類的語言線索，應可進一步提升傳統文字辨識系統的效能。

許多研究也提出類似的觀點用於提高辨識效果或是校正錯別字的方法。[1]提出一套兩階段手寫中文辨識系統，其在第二階段以一個上下文後處理器修正第一階段候選字選取的結果。[2]則提出一個判別正確字的設計來改善印刷體中文字辨識結果，這個設計主要利用詞語訊息來判別正確字是否包含在候選字集內。[3]提出一個方法來更正文件中的錯誤字，主要是利用在主題文章中某些詞彙會有重覆出現的特性(例如：主題為學校時，經常會出現學生、教室、老師…等詞彙)，更正錯誤字。[4]則發表一個錯別字偵錯與訂正建議的系統，可偵測文章中的錯誤字。

本文的基本假設是，在特定主題語料中，某些文字相鄰出現的情況相當頻繁，因此

二字元之 OCR 影像產生的候選字元可兩兩配對，由每一配對在語料中所出現的機率、或是其語法規則的合理性，可推測正確的結果。因此，本文將提出一個三階段方法，分別運用詞彙規則、語法規則與語料規則，自傳統辨識模組提供的候選字中挑選正確的字。在第一階段中，我們利用詞彙規則從可能的字元組合中挑選詞彙庫出現的詞彙做為挑選字。接著針對在第一階段中未確認的字元影像序列，尋找是否出現符合語法規則的詞性組合，並以該詞性組合所對應的字元組合作為對應字元影像的挑選字。最後針對兩個相鄰未確認的候選位置，形成一組字元組合，而以在語料中共發生機率最高的字元組合作為對應候選位置的挑選字。

二、系統架構

圖一為本論文所提方法的架構圖。首先，每一處理句內的每個字元影像會有一個代表正確字的空間，稱為候選位置，例如一個句子經掃描分析後有八個字元影像，則表示該句有八個候選位置。接著對每個候選位置都會產生一組候選字集，也就是該字元影像經辨識後產生的候選字集合。這些候選字集將先使用詞彙規則來進行詞彙挑選。詞彙規則是藉由詞彙庫提供詞彙，並以符合規則的字元組合作為對應候選位置的系統解。接著使用語法規則來找出符合規則的詞性組合，並以符合規則之詞性組合所對應的字元組合做為對應候選位置的系統解。最後使用語料規則挑選雙字組。雙字組是從語料庫中所擷取並收錄於雙字組資料庫，因此存在於雙字組資料庫的字元組合做為對應候選位置的系統解。經由三個規則的挑選流程後，最後若有候選位置仍無法確認系統解，則以語料字頻決定。經由上述流程處理，各候選位置均產生系統解，也就是每個字元影像都有系統所判斷的對應字。

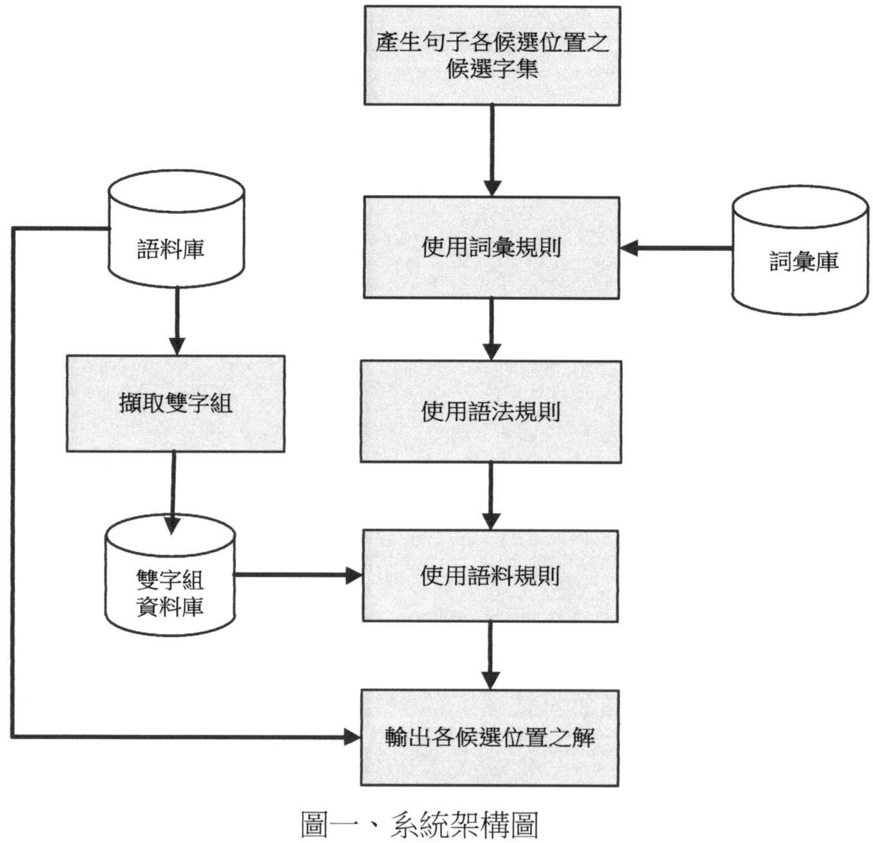

圖一、系統架構圖

三、規則使用

（一） 詞彙規則

由相鄰候選位置之候選字集內的字元產生各種字元組合，再將所有的字元組合與詞彙庫中的詞彙進行比對，若有字元組合與詞彙相同，則將此字元組合作為對應之候選位置解。此方法我們稱為詞彙規則。圖二說明如何運用詞彙規則可以找出數個連續相鄰位置的解。

圖二以一個包含七個字元影像的句子為例，有七個候選位置及其所屬候選字集，依序分別為 C1、C2、...至 C7，且假設每個候選字集內皆有六個候選字元。候選位置 W1 的候選字集 C1＝｛我、率、重、白、交、日｝，候選位置 W2 的候選字集 C2＝｛時、企、打、非、季、吃｝，以此類推。首先根據詞彙規則，在候選位置 W2 與候選位置 W3 兩個相鄰候選位置中，將 C1 與 C2 兩個相鄰候選字集內的候選字元形成 36 組字元組合，並將這 36 組字元組合與詞彙庫中的二字詞彙進行比對。在,這些字元組合中，僅有字元組「打算」可在詞彙庫中找到，因此候選位置 W2 的解為「打」、而候選位置 W3 的解為「算」。另外，根據詞彙規則，在候選字集 C5、C6、及 C7 三個相鄰候選字集中，可將相鄰的候選字元形成 216 組字元組合，並將兩百十六組字元組合與詞彙庫中的三字詞彙進行比對。在這些字元組合中，僅只有字元組「籃球場」可在詞彙庫中找到。因此分別將「籃」「球」「場」做為候選位置 W5、W6、及 W7 的解。

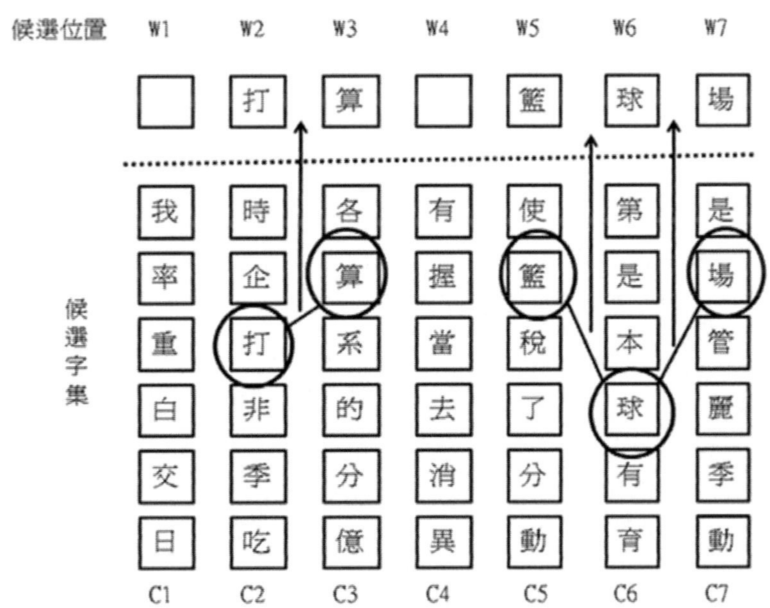

圖二、詞彙規則範例

由圖二可以發現，根據詞彙規則，可在 C5、C6 及 C7 三個相鄰候選字集挑出三字詞「籃球場」，也可在 C5 及 C6 挑出二字詞「籃球」。其中，「籃球」與「籃球場」皆為符合詞彙規則的字元組合，此時發生有兩組以上解皆符合規則、應選擇何者為解的困擾，本文稱為規則衝突。由於規則衝突有許多類型，前述衝突本文稱為詞彙包含衝突。

在詞彙包含衝突中，字數較多的詞將作為正確解。因為三個相鄰候選字集中，隨機挑選一組符合詞的字元組合的可能性，遠低於兩個相鄰候選字集中，隨機挑選一組符合詞的字元組合的可能性。換句話說，三字詞作為解的可能性遠大於二字詞隨機結合另一個單字詞的可能性。因此本文優先挑選字數較多的詞做為候選位置解。這樣的概念也被用於中文斷詞，稱為「長詞優先法」[5]。

（二） 語法規則

詞性是語法的基本單位，根據[6]的定義，中文總共有三十六種詞性。在語料中可觀察到許多詞性組合常常發生，例如詞性 Ne 是數詞(如：三、六、千...等字之詞性)，詞性 NF 代表量詞(如：個、對、片...等字之詞性)。由於描述數量的句子出現次數非常頻繁，因此若在兩個相鄰的候選字集中出現詞性組合「Ne-Nf」，則此詞性組合相對應的字元組合應該被挑選作為對應候選位置的解。本文將以兩種常見的詞性組合做為語法規則。第一種是詞性 Ne 後緊接著出現詞性 Nf 的組合，記為「Ne-Nf」規則。圖三說明了一個使用「Ne-Nf」規則的情境。

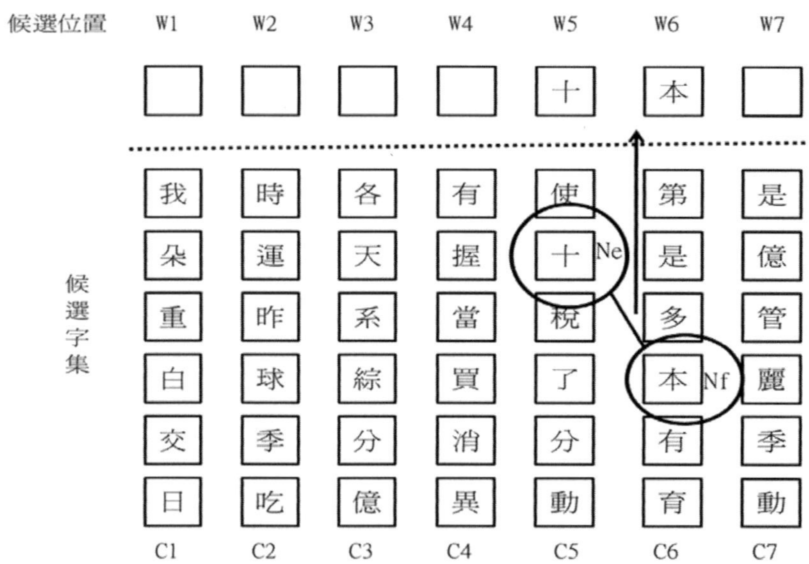

圖三、使用 Ne-Nf 規則之範例

第二種是是詞性 DE 後緊接著出現詞性 Na 的組合，記為「DE-Na」規則。在中文常見的字元「的」，其常見作用有兩類，一種是類似中文所有格的概念，例如：「我的手」；另一種是用於形容詞與名詞間，例如「藍藍的花」。前述的例句，中文「的」之詞性是 DE，「花」與「手」的詞性皆為 Na。由於這類詞性 DE 的字後緊接出現一個詞性 Na 的詞之現象在語料中非常普遍，因此在候選子集群中若出現「DE-Na」規則，則可推測候選位置的解應為詞性 DE 與詞性 Na 所對應之字元組合。圖四說明了一個使用「DE-Na」規則的情境。

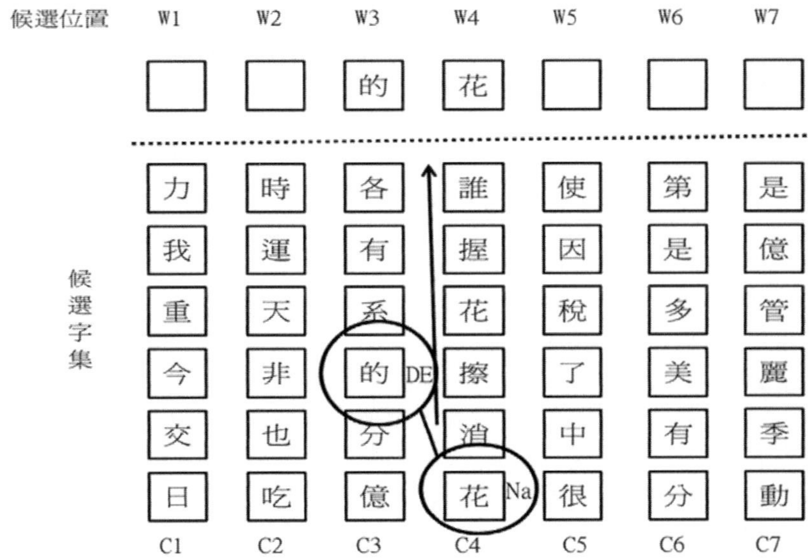

圖四、使用 DE-Na 規則之範例

（三） 語料規則

語料中可觀察到有些單一字元和另一個單一字元頻繁地一起出現，例如「那就這麼決定吧！」中的「那就」、「我是這裡主管。」的「我是」等二字元組合。此種字元組合本文稱為「雙字組」。圖五為使用雙字組「那就」挑選候選字的範例。與二字詞不同，雙字組沒有明顯的語意，只是單純地以高頻率出現在語料中的兩個單字組合。這種現象在特定主題或領域(domain-specific)的語料中特別容易出現。本文以下列程序取得雙字組。首先將語料庫中的一個句子視為一個處理單位，將句中的兩個相鄰字元形成一字組。接著統計所有字組在語料中出現頻率。最後出現頻率超過門檻設定值的字組則收錄至雙字組資料庫。若在收錄過程中發現該字組是一組二字詞或符合語法規則的字元組合，則排除收錄。

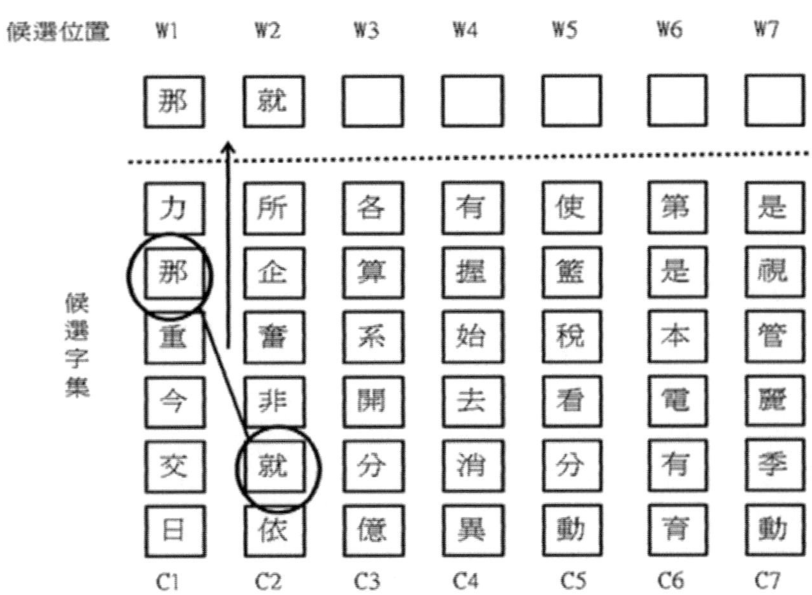

圖五、語料規則範例

有了雙字組資料庫，便可將候選字集群中兩兩相鄰候選位置之候選字集內的候選字元，形成許多字組，並將字組依序與雙字組資料庫進行比對。若該字組被收錄，則將此雙字組做為候選位置的解。

四、規則衝突處理

三之一節曾提到，在相鄰候選字集中挑選字元時若有兩組以上解皆符合規則，會發生應選擇何者為解的問題，稱為規則衝突。圖六列舉部分規則衝突的情況。在規則衝突可分「相同規則衝突」與「相異規則衝突」。相同規則衝突是指在兩個或三個相鄰候選位置之候選字集中，出現兩組或兩組以上的字元組符合同一規則的挑選條件。而相異規則衝突是指在兩個或兩個以上的相鄰候選字集中，出現兩組或兩組以上的字元組合符合兩個不同規則。若相同規則衝突或相異規則衝突在全部的位置重疊，這種情況稱為「全部位置重疊衝突」，如圖六之候選位置 W1 及 W2；若只有若干個位置重疊，這種情況則稱為「部份位置重疊衝突」,如圖六之候選位置 W5 至 W7。

由於有許多可能造成衝突的規則組合，以下三小節分別以三種規則為發生衝突的規則之一，討論規則衝突時的處理方法。

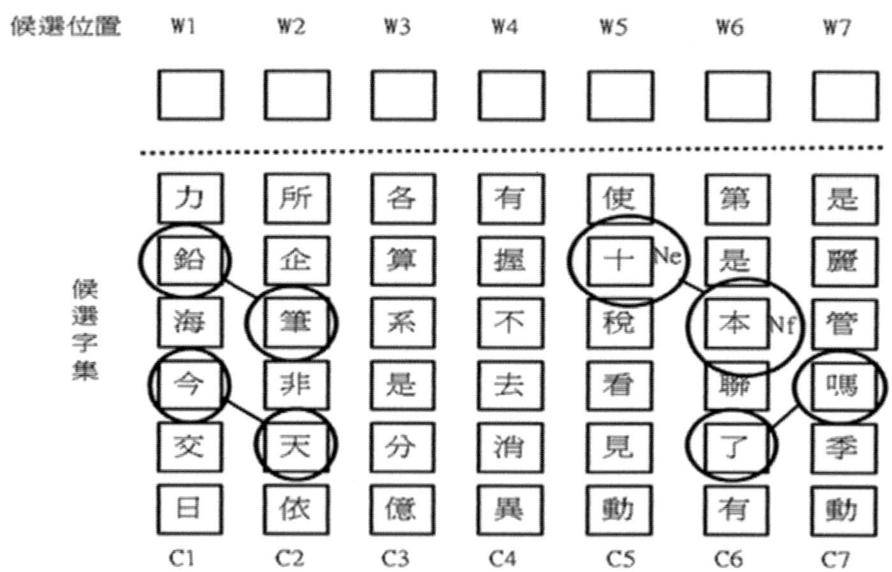

圖六、規則衝突範例

（一） 詞彙規則的衝突

在詞彙規則造成的規則衝突分為相同規則衝突與相異規則衝突。詞彙規則之相同規則衝突是指在候選字集內的候選位置出現兩組或兩組以上的詞彙組合，造成詞彙與詞彙之間衝突。在詞彙規則衝突上，不論是全部位置衝突或部份位置衝突，對詞彙規則的相同規則衝突皆採取詞頻較高的詞彙作為對應之候選位置的系統解。

詞彙規則之相異規則衝突有兩種，分別是語法規則衝突及語料規則衝突。當詞彙規則與語法規則發生衝突時，則是以詞彙規則為優先。當詞彙規則與語料規則發生衝突時，若詞彙長度大於 2，則詞彙規則優先。而一個二字詞與一個雙字組之間的衝突，其解決方式是針對二字詞及雙字組各自設定一組門檻值，以下列三種情況來判斷優先規則。首先，若二字詞的頻率超越門檻值，則使用詞彙規則。第二，若二字詞的頻率未超過所設定的二字詞門檻值，而雙字組的出現頻率超過雙字組所設的雙字組門檻值，則使用語料規則。最後，當二字詞和雙字組皆未超過各自的門檻值，則以詞彙規則為優先。

（二）語法規則的衝突

語法規則所包含的規則衝突也可以分為相同規則衝突與相異規則衝突。語法規則之相同規則衝突解決方式是比較個別衝突位置之兩個字元，以單一字頻較高的字元做為對應之候選位置的系統解。

語法規則可能與詞彙規則及語料規則發生相異衝突。與詞彙規則的衝突處理已於四章一節說明。而與語料規則之衝突解決方式是，若雙字組的發生頻率超過所設定的門檻值，則優先以雙字組做為系統解，否則以符合語法規則的字元組合做為系統解。而不論全部位置重疊及部份位置重疊衝突，皆採取相同處理方式。

（三） 語料規則的衝突

語料規則與其他規則產生的衝突已在先前兩小節討論。對於語料規則的相同規則衝突，不論相同位置衝突及部份位置衝突，皆以發生頻率較高的雙字組做為對應位置的解。在部份位置衝突情況中，有時候會出現衝突雙字組共用一個字元的現象，這種情形我們不視為規則衝突，而是同時將兩個雙字組做為三個對應位置的解。圖七以範例說明了這種情形的細節。當雙字組「我就」與「就有」在候選位置 W2 上同時與候選字「就」成為雙字組，此時不視為發生語料規則衝突，而是直接以「我就是」做為 W1 至 W3 的解。

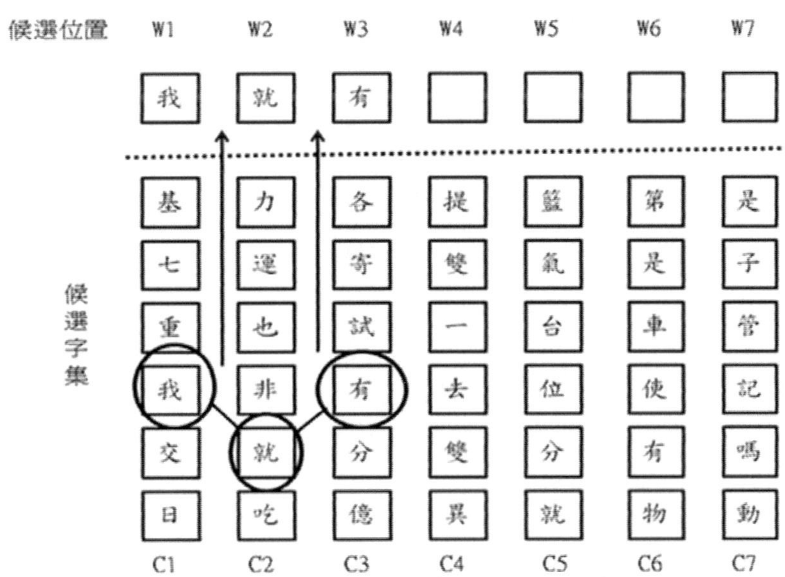

圖七、語料規則之部分衝突位置字元相同範例

五、 實驗

（一） 實驗環境

本文使用的特定主題語料是由國立臺灣師範大學心理與教育測驗研究發展中心所提供之國民中學九年級學生寫作作品。寫作篇數共計 1234 篇，寫作題目為「用餐時刻」。該語料每篇作品平均字數為 349 個字，平均每句字數為 9 個字。本實驗的測試資料是從全部寫作文本中進行 5 次隨機挑選，每次隨機挑選 200 篇寫作做為一組測試資料集。在挑選的過程中，對於先前已被挑選過的寫作文本，將不再挑選。測試資料集之後將以「資料集」簡稱之，所取得的五次資料集亦分別稱為資料集 1 至資料集 5。

本文先進行兩項實驗以便後續效能評估，第一項以純字頻挑選系統解的效能建立測試基準，第二項則測試本文所提方法必須設定的各項門檻值對正確率的影響。之後效能評估都分別對資料集 1 至資料集 5 測試，並將這 5 次測試得到的正確率取平均值做為該項效能評估之正確率。另外，本文模擬以光學辨識字元影像產生候選字集的方式進行實驗，亦即對每句中的每個已知正確字，加上隨機從字典中選取九個字形成該字之候選位置的候選字集。當之後同一個字再度出現在其他句子中，仍使用相同的候選字集，也就是本實驗不考慮正確字不在候選字集中的情形。

第一項實驗是藉由「中央研究院中文分詞詞典」所提供每個候選字元發生頻率，將每個候選字集中出現頻率最高者的字元來做為對應候選位置的解。此方法以「純字頻挑選」簡稱之，可以說明在沒有本文所提方法下，以最簡單的純字頻法可達成的正確率。表一為純字頻挑選之實驗結果。此 5 組資料集的平均正確率為 45.8%。由結果得知，若無使用任何校正方法，純字頻挑選方法的效能相當不理想。

表一、純字頻挑選方法實驗結果

	資料集 1	資料集 2	資料集 3	資料集 4	資料集 5	平均值
總測試字數	69051	63144	66155	67153	61723	65445
正確挑選字數	31796	28523	30349	30492	28873	30006
錯誤挑選字數	37255	34621	35806	36661	32850	35449
正確率百分比	46.0%	45.1%	45.8%	45.4%	46.7%	45.8%

本文的第二項實驗將設定 4 組門檻值分別對 5 個資料集進行測試。4 組門檻值分別簡稱為「設定集 1」、「設定集 2」、「設定集 3」、「設定集 4」，每個設定集包含兩個值，分別是二字詞出現次數的門檻值(以下簡稱 T 值)、以及雙字組出現次數的門檻值(以下簡稱 B 值)。設定集 1 的參數設定值為 T=212，B=106。設定集 2 的 T=106，B=52。設定集 3 的 T=920，B=52。設定集 4 的 T=52，B=920。這些數值是依據所有二字詞及雙字組在語料中出現頻率排序後，位於全體 25%、50%、75%的頻率值所設定。實驗結果如表二所示。

表二、各種門檻值組合對各資料集的選字正確率

資料集 \ 門檻設定值	資料集 1	資料集 2	資料集 3	資料集 4	資料集 5	25%,
T=212, B=106	84.8	84.6	85.0	84.4	85.5	84.8
T=106, B=52	84.7	84.5	85.0	84.4	85.6	84.9
T=920, B=52	80.8	80.3	80.7	80.5	81.5	80.8
T=52, B=920	84.4	84.3	84.5	84.1	85.0	83.7

由表二可知，設定集 1 與設定集 2 的實驗結果的正確率差異並不大，代表同時調低二字詞與雙字組門檻值影響不大。經檢視資料後發現，雖然某些出現次數較少之二字詞及雙字組在調低門檻值後可以被詞彙與語料規則使用後正確校正，但較少出現次數也代表用來做為正確解的錯誤風險增加。在兩相抵消之下，其正確率差異並不大。

設定集 3 的門檻值相較於設定集 1，調高了二字詞門檻值但降低雙字組門檻值。其造成的影響為詞彙規則較少使用、而增加使用語料規則的次數，實驗結果顯示設定集 3 的正確率較低，代表使用語料規則取代詞彙規則會造成效能下降。而設定集 4 的門檻值相較於設定集 1，則是調低了二字詞門檻值但提高雙字組門檻值。其造成的影響為增加錯誤風險較高的詞彙規則的使用次數、而提高語料規則的信賴度。實驗結果顯示設定集 4 的正確率較低，但較設定集 3 為高。這說明了詞彙規則的正確性較語料規則的正確性為高，應該優先使用詞彙規則，然而適當取得兩個門檻值的平衡，才能使效能接近最佳。五之二節將採用設定集 2 的門檻值做為評估依據。

（二） 效能評估

本小節的實驗分為「單項規則效能分析」與「架構效能評估」，目的是測試個別規則對正確率的影響。單項規則效能分析是針對只使用單一規則的效能。而由於規則執行後並非全部候選位置均能得到系統解，因此未有系統解的候選位置則利用純字頻挑選法產生解。由於此實驗僅針對單一規則進行測試，在挑選文字的過程中不會發生規則衝突，因此無需設定門檻值來處理規則衝突。

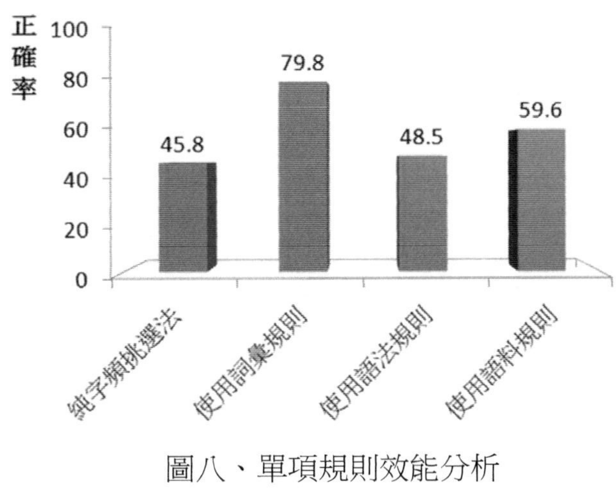

圖八、單項規則效能分析

由圖八所示，以使用詞彙規則與純字頻挑選法比較，使用詞彙規則挑選文字，其正確率可從 45.8%提升到 79.8%。使用該規則可提升 34%的正確率。在單項規則效能分析之實驗結果中，該規則提升的正確率最高，主要原因是中文句所包含的字元大多是由詞彙組成，且詞是句子的語意基本單元。因此使用詞彙規則可以有效提高正確率。

語法規則與純字頻挑選法比較，使用語法規則挑選文字，其正確率可從 45.8%提升到 48.5%。使用該規則可提升 2.7%的正確率。在此實驗中該規則所能提升的正確率最低。經檢視該規則的實驗結果發現，使用語法規則確實可以找到正確的字元組合，但由於實驗語料沒有大量出現符合該規則的句子片段，因此導致正確率提升有限。

再以語料規則與純字頻挑選法比較，使用語料規則挑選文字，其正確率可從 48.8%提升到 59.6%。相較純字頻挑選法，使用該規則可提升 13.8%的正確率。該規則對於提升正確率已有明顯效果，但低於詞彙方法的提升率。主要原因是當語料規則發生相同規則衝突，本研究是挑選出現次數較多的雙字組做為挑選字。這種解決方法並不保證所挑選的雙字組是正確解，所挑選的雙字組也可能造成挑選錯誤。本文所提之三類規則所提升的正確率差異性很大，也與本文所設計的規則優先順序相當符合。

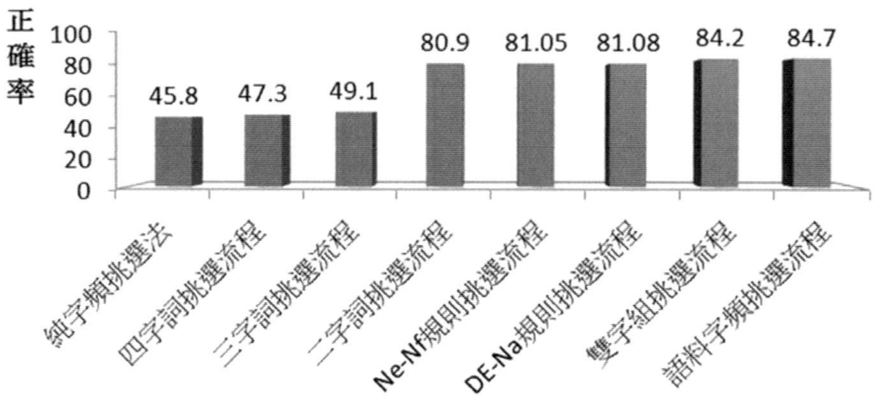

圖九、各流程執行後正確率變化

圖九則顯示依序使用第二節所述本文所提架構各階段執行結束後正確率之變化。在五之一節中已說明使用純字頻挑選法之實驗正確率為 45.8%。在各階段文字挑選處理後仍未確認的候選位置，則仍使用純挑選字頻法進行字元挑選。

詞彙規則階段因長詞優先以及詞長不同分為四字詞、三字詞及二字詞挑選流程。由圖九實驗結果可知，加入二字詞挑選程序後才會大幅提升正確率，主要原因為二字詞佔多字詞的比例相當高，相較之下四字詞與三字詞出現比例偏低，因此能處理的字數有限。特別說明的是，圖九中，使用詞彙規則的正確率比在圖 8 中要稍高，其因是圖 9 之實驗有設定門檻值解決二字詞或雙字組的規則衝突，因此正確率與圖 8 有所差異，此亦顯示使用門檻值有些微提高正確率的效果。

語法規則緊接在詞彙規則使用後加入。語法規則在圖九中也分為兩個子程序，先使用 Ne-Nf 規則再加入 DE-Na 規則，其正確率從百分之 80.9%提升至 81.8。很明顯的其正確率提升效果有限，原因如圖八之實驗討論。最後語料規則也分為兩個子程序，先使用雙字組規則再加入語料字頻挑選法，正確率由 81.08%提升至 84.7%。與圖八的實驗結果比較，此處的語料規則能提升的正確率較低，顯示最後實施的語料規則可校正的部分有許多與前兩項規則重複，因此有些語料規則可校正部分已先由前兩類規則正確校正，因此正確率提升有限，但仍具有提升正確率的效果。

六、結論

本文是利用特定領域語料特性提出三類規則做為挑選候選字依據以提高離線手寫文字辨識正確率。在詞彙規則中，由於詞是句子的語意基本單元，藉由這個特性辨識模型可以利用詞彙規則來挑選多字詞的詞彙，並做為對應位置的校正結果。而在數個連續相鄰的候選字集中，欲隨機組合出一組符合詞彙規則的字元組合之可能性相當低，因此以符合詞彙規則的字元組合做為對應之候選位置的解，較有可能正確挑選。在辨識模型辨識文字的結果中，可以使用詞彙規則來進一步校正辨識字，以提高辨識的效果。

使用語法規則可以從候選字集群中，找出符合規則的詞性組合。由於傳統辨識模型是以模型計算機率值較高的候選字做為辨識結果，因此其選出的相鄰字間並不一定符合語法規則，會出現整句不符語法的現象。加入語法規則可以在候選字集群中找出符合規則的的字元組合做為解，藉由解決整句不符語法問題改善候選字挑選流程。有別於詞彙規則與語法規則，語料規則相當依賴特定領域語料的特性，以頻繁相鄰出現的字元組合來做為對應位置的系統解。由於字元組合資訊是由語料蒐集，可表現語料使用語言的偏好，因此對於辨識準確度會有不錯的改善效果。

雖然本文已經有效提升光學文字辨識的正確率，但還有一些部分可進一步研究。首先，本文提出的詞彙規則會發生相同規則衝突與相異規則衝突。對於詞彙規則所發生的相同規則衝突，本文是以詞頻較高的詞彙做為對應候選位置的正確解，而針對詞彙規則所發生的相異規則衝突，本文是優先以較頻繁的二字詞來做為解。這種以發生頻率做為衝突解決依據的方法所造成的錯誤佔校正失敗相當大的比例。如何更有效解決規則衝突問題值得進一步研究。另外，本文所提方法可考慮提前於文字辨識的第二階段結合，提早進行候選字篩選，如此可產生更為可靠的候選字集，使得挑選正確解的可能性更高。

誌謝

作者感謝國立臺灣師範大學心理與教育測驗研究發展中心提供語料供研究使用。

參考文獻

[1] 李宜靜，2009，“中文字印刷體影像文字辨識之研究”，義守大學，碩士論文。

[2] 謝尚琳，1999，“用於辨正印刷中文字辨識結果的實用設計”，國立臺灣大學，博士論文。

[3] 曾元顯，2004，“應用於資訊檢索的中文 OCR 錯誤詞彙自動更正”，中國圖書館學會會報，72 期，頁 23~31，6 月。

[4] Yong-Zhi Chen, Shih-Hung Wu, Chia-Ching Lu and Tsun Ku, “Chinese Confusion Word Set for Automatic Generation of Spelling Error Detecting Template”, The 21th Conference on Computational Linguistics and Speech Processing , Taichung, Taiwan ,September 1-2, pp.359-372, 2009.

[5] Keh-Jiann Chen and Shing-Huan Liu, "Word identification for Mandarin Chinese sentences", In Proceedings of COLING-92, Nantes, France,pages 101-107, 1992.

[6] CKIP, "Analysis of Syntactic Categories for Chinese", CKIP Tech. Report#93-05, Sinica, Taipei, 1993,

[7] Mingrui Wu, Bo Zhang and Ling Zhang, "A neural network based classifier for handwritten Chinese character recognition", 15th International Conference on Pattern Recognition, Barcelona, Spain, September 3-8, pp.2561-2564, 2000.

[8] Zhi-guo He and Yu-dong Cao, "Survey of Offline Handwritten Chinese Character Recognition", Computer Engineering, Vol.34, No.15, pp.201-204, 2008.

[9] Feng-Jun Guo, Li-Xin Zhen, Yong Ge and Yun Zhang, "An Efficient Candidate Set Size Reduction Method for Coarse-Classifier of Chinese Handwriting Recognition", Proceedings of the 2006 conference on Arabic and Chinese handwriting recognition, College Park, MD, USA, September 27-28, pp.152-160, 2006.

[10] Hairong Lv, Wenyuan Wang, Chong Wang and Qing Zhuo, "Off-line Chinese signature verification based on support vector machines", Pattern Recognition Letters, Vol.26, Issue 15, pp.2390-2399, 2005.

Using Kohonen Maps of Chinese Morphological Families to Visualize the Interplay of Morphology and Semantics in Chinese

Bruno GALMAR
Institute of Education
National Cheng Kung University
hsuyueshan@gmail.com

Abstract

A morphological family in Chinese is the set of compound words embedding a common morpheme. Self-organizing maps (SOM) of Chinese morphological families are built. Computation of the unified-distance matrices for the SOMs allows us to perform a semantic clustering of the members of the morphological families. Such a semantic clustering shed light on the interplay between morphology and semantics in Chinese. Then, we studied how the word lists used in a lexical decision task (LDT) [1] are mapped onto the clusters of the SOMs. We showed that such a mapping is helpful to predict whether in a LDT repetitive processing of members of a morphological family would elicit a satiation - habituation - of both morphological and semantic units of the shared morpheme. In their LDT experiment, [1] found evidence for morphological satiation but not for semantic satiation. Conclusions drawn from our computational experimentations and calculations are concordant with [1] behavioral experimental results. We finally showed that our work could be helpful to linguists to prepare adequate word lists for the behavioral study of Chinese morphological families.

Keywords: Self-Organizing Maps, Computational Morphology and Semantics

1. Introduction

In this paper, we call a morphological family the set of compound words embedding a common morpheme. So, the compound words in Tab. 1 which have all the morpheme '明' as a first character belong to the morphological family of '明'.

Table 1. A subset of words belonging to the morphological family of 明 [1].

明朝	明天	明白	明確	明星	明亮
Ming Dynasty	tomorrow	to understand clear	explicit	star	bright

In Chinese, the meaning of a morpheme can be either transparent or opaque to the meaning of the compound word embedding it. For example, the common morpheme in Tab.1 "明" can mean *(clear)* or *(bright)* and is transparent to the meaning of "明星" (*star*) but rather opaque to the meaning of "明天" (*tomorrow*). If some members of a morphological family are semantically similar, one could advance as a reason for such a similarity that these members are transparent to a same meaning of the shared morpheme. Most of Chinese morphemes are polysemous [2]. Hence, in theory, *transparent members* of a morphological family could belong to different semantic clusters whose centers would be the different meanings of the shared polysemous morpheme.

This paper aims primarily at using computational linguistics methods to perform a semantic clustering of the members of the morphological families. Such a clustering is thereafter used to predict the results of a behavioral Lexical Decision Task[1] (LDT) designed by [1] to study the phenomenon of morphological satiation in Chinese.

In visual word recognition, morphological satiation is an impairment of morphological processing induced by a repetitive exposure to a same morpheme embedded in different Chinese compound words [1][3]. [1] posited that morphological satiation is due to habituation of the morphological unit of the repeated morpheme. This is represented on Fig. 1 by diagram (a).

As a morpheme is thought to be a meaningful unit, it is logical to consider whether a semantic satiation [4][5][6] - an impairment of semantic processing causing a temporary loss of the meaning of the common morpheme - would occur concomitantly with morphological satiation[2]. In other words, the satiation observed by [1] could have two loci: a morphological one and a semantic one as represented on Fig. 1 by diagram (d).

A morphological satiation could also have its loci of satiation on the links between the morphological, lexical and semantic units as represented on Fig.1 by the diagrams (b) and (c). We can quickly rule out the possibility of a locus on the link between morphological and lexical units as represented by the diagram (b). The reason is that in a LDT, this link is changing at each presentation of a new two-character word. The morphological unit of the repeated morpheme constitutes one fixed endpoint of the morphological/lexical link but the over endpoint is always changing.

The present work of semantic clustering focuses on clarifying by computational means whether morphological satiation would probably have a sole morphological locus - diagram (a) - or whether it would have both a morphological and semantic locus - diagram (d) -. [1] behavioral LDT experiment results pointed to the existence of a sole morphological locus.

---

1 A LDT is a behavioral task for which subjects have to identify whether presented visual stimuli are words or non-words.

2 If most of the members of a morphological family used in an experimental task are transparent to a same meaning of the shared morpheme, the same semantic units of the shared morpheme are repeatedly accessed and finally habituate - satiation diagram (d) -. Therefore there could be a semantic satiation in addition to morphological satiation.

Figure 1. Different possible loci of satiation for [1] morphological satiation.

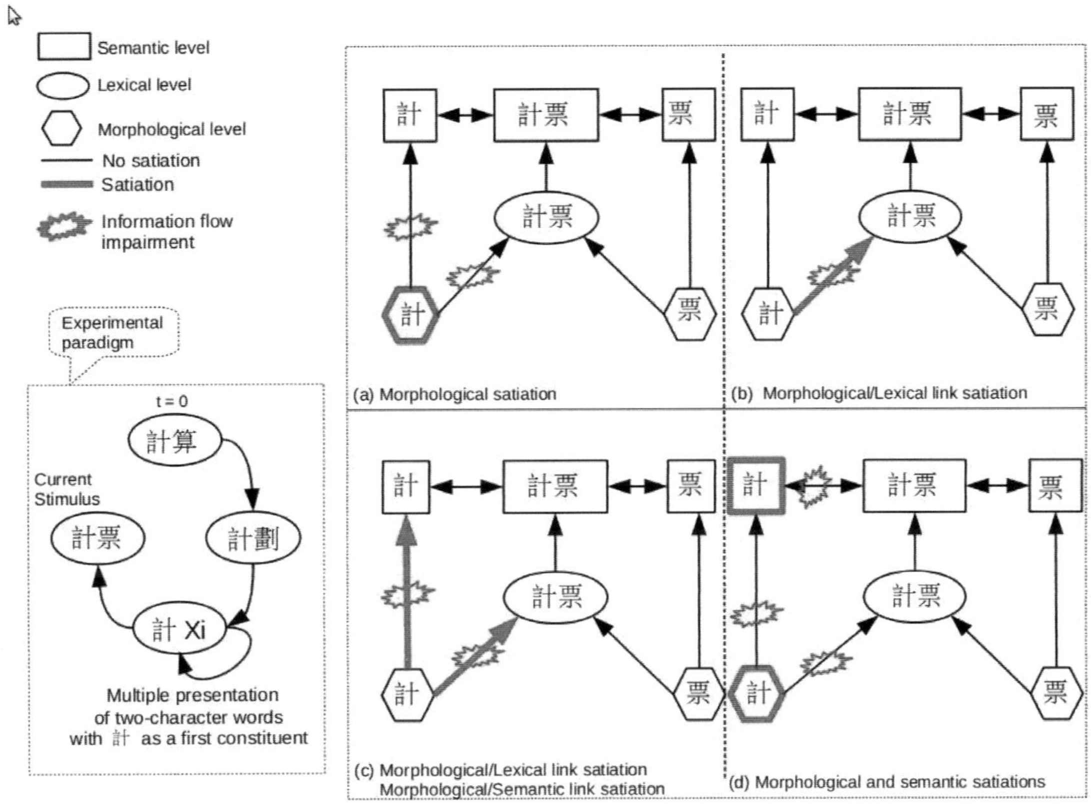

2. Rationale of our Approach

As human subjects agreement for semantic clustering tasks is low [7], computational corpus-based semantic clustering was thought to be a valuable and complementary experimental approach compared to a behavioral one with human subjects.

A corpus of written texts is a human artifact, its content is relevant to the human reader and therefore from a cognitive psychology standpoint, a corpus does embed a subset of organized human semantic knowledge and is worthy to be studied in computer simulations as a pure abstract semantic memory stripped out of sensory and motor representations.

In natural language processing, proponents of the `bag of words' approach simplify each document internal structure to a set of words, and use a whole corpus to build a matrix of co-occurrence of the words corpus [8]. Computational methods as Latent Semantic Analysis take as input such a high dimensional matrix and reduce its dimensionality to form a vector space of the documents and words [9]. This space embeds only an associative kind of semantic information[3]: words that co-occur in the same documents or which have common

3 Semantic information can be for example also of the categorical or featural types.

co-occurrents are close associates.

For a news corpus, the association can often be of the type situational. For example, "Father Christmas" will be a close associate of "department store" as there are many news reports around Christmas about the bustling agitation in department stores full of "Father Christmas"[4]. In cognitive science and AI, it is said that the two terms "Father Christmas" and "department store" belong to a common memory frame, a frame being defined by Minsky as "*a data-structure for representing a stereotyped situation*" [11].

In the present work, we do follow a `bag of words' approach by firstly building a term document matrix (TDM). Then, Self-Organizing Maps (SOMs) and associated unified-distanced matrices - called U-matrix thereafter - are built from the TDM. The SOMs and the U-matrices serve to visualize semantic clusters in a morphological family on a 2D hexagonal grid of bins [12].

On the SOMs, a semantic cluster is made of members of a morphological family which have been fitted into a same bin of the grid and into contiguous bins which are close neighbors - according to the U-matrix information - in the original high dimensional space. SOMs have been used successfully to capture associative semantic relationships between words in corpora. Closer to the present approach, [13][14][15][16] have used SOMs to study the developmental aspect of vocabulary acquisition in Chinese. Our study is the first one to use SOMs to study the interplay between morphology and semantics in Chinese compounds words sharing a common morpheme, i.e. to study the semantics of morphological families.

3. The Corpus and the Term Document Matrix (TDM)

3.1 The Academia Sinica Balanced Corpus

We used the Academia Sinica Balanced Corpus (ASBC), a five million words annotated corpus based on Chinese materials from Taiwan, mostly newspapers articles. The corpus is made of roughly 10000 documents of unequal length.

We removed from the corpus the foreign alphabetic words and most of the Chinese functional words. We kept POS tags information to allow differentiation between different grammatical instances of a same word[5] [10].

3.2 The Term Document Matrix (TDM)

The TDM was built by using the *TermDocumentMatrix* function of the R package *tm* [17] with a self-customized Chinese tokenizer. The TDM is a 136570 terms * 9179 documents

---

4 This example is borrowed from [10]

5 Some of the Chinese words can have up to 5 different POS tags [10].

matrix.

The TDM was weighted:

1. using the classical term frequency-inverse document frequency (TfIdf) weighting scheme for both local and global weighting of the terms in the TDM [8]. We used the function *weightTfIdf* of the package *tm* [17].
2. using a weighting scheme at the document level to reduce the effect of the size difference between documents:

$$\log_2\left(\frac{\text{Max\_document\_size}}{\text{Document\_size}} + 1\right) \quad (1)$$

Each document of the TDM is a genuine article of the ASBC corpus and is considered as a semantic unit. More weight is given to small documents of the ASBC corpus. A complete justification for such a decision is given in [10]. Briefly, one can say that for a human reader due to attentional capacity limitations, the gist of a news article is easier to extract from a very short article than from a very long one.

4. The Self-Organizing Maps

For a given morphological family, the rows corresponding to the members of the family in the TDM were extracted. The extracted rows constitute a submatrix of the TDM. From this submatrix, a SOM is built using the *Batch map algorithm* [12]. The U-matrix [18] is computed to assess how much members fitted to contiguous bins - bins are thereafter called units - on the SOM are close in the original high-dimensional space - thereafter called input data space -.

4.1 The batch version of the SOM algorithm

As all the data - the TDM - can be presented to the SOM algorithm from the beginning of learning, the batch version of the SOM algorithm - called "Batch Map" - is used instead of the incremental learning SOM algorithm. The batch SOM is very similar to the k-means (Linde-Buzo-Gray) algorithm [12].

Our SOM defines a mapping from the input data space $\mathbb{R}^n$ of observation samples onto a hexagonal two-dimensional grid of N_u units. Every unit i is associated with a *reference vector* $m_i \in \mathbb{R}^n$. The set of units located inside a given radius from unit i is termed *neighborhood set* N_i.

From [12, pp139-140] and [19, p1360], the Batch Map algorithm can be described as follows:

1. Initialize the N_u reference vectors by taking the first N_u observation samples.
2. For each unit i, collect a list L_i of copies of all those observation samples whose nearest reference vector belongs to N_i.

3. Update the value of each reference vector m_i with the mean over L_i.
4. Repeat from Step 2 a few times.

The Batch Map presents a main advantage over the incremental learning version of the SOM algorithm [12][20]: no learning rate parameter has to be specified. To double-check the computed batch SOM's representativeness of the input data space, we followed the recommendation of both [20] and [12] to compare organization in the Batch Map and in the incremental learning SOM.

We used the code in the R package *class* [21] for the batch SOM given by [22] to build the SOMs on a 7*8 hexagonal grid of 56 bins.

4.2 The Unified-Distance Matrix

We reused and modified the code in the R package *kohonen* [23] to build the U-matrix for the Batch Map and to plot a grey-level map superimposed to the SOM map. The U-matrix is the distance matrix between the reference vectors of contiguous units. On the grayscale SOMs, contiguous units in light shade on the SOM are representative of existing clusters in the input data space. Contiguous units in a dark shade draw boundaries between existing clusters in the input data space [18].

5. Results

We present the results for the study of the 計 (ji2) morphological family[6]. This Chinese morpheme has two main meanings: (1) to count, to calculate (2) to plan, to scheme. The study was limited to the members in the ASBC corpus embedding 計 as a first character. The SOM map of these members is noted SOM_{93} and is shown on Fig 2.

At a first level the map is divided in two zones: a dark shade one - upper part of the map - and a light shade one. Most of the words belong to the light shade zone. Among the diverse existing clusters, we note that:

- Cluster C_1 mainly gathers word sharing and other words related to meaning 1 of 計.
- Cluster C_2 gathers in a same unit three words related to the frame *taxi.*
- Cluster C_3 includes many words belonging to two contiguous units in a light shade. We decided to recompute a Batch Map SOM for the members in these two units to zoom in and have a clearer map of these members. The map is shown on Fig. 3.

---

[6] Others examples are also given in the script file – available upon request - to create and plot the SOMs presented in the present paper.

Figure 4 shows only the 13 words used by [1] in one block of their LDT experiment[7]. Some of the words have two POS tags so that the total of the data points represented on Fig.4 is 17.

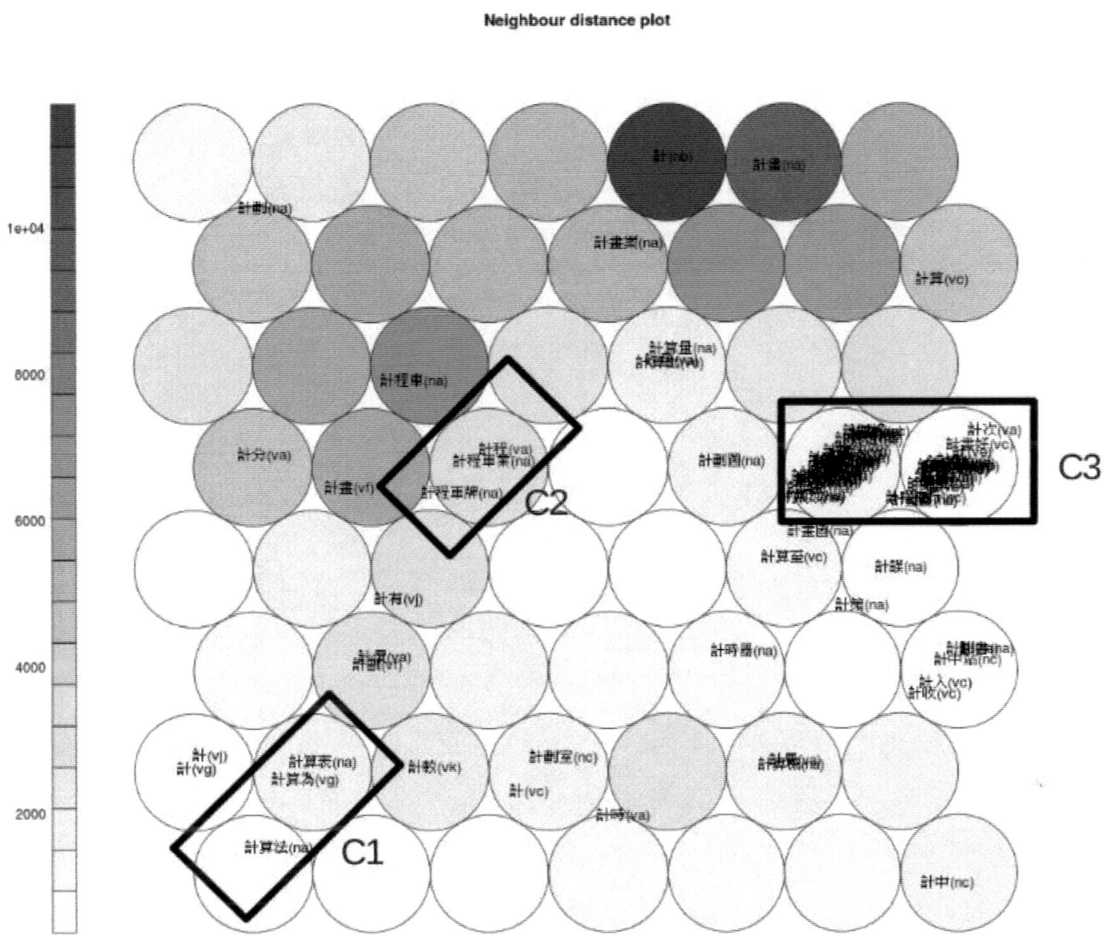

Figure 2. SOM_{93} of the 計 morphological family.

---

7 One word of the original experiment not being in the ASBC corpus is missing here.

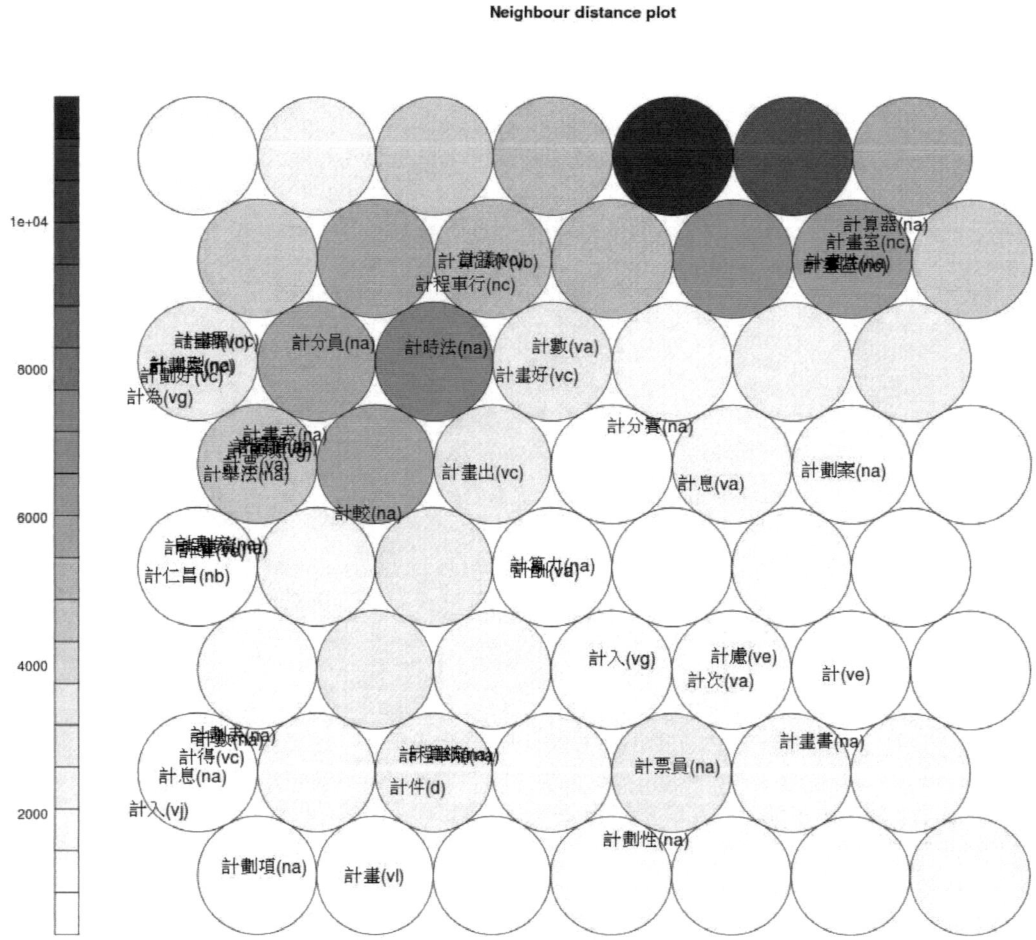

Figure 3. SOM for cluster C3 in Fig. 2

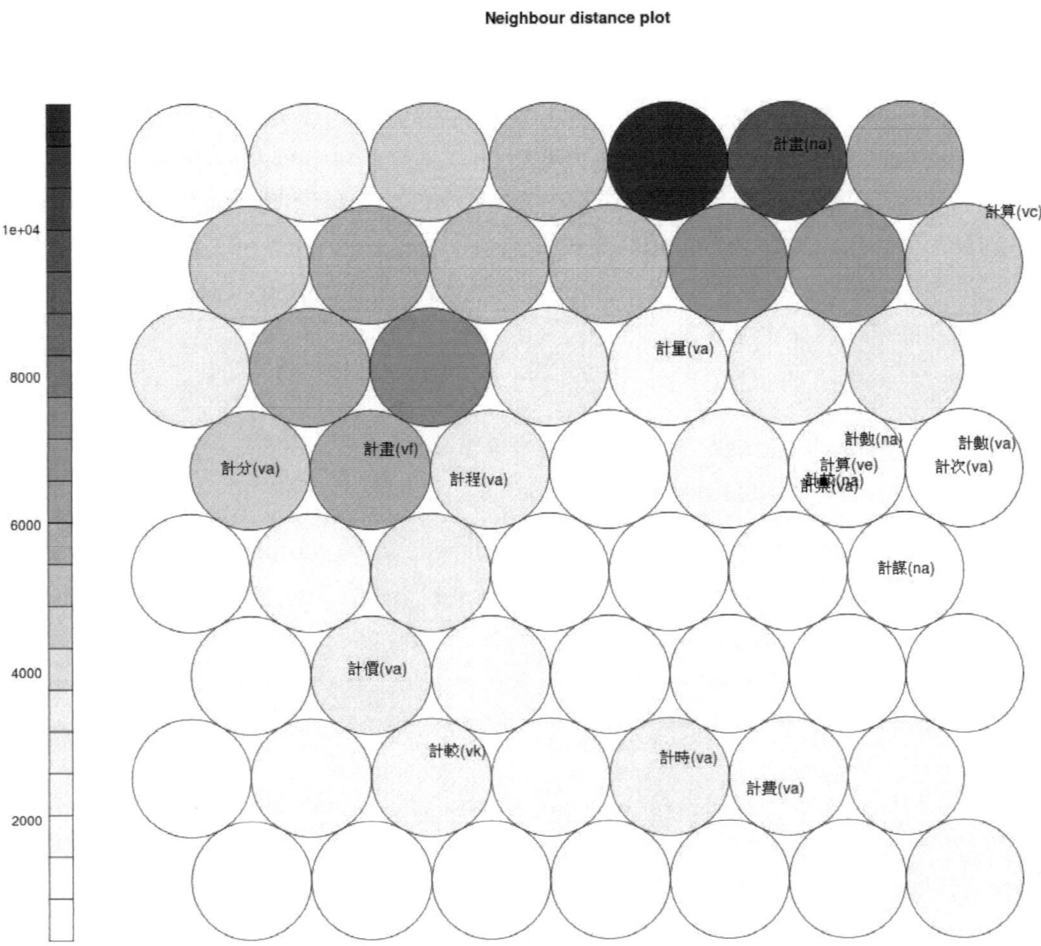

Figure 4. SOM of the members of the 計 morphological family used in [1] experiment.

Clustering is observed easily with such a few words. Three contiguous units in a light shade form the unique big cluster with a total of 6 different words. In the latest experimental research on semantic satiation, [6] found that after 5 or 7 repetitions of a given word, the word's meaning starts to be satiated. From 2 to 4 repetitions, there is semantic priming - behavioral enhancement in semantic tasks - and more repetitions are the realm of semantic satiation.

If in the [1] lexical decision task (LDT), these 6 words occur successively, there should be semantic satiation. In [1] LDT, the 13 words in Fig. 3 were randomly mixed with 13 non-words. Non-words being meaningless should not contribute to satiate significantly the semantic units of the different meanings of the shared morpheme. Therefore, from the analysis of our SOM, we predict that only in the case were the 6 members of the big cluster occur successively in the 26 words list - we call it the best case -, there could be a preliminary sign of semantic satiation.

To compute the probability of this best case, we need to calculate two numbers:

1. N_a the number of distinguishable arrangements of n=26 words of which 6 - belonging to our big cluster - constitute a first set S1 and the 20 remaining ones constitute another set S2. The order of occurrence of the 6 words of S1 does not matter and therefore the words of S1 are considered as being of a same type T1. For the same reason, words of S2 are of a same type T2, different of type T1.

$$N_a = \frac{26!}{6!20!} = 230230 \tag{2}$$

2. the number of distinguishable arrangements of 6 successive occurrences of S1 words[8] in a 26 words list: 21.

The probability p of the best case is given by dividing the number of distinguishable arrangements of 6 successive occurrences of S1 words by the number of distinguishable arrangements of n=26 words made of the two types T1 and T2.

$$p = \frac{21}{230230} \approx 9 * 10^{-5} \tag{3}$$

This best case has a very low probability so that subjects of [1] experiment would almost always be given a 26 words list that do not warranty - according to our analysis - elicitation of semantic satiation.

Hence, in one hand, we agree with [1] that in their experiment there were no semantic locus of satiation. On the other hand, we refine [1] conclusions by advancing that one could prepare specific experimental word lists which would maximize the probability of observing semantic satiation.

6. General Conclusion

By visualizing the SOMs augmented with neighboring distance information from the U-matrix, one can observe whether semantic clusters exist in a morphological family and how the experimental data in [1] is mapped to these clusters.

Conclusions drawn from our computational experimental results are concordant with [1] behavioral experimental results revealing the absence of a semantic satiation while morphological satiation occurs. However, we proposed that semantic satiation could theoretically be elicited with specifically arranged word lists for [1] experiment. Such lists have a very low probability of occurrence when random assignment of words is used to

8 Order of occurrence of the S1 words does not matter.

prepare experimental word lists. Therefore, the present work showed the necessity of preparing adequate experimental word lists based on computational semantic clustering. - as shown here - or human norms of semantic similarity if available.

7. Future Directions

Alternatives to SOMs - such as GTM [24] - exist and could be used for comparison purposes with the present results.

8. Code to generate the SOMs from the ASBC corpus

The source code and R command lines are available upon request in a script file. In order to run the whole script file from the very beginning, one needs the Academia Sinica Balanced Corpus (ASBC). The ASBC has to be purchased[9].

References

[1] J.-Y. Chen, B. Galmar, and H.-J. Su, "Semantic satiation of Chinese characters in a continuous lexical decision task," in *The 21st Annual Convention of the Association For Psychological Science*, 2009.

[2] K. Chen and C. Chen, "Automatic semantic classification for Chinese unknown compound nouns," in *Proceedings of the 18th conference on Computational linguistics-Volume 1. Association for Computational Linguistics*, 2000, pp. 173–179.

[3] C. Cheng and Y. Lan, "An implicit test of Chinese orthographic satiation," *Reading and Writing*, pp. 1–36, 2009.

[4] L. Smith and R. Klein, "Evidence for semantic satiation: Repeating a category slows subsequent semantic processing," *Learning, Memory*, vol. 16, no. 5, pp. 852–861, 1990.

[5] J. Kounios, S. Kotz, and P. Holcomb, "On the locus of the semantic satiation effect: Evidence from event-related brain potentials," *Memory and Cognition*, vol. 28, no. 8, pp. 1366–1377, 2000.

[6] X. Tian and D. Huber, "Testing an associative account of semantic satiation," *Cognitive Psychology*, 2010.

[7] J. Jorgensen, "The psychological reality of word senses," *Journal of Psycholinguistic Research*, vol. 19, no. 3, pp. 167–190, 1990.

[8] T. Landauer and S. Dumais, "A solution to plato's problem: The latent semantic analysis theory of acquisition, induction, and representation of knowledge," *Psychological review*, vol. 104, no. 2, pp. 211–240, 1997.

[9] T. Landauer, D. McNamara, S. Dennis, and W. Kintsch, *Handbook of latent semantic analysis*. Lawrence Erlbaum, 2007.

[10] B. Galmar and J. Chen., "Identifying different meanings of a Chinese morpheme through

9 Contact the Academia Sinica (中央研究院語言所).

semantic pattern matching in augmented minimum spanning trees," *The Prague Bulletin of Mathematical Linguistics*, vol. 94, 2010.

[11] M. Minsky, "A framework for representing knowledge," AIM-306, 1974.

[12] T. Kohonen, *Self-Organizing Maps, 3rd Edition*, Berlin, Heidelberg, 2001.

[13] P. Li, "A self-organizing neural network model of the acquisition of word meaning," in *Proceedings of the 2001 Fourth International Conference on Cognitive Modeling*, July 26-28, 2001 George Mason University, Fairfax, Virgiania, USA. Lawrence Erlbaum, 2001, p. 90.

[14] P. Li, I. Farkas, and B. MacWhinney, "Early lexical development in a self-organizing neural network," *Neural Networks*, vol. 17, no. 8-9, pp. 1345–1362, 2004.

[15] X. Zhao and P. Li, "Vocabulary development in English and Chinese: A comparative study with self-organizing neural networks," in *Proceedings of the 30th Annual Conference of the Cognitive Science Society*, 2008, pp. 1900–1905.

[16] P. Li, "Lexical Organization and Competition in First and Second Languages: Computational and Neural Mechanisms," *Cognitive Science*, vol. 33, no. 4, pp. 629–664, 2009.

[17] I. Feinerer, "tm: Text mining package, 2008," UR L http://CRAN. R-project. org/package= tm. R package version 0.3-3.

[18] A. Ultsch and H. Siemon, "Kohonen's self organizing feature maps for exploratory data analysis," in *Proceedings of the International Neural Network Conference (INNC'90)*, 1990, pp. 305–308.

[19] T. Kohonen, E. Oja, O. Simula, A. Visa, and J. Kangas, "Engineering applications of the self-organizing map," *Proceedings of the IEEE*, vol. 84, no. 10, pp. 1358–1384, 2002.

[20] J. Fort, P. Letremy, and M. Cottrell, "Advantages and drawbacks of the Batch Kohonen algorithm," in *10th European Symp. On Artificial Neural Networks*. Citeseer.

[21] W. N. Venables and B. D. Ripley, *Modern Applied Statistics with S*, 4th ed. New York: Springer, 2002, iSBN 0-387-95457-0. [Online]. Available: http://www.stats.ox.ac.uk/pub/MASS4

[22] W. Venables, B. Ripley, and W. Venables, *Modern applied statistics with S-Plus*. Citeseer, 1998.

[23] R. Wehrens and L. Buydens, "Self- and super-organising maps in r: the kohonen package," *J. Stat. Softw.*, vol. 21, no. 5, 2007. [Online]. Available: http://www.jstatsoft.org/v21/i05

[24] C. Bishop, M. Svensen, and C. Williams, "GTM: The generative topographic mapping," *Neural computation*, vol. 10, no. 1, pp. 215–234, 1998.

The Prior Knowledge Effect on the Processing of Vague Discourse in Mandarin Chinese

Shu-Ping Gong
National Chiayi University
spgong@mail.ncyu.edu.tw

Kathleen Ahrens
Hong Kong Baptist University
ahrens@hkbu.edu.hk

Abstract

This study investigates whether prior knowledge affects the processing of vague discourse in Mandarin Chinese. Vague discourse refers to the texts using vague references and neutral descriptors (e.g. 東西 *dōngxī* "thing", 事情 *shìqíng* "item", and 物件 *wùjiàn* "object"), rather than naming the referred to items at the basic level. Three conditions of discourse were tested: one was vague texts preceded by congruent titles, another was texts preceded by incongruent titles and the third was texts preceded without titles. An on-line self-paced reading task was conducted. Participants were instructed to read the vague texts and rate the level of comprehensibility. The rating scores for the level of comprehensibility and the reading time of the whole texts were measured. The experimental results show that people read texts preceded by congruent titles significantly faster than those preceded by incongruent and no titles. However, the reading time of texts preceded by incongruent titles was also significantly shorter than those preceded without titles. We conclude that when people simply read vague idea at a discourse level, the appropriate information is useful for text integration. Inappropriate information, however, can be paid little attention during the text processing and do not increase too much processing load.

Keywords: vague texts, congruency, self-paced reading task, background knowledge

1. Introduction

There are two basic approaches to text understanding: *the top-down approach*, in which the reader starts with a preexistent structure like a schema and tries to fit the text proposition into it, and the *bottom-up approach*, in which the reader starts with the text propositions and tries to create a new structure for them.

According to the top-down approach, when no schema is explicitly given and the reader needs to determine referents and inter-relate propositions, s/he uses whatever information s/he can guess from the text. The reader may try to guess a schema at the same level of detail as that of "washing clothes"; alternatively, he may use some abstract default schema to relate propositions. We will refer to these two instances of the top-down approach as the "guessing" and "default schema" strategies, respectively [1].

With regard to the bottom-up approach to text understanding, when the reader needs to determine referents or inter-relate propositions, presumably s/he does this by using concepts that have been repeated within and between propositions. This "concept repetition" strategy is probably the best-known instance of the bottom-up approach [2].

The top-down approach predicts a schema advantage, that is, texts with schemas are processed faster than those with no schemas. There is evidence to support that people adopt the top-down approach in reading vague texts. Titles function as prior knowledge activators and allow the reader to connect existing knowledge with new information. Evidence for this effect is based on studies that show increased recall for text content when the text is preceded by a title [3, 4, 5]. Bransford and Johnson's [4] research, the classic study, examined how people comprehend and recall an unclear passage describing a series of actions. Their results showed that when the passage was preceded by a title, participants had better recall for the text context than when the passage was read without titles.

In addition, Smith & Swinney's study [6] supported the idea that the presence of schema facilitated discourse processing on-line. Participants were required to read "vague" texts and the reading time for each sentence was each text was recorded. Half the texts were preceded by a title that activated a relevant schema, whereas the other half were presented without relevant schema. Their results showed that reading time of texts without titles was substantially longer than those of texts with titles.

Moreover, research into narrative has shown the importance of narrative theme statements for the integration of narrative content. Previous studies showed that the absence of an explicit theme statement within the narrative structure reduced the reader's ability to comprehend and recall the narrative [7, 8, 9, 10].

In addition, titles can direct the readers' attention to specific information during reading. Rittschof et al. [11] found that when participants were given a written thematic prime before asking them to read a short expository text, they recalled fewer unrelated facts. The thematic prime directed the participants' attention to thematically relevant information and enhanced their ability to discount irrelevant information. Previous research has shown that thematic titles can enhance readers' ability to focus on topic information of importance or shift the focus of attention to a new integrating theme.

Furthermore, in Lee and Cheng's research [12] on Mandarin Chinese, their comprehensibility rating and recall studies provided evidence that texts with congruent titles were more comprehensible than those without titles or with incongruent titles. Participants were instructed to listen to three passages. One of texts was preceded by a congruent title, another was preceded by no titles and the other was preceded by an incongruent title. When they finished listening to the texts, they had to judge whether they could understand the texts on a 1-5 point scale, 1 indicating not comprehensible, 5 indicating very comprehensible. Their results showed that the mean comprehensibility rating scores preceded by congruent titles were higher than those preceded without titles and those preceded by incongruent titles. However, they didn't find any significant difference in rating scores between the texts preceded by incongruent titles and no titles.

Although the previous studies provided evidence that background knowledge can facilitate the discourse comprehension (i.e., the level of comprehensibility), the question of whether the title information facilitates the processing time has not been answered yet. Indeed, Lee and Cheng's [12] study used an off-line rating task, which can only measure how much people comprehend vague texts. It is not necessary that the higher level of comprehensibility for the texts preceded by congruent titles predicts the faster processing time. This unanswered question needs to be further determined.

Second, it is quite surprising that there was no significant difference in the rating scores between the vague texts preceded by incongruent titles and those without titles in Lee and Cheng's study. It is possible that the auditory presentation of vague texts affects the results. In the auditory processing, participants could easily ignore the inappropriate information since the auditory sentences went quickly. People in this situation can not memorize everything. We postulate that it is why Lee and Cheng found no significant difference between vague texts preceded by no titles and by incongruent titles. In this study, we wonder whether the significant difference in rating scores will occur between the two vague text conditions if the vague texts are presented visually and people will detect the inappropriate background knowledge.

Finally, another reason to re-conduct this experiment is that the experimental materials in Lee & Cheng's study [12] were not well-controlled, which may cause the biased results. Indeed, only three paragraphs were tested in Lee and Cheng's study, each condition involving only one paragraph. The limited numbers of materials tested in their experiment can result in unreliable results. In addition, the congruent and incongruent titles were not balanced for the character length and structure complexity, either. For example, the length of characters for the congruent titles in Lee & Cheng's study is 8.7 characters but the length for the incongruent titles is 3 characters. The longer titles could allow participants to process the vague texts with less effort. This factor could also affect how participants comprehended the vague texts.

Therefore, the goal of this current study is to determine whether the relevant background knowledge facilitate the processing time and whether the irrelevant background knowledge inhibit how much people understand vague texts when materials are presented visually. The reading time of whole texts and rating scores on the level of comprehensibility of vague texts will be recorded. In addition, we will increase the number of the vague texts and balance the length and syntactic complexity of titles in congruent and incongruent conditions. We hope that the replication of this experiment in Mandarin Chinese can bring us to understand the role of background knowledge in the text processing.

2. Experiment: An On-line Self-Paced Reading task

The purpose of this study is to look at the role of background knowledge in the processing of vague texts. We designed three conditions of vague texts: those preceded by congruent titles, those preceded by incongruent titles and those preceded without titles. An on-line self-paced reading task was conducted. Participants were instructed to read the three conditions of the vague texts sentence by sentence and judge how much they comprehend the texts on a 1-5 point scale. The rating scores on the level of comprehensibility of texts were recorded. In addition, the response time for comprehensibility judgment and the reading time for the whole text were recorded, too.

We predict that the appropriate background knowledge can facilitate the processing of vague texts. However, the inappropriate background knowledge will not always result in inhibitory effects in text processing. In particular, it is proposed that the inappropriate background knowledge can increase the processing load only in the situation when participants make semantic/comprehensibility judgment. But the inappropriate background knowledge will not increase the processing load when participants simply read the texts without making judgment. We think that when people simply read vague texts preceded by incongruent titles, they will not concentrate on inappropriate background information occurring between titles and contents of vague texts. Readers would like to read texts as quickly as possible in order to grasp the main idea of the vague text. So, we postulate that incongruent titles may not elicit the processing difficulty in reading time.

The absence of titles, on the other hand, does not allow one to expect what the vague texts discuss and they have to guess the themes of the vague texts until the end of texts. When people read a text without any title, they have to construct a title first. In the middle of the text, they have to keep revising the title according to the text information. The trial-and-error processing can increase the processing load and the reading time will be longer.

First, when the rating scores on the level of comprehensibility across the three conditions of vague texts are compared, we expect that the rating scores for texts preceded by congruent titles should be *significantly higher* than those preceded by incongruent titles and no titles since the appropriate background information will facilitate the processing of vague texts. Furthermore, the rating scores for texts preceded without titles should be *significantly higher* than those preceded by incongruent titles since the inappropriate background information will produce an inhibitory effect when people make comprehension judgment.

Second, when the rating response times across the three text conditions are compared, we also predict that the response time for the vague texts preceded by congruent titles should be *significantly shorter* than those preceded by incongruent titles and no titles because of the advantage of the appropriate background information. Moreover, the response time for texts preceded without titles should be *significantly shorte*r than those preceded by incongruent titles. It is the same reason that the inhibitory effects occur during the judgment task.

Finally, when the reading time of whole texts across the title condition are compared, we expect that the vague texts preceded by congruent titles will be read *significantly faster* than those preceded by incongruent titles and no titles because the relevant background information elicits facilitation effects. However, the vague texts preceded by incongruent titles will be read *significantly faster* than those preceded without titles. It is because the absence of background knowledge will cause much processing load than the inappropriate information during the reading of vague texts.

2.1 Method

2.1.1. Participants

63 undergraduate students of National Chiayi University (age range from 18 to 23 years old, mean age= 19.87 years old, SD = 1.30, 6 male and 57 female) participated in our task. They were tested individually and paid for their participation. All subjects were controlled for their language background (i.e. native speaker of Mandarin/Taiwanese).

2.1.2. Materials and Design

Our experimental stimuli consist of 51 sets of vague stories in three conditions: vague texts preceded by congruent titles, vague texts preceded by incongruent titles, and vague texts preceded without titles.

For the vague texts, each was created by using vague references and neutral descriptors (e.g. 東西 *dōngxī* "thing", 事情 *shìqíng* "item", and 物件 *wùjiàn* "object"), rather than naming the referred to items at the basic level. For instance, the example in Table 1 is a vague text discussing snowman. The content does not explicitly point out lexical items associated with these concepts "snow" or "snowman" or "winter". It uses vague descriptions or references such as 過程 *guòchéng* "procedure" and 成品 *chéngpǐn* "thing". In addition, the congruent title is 堆雪人 *duīxuěrén* "a snowman", which provides relevant information what a text is discussed and the incongruent one is 洗杯子 *xǐbēizǐ* "washing cups", which provides irrelevant information to the text. Both of the congruent and incongruent titles are controlled for the same syntactic structures, e.g., V+N, in this example.

Table 1: An Example of the Vague Texts in this Study

A Vague Text:

這個過程很簡單也很有樂趣。整個過程可以在任何地方發生。平均大概要花費一小時或甚至整天都有可能。過程中，時間長短取決於你是否要求最後成品要非常精緻。整個過程只需要一個材料。材料不但要很充足而且越新鮮越好，因為這些原因可以決定成品的壽命。另外，成品放置的位置也可以決定成品的壽命。如果你等待太久才使用材料，這種材料是會消失的。這個過程幾乎每一個人都可以做。

Three Conditions of Titles:

A congruent Title:	堆雪人
An incongruent title:	洗杯子
No title:	Ø

In our 51 sets of titles, the length of texts in both congruent and incongruent condition was 161 characters (range from 160 to 161 characters) and the length of titles in both congruent and incongruent conditions was 3 characters (range from 2 to 5 characters). In addition, the structures of titles involved in both title conditions were the same. There are 8 titles using the “V” structure pattern (e.g., 慢跑 *mànpǎo* and 洗澡 *xǐzǎo*) and 43 titles using the “V+N” syntactic pattern (e.g., 剪指甲 *jiǎnzhǐjiǎ* and 寫報告 *xiěbàogào*).

The 51 sets of vague materials with their corresponding congruent and incongruent titles were selected from 100 vague texts via running two pretests: one title production task and one title relevance yes/no judgment task. In the production task, we instructed the 100 undergraduates (Mean age = 20.6 years old, age range from 18 to 23 years old) to read the 100 vague texts and to guess the possible titles for these texts. The titles of texts that were easily guessed by participants were filtered in our main experiment. The final 51 vague materials were controlled for the title predictability: 89 percent of participants can not guess the correct or appropriate titles for the 51 vague texts.

In addition, 100 participants were instructed to judge the level of relevance of tiles in a YES/NO force choice task. Participants saw a paragraph that was preceded by a title and had to determine whether the title was suitable for this paragraph by selecting YES or NO, YES indicating "relevant" and NO indicating "irrelevant". The purpose of this judgment task is to screen out the inappropriate titles. Congruent titles and incongruent titles were controlled for the level of relevance: the average for congruent titles on the level of relevance is 95% and for incongruent titles on the level of irrelevance is 97%.

In our self-paced reading task, the 51 sets of vague texts were counterbalanced into three lists. Each list included 51 trials in total: one third of vague texts preceded by congruent title, one third preceded by incongruent titles, and one third preceded without titles. Participants did not see the same vague text repeatedly and only saw each paragraph in one title condition once. Before the main task, participants were instructed to read 12 practice vague texts for getting familiar with the whole procedure of the self-paced reading task.

2.1.3. Procedure

The experimental stimuli were randomized in the three lists. At the beginning, participants were instructed to sit in front of a computer and gave an instruction and practice items. They were instructed to read the texts presented by titles or "XXXX" (indicating no titles). These texts were presented sentence by sentence and participants had to read them as quickly as possible but they could read them based on their reading speed. After they finished each sentence, they needed to press the button for the next sentence. The reading times from the onset of the first sentence to the button press by participants for reading the last sentence of texts were recorded by the computer. After the text reading, participants saw a 1-5 point scale on the screen and had to judge the level of comprehensibility of texts. If the text would be highly incomprehensible, they would rate 1 for "very incomprehensible". If the texts would be very comprehensible, they would rate 5 for "very comprehensible". If the texts would be partially comprehensible or incomprehensible, they could rate the number from 2 to 4 on a scale based on their intuition. The rating scores for each trial were recorded, too.

The presentation procedure of this self-paced task is as follows (Figure 1). A cross presented on the screen for 350 milliseconds and then it disappears quickly. A 150-millisecond blank followed and disappear quickly. The second cross appeared again on the screen for 350 milliseconds and disappeared immediately. The purpose of the two crosses appearing on the screen was to allow participants to concentrate their eyes on the middle of the screen and wait for the upcoming target stimuli. Then, the title of a vague text presented on the screen for 600 milliseconds and another blank slide followed for 500 milliseconds. Afterwards, the first sentence of this text appeared on the screen. Participants were asked to read and understand them based on their intuition. After reading each sentence, they pressed the button for continuing the next sentence until the last sentence of this text. After reading the whole text, the previous text was presented again with a rating scale from 1-5 point scale. Participants had to rate the level of comprehensibility of texts by pressing a button.

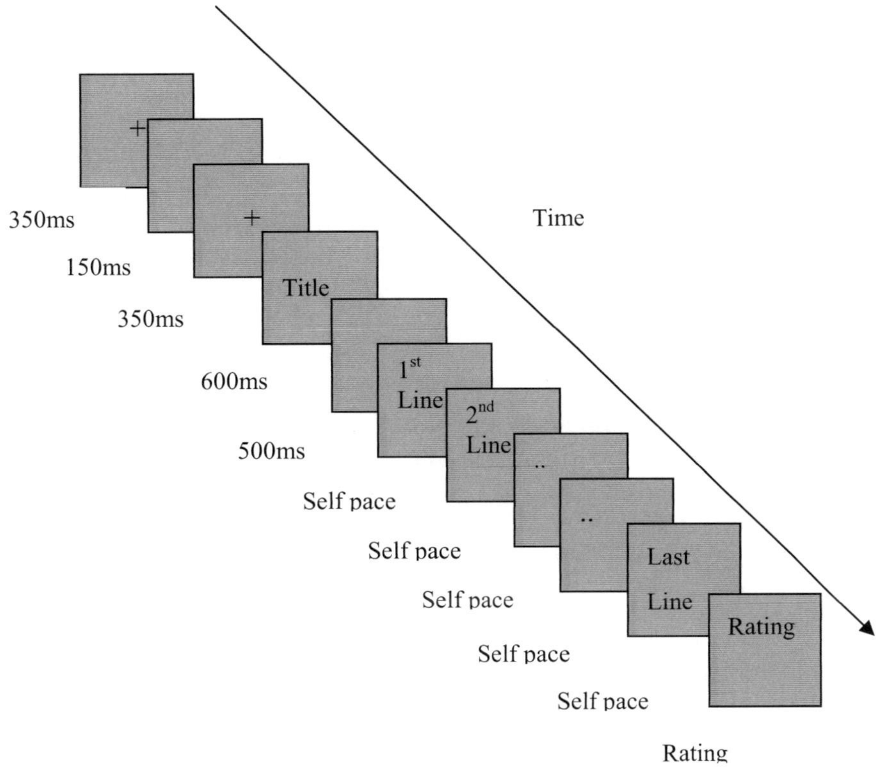

Figure 1. The procedure of the stimuli presentation

3. Results and Discussion

No data of participants were removed. The comprehensibility rating scores, the rating response time and the reading time of the whole texts were analyzed. Table 2 shows that the average rating scores on the level of comprehensibility of texts for the vague texts preceded by congruent, incongruent and no titles are 4.81, 2.27, and 3.36 scores, respectively. So, the vague texts preceded by congruent titles are the most comprehensible, followed by no title and those preceded by incongruent titles are the least comprehensible.

A one-way repeated ANOVA test for testing rating scores was conducted. The by-subject analysis shows there was significant difference in rating scores across the three conditions of vague texts (F_1 (2, 189) = 246.12, $p < .05$). The post-hoc analysis shows that the rating scores of the vague texts preceded by congruent title were *significantly higher* than those of texts preceded by incongruent titles and no titles ($p < .05$). Moreover, the rating scores of the text preceded by incongruent title were *significantly lower* than that those of the texts preceded without titles ($p < .05$). The by-item analysis also yielded consistent results as the by-subject analysis (F_2 (2, 150) = 330.97, $p < .05$). There were *significant differences* in rating scores between the texts preceded by congruent texts and those by incongruent/no titles ($p < .05$). And the vague texts preceded by incongruent titles were *significantly less comprehensible* than those of the texts preceded without titles ($p < .05$).

Table 2: Means of rating scores across the three conditions of discourse

Conditions of Texts	Mean rating scores
Congruent Titles	4.8 (SD= 0.24)
Incongruent Titles	2.3 (SD= 1.07)
No Titles	3.4 (SD= 0.81)

Additionally, the rating response time was analyzed. Table 3 shows that the average response times for the texts preceded by congruent title, incongruent title, and no titles are 1037.5 ms, 1809.4 ms and 1887.8 ms, respectively. The results show that the texts preceded by congruent titles were rated faster than the other two text conditions. Participants took longer time to rate the texts preceded without title than those preceded by incongruent titles.

Table 3: Means of rating response time across three conditions of discourse

Conditions of Titles	Mean reaction time
Congruent Titles	1037.5 (SD= 570.1)
Incongruent Titles	1809.4 (SD= 602.4)
No Titles	1887.8 (SD= 889.3)

A one-way repeated ANOVA analysis for testing the rating response time was conducted. The by-subject analysis shows that the rating response time was significantly different across the three text conditions (F_1 (2, 189) = 61.24, $p < .05$). A post-hoc analysis shows that the response time of the texts preceded by congruent title was *significantly shorter* than those of the texts preceded by incongruent titles and no titles ($p < .05$). However, the reaction time of the texts preceded by incongruent titles was *NOT significantly longer* than those of the texts preceded without titles ($p > .05$). The by-item analysis also yielded the significant difference across the three conditions of texts as the by-subject analysis (F_2 (2, 150) = 41.90, $p < .05$). The response time for the texts preceded by congruent titles was *significantly shorter* than that those preceded by incongruent/no titles ($p < .05$). Additionally, there was *NO significant difference* in reaction time between the texts preceded by incongruent titles and no titles ($p > .05$).

Moreover, Table 4 shows that the reading time for the texts preceded by congruent titles, incongruent titles and no title are 13976.8 ms, 15302.5 ms, and 17123 ms, respectively, which demonstrates that the vague texts preceded by congruent titles were read faster than the other two text conditions. In addition, the vague texts preceded without titles seem not to be easily read because people took the longest time to read the no-title condition.

A one-way repeated ANOVA analysis for testing reading time was conducted. The by-subject analysis shows that there are significant difference across the three text conditions (F_1 (2, 189) = 40.95, $p < .05$). A post-hoc test demonstrates that the reading time of the texts preceded by congruent titles was *significantly shorter* than those preceded by incongruent titles or no titles ($p < .05$). In addition, the reading time of the texts preceded by incongruent titles was *significantly shorter* than the one of the texts preceded without titles ($p < .05$). The by-item analysis also yielded the same results as the by-subject analysis (F_2 (2, 150) = 28.60, $p < .05$). The congruent condition was read *significantly faster* than the other two title conditions ($p < .05$). And, the vague texts preceded by the incongruent condition were read *significantly faster* than those preceded without titles ($p < .05$).

Table 4: Means of text reading time across three conditions of discourse

Type of Titles	Mean
Congruent Title	13976.8 (SD= 5052.1)
Incongruent Title	15302.5 (SD= 6486.8)
No Title	17123.0 (SD= 5401.7)

To summarize, the results of the rating scores show that the vague texts preceded by congruent titles were processed with less effort than the other title conditions. Incongruent titles, however, provide inappropriate information and make the vague texts not easily to be understood. So, the texts preceded by incongruent titles were rated as the least comprehensible. The vague texts preceded without titles served as the baseline condition and rated as the neutral one (i.e., neither comprehensible nor incomprehensible). The results of rating scores are consistent with our prediction that the relevant background knowledge facilitates the comprehensibility level and irrelevant information results in the inhibitory effects in comprehension.

On the other hand, the results of the response time show a little different from our expectation. In our experiment, the vague texts preceded by congruent titles were responded faster than the other two title conditions. This also suggests the facilitation effects of appropriate background knowledge in text processing. However, we also found that the vague texts preceded by incongruent titles were responded as fast as those preceded without titles, which is different from our prediction that there would be no difference in response time between the no-title and incongruent conditions. The possible reason may be that each vague paragraph was read twice, which allowed one not to read the texts again when the text presented at the second time and directly made responses based on the memory of their previous reading. Thus, the repeated presentation of the vague texts results in the similar response times between the incongruent titles and no-title conditions.

Furthermore, the results of reading time of whole texts show that the vague texts preceded by congruent titles were read faster than the other two conditions. In addition, the reading time of the texts preceded by incongruent titles were read faster than those preceded without titles. The results of reading time also follow our prediction that appropriate information can facilitate the reading but inappropriate information is not necessary for leading to an inhibitory effect in text reading. Even though participants thought that the no-title vague texts were much more comprehensible than the incongruent condition, participants took longer time to read the former than the latter. The reason is that participants used the different processing strategies in the reading and judgment tasks. During the reading of a vague text, participants did not suspect what we saw and tried to integrate information together to grasp the main idea for this vague text. Participants may guess the title to be problematic, they still kept reading without paying too much attention on the conflict ideas evoked between the content of the texts and the titles. Thus, the inappropriate information did not cause too much processing load.

Finally, the absence of titles can cause much effort for readers to process vague texts because the absence of titles can not allow one to construct a theme in mind. So, participants have to always postulate the possible topic from the beginning of the text to the end. If they think the postulated title is not proper, they have to revise it again and propose another possible title. This trial-and-error process costs longer time for readers to read the texts preceded without titles than those preceded by incongruent titles.

4. Conclusion

This study investigates whether the background knowledge can facilitate the processing of vague texts in Mandarin Chinese. We conducted a self-paced reading task and reading time, comprehensibility rating scores and response time were recoded. Our experimental results show that the relevant or proper background knowledge does aid the integration of vague idea together during the discourse process. However, the improper background knowledge can increase the comprehension difficulty but does not necessarily lead to an inhibition in processing. The evidence is that the reading time of the vague texts preceded without titles was longer than those preceded by incongruent titles in our experiment. The inappropriate information does not seriously interrupt how people read the vague texts even though they are considered the least comprehensible. The absence of titles can lead to a trial-and-error processing so that people take the longest time in processing this kind of texts.

Our results on rating scores are little different from Lee and Cheng's findings [12]. Lee and Cheng found that the vague texts preceded by congruent titles were more comprehensible than the other two title conditions, which is also consistent with our results of rating scores. But, Lee and Cheng did not find the significant difference in rating scores between the vague texts preceded by incongruent titles and those preceded without titles. Indeed, we found that the texts preceded by incongruent titles received significantly lower rating scores than those preceded without titles. The diverging results in rating scores between their and our studies can be attributed to the method of how to present the vague texts.

The vague texts in Lee and Cheng's study were auditory displayed but our texts were presented visually. When participants listened to the vague texts preceded by incongruent titles, each sentence went by quickly and it is not easy for listeners to detect the inappropriate information between titles and contents of texts. Therefore, they did not think the vague texts preceded by incongruent titles to be less comprehensible than those without titles. However, in our study, the texts were presented visually. The vague texts appeared on the screen until participants pressed the button to read the next sentence. The visual method can allow readers to have longer time to integrate vague idea together and can discover what information is not appropriate.

To conclude, this psycholinguistic study is to determine whether the background knowledge influences the processing of vague texts. Our results show that relevant background knowledge can aid the processing of vague texts. The irrelevant background knowledge, however, does not necessarily inhibit the processing of vague texts. The inhibitory effect only occurs in the judgment task rather than in the reading task. Finally, the absence of background knowledge leads to much processing difficulty at a discourse level.

Acknowledgments

This research was supported by grants from the National Science Council of Taiwan (NSC 96-2411-H-415 -014 -MY3). We would like to thank two anonymous reviewers of ROCLING2011 for their comments on earlier versions of this work. Remaining errors are our sole responsibility.

References

[1] D. E. Rumelhart, &, A. Ortony. "The representation of knowledge in memory". In R. C. Anderson, r. J. Spiro, & W. E. Montague (Eds.), *Schooling and the acquisition of knowledg*e (pp 99-135). Hillsadale, NJ: Erlbaum. 1977.

[2] W. Kintsch &, T. A. van Dijk (1978). "Toward a model of text comprehension and production". *Psychological Review*, 85, 363-394. 1978.

[3] J. D. Bransford, & M. K. Johnson. "Contextual prerequisites for understanding: some investigations of comprehensions and recall". *Journal of Verbal Learning and Verbal Behavior*, 11, 717-726. 1972.

[4] J. D. Bransford &, M. K. Johnson. "Consideration of some problems of comprehension". In W. G. Chase (Ed.), *Visual information processing*. New York: Academic. 1973.

[5] D. J. Dooling &, R. Lachman. Effects of comprehension on retention of prose. *Journal of Experimental Psychology*, 88, 216-222. 1971.

[6] E. Smith & D. Swinney. "The role of Schemas in reading text: a real-time examination." *Discourse Processes*, 15, 303-316. 1992.

[7] N. S. Johnson, & J. M. Mandler. "A tale of two structures: underlying and surface forms in stories". *Poetics*, 9-51-86. 1980.

[8] J. M. Mandler & M. S. Goodman. "On the validity of story structure." *Journal of Verbal Learning and Verbal Behavior*, 21, 507-523. 1982.

[9] D. E. Rumelhart. "Understanding and summarizing brief stories". In D. LaBerge & S. J. Samuels (Eds.), *Basic Processes in Reading Comprehension: Perception and Comprehension* (pp. 230-265). Hillsdale, JJ: Lawrence Erlbaum Associates, Inc. 1977.

[10] P. W. Thorndyk. "Cognitive structures in comprehension and memory of narrative discourse." *Cognitive Psychology*, 9, 77-110. 1977.

[11] K. A., Rittschof, W. A. Stock, & R. W. Kulhavy, M. P. Verdi & J. M. Doran (1994).

"Thematic maps improve memory for facts and inferences: a test of the stimulus order hypothesis." *Contemporary Educational Psychology*, 19, 129-142. 1994

[12] M-H. Lee & C-M. Cheng (1976). "Conceptual knowledge as related to language comprehension and recall." *Acta Psychologica Taiwanica* (Chinese Journal of Psychology). 18, 121-128. 1976.

模糊語境理解歷程的先前知識效應

龔書萍
嘉義大學
spgong@mail.ncyu.edu.tw

安可思
香港浸會大學
ahrens@hkbu.edu.hk

摘要

本研究探討先前知識是否會影響人處理模糊不清的脈絡文章和語境。模糊的脈絡文章是指語境使用含糊、非指涉特定物件、事件，使用中性的描述和詞彙 (例如："東西、"事情" 、和 "物件"), 而不使用特定的名稱。本研究中，測試了三種模糊語境文章。第一是模糊語境使用了合諧 (congruent) 的標題 (titles)；第二是模糊語境使用了不合諧 (incongruent) 的標題；第三種是模糊語境但沒有標題 (no titles)。我們執行了一個「線上自主的閱讀作業」(on-line self-paced reading task) 的心理語言實驗，並測量了受試者的這三種實驗材料的閱讀時間。實驗結果顯示，受試者在處理合諧標題的模糊語境時，閱讀時間比不合諧或沒有標題的文章時，閱讀時間顯著性較短。另外，受試者在處理不合諧標題的模糊語境時，也比沒有標題的實驗材料的閱讀時間顯著性較短，這顯示由不合諧標題所引起的不相干背景知識並不會讓模糊語境處理時間較久，反而是沒有標題的文章處理時間是最長的。本研究結論為：標題的作用為背景知識的激發，可以促進理解模糊語境文章。但是，不合諧標題未必在模糊語境處理上會造成抑制效果。

關鍵字：模糊語境、合諧、自主的閱讀作業、背景知識

On the Learning of Chinese Aspect Markers through Multimedia Program*

多媒體課程對華語時貌標記學習成效之研究

謝慈惠 Hsieh, Tzu-Hui
國立嘉義大學外國語言學系
Department of Foreign Languages
National Chiayi University
ncl2008.teresa@gmail.com

郭怡君 Kuo, Yi-Chun
國立嘉義大學外國語言學系
Department of Foreign Languages
National Chiayi University
jennykuo@mail.ncyu.edu.tw

鐘樹椽 Chung, Shu-Chun
國立嘉義大學數位學習設計及管理學系
Department of E-learning Design and Management
National Chiayi University
tschung@mail.ncyu.ledu.tw

吳俊雄 Wu, Jiun-Shiung [a]
國立中正大學語言學研究所
Institute of Linguistics
National Chung Cheng University
Lngwujs@ccu.edu.tw

Abstract

* This research was funded by the National Science Council (NSC) of the Republic of China under Contract No. NSC 98-2631-S415-005. Wu Jiun-Shiung is the primary investigator of the project. Jenny Yi-Chun Kuo and Chung, Shu-Chun are the co-primary investigators. We thank to Mandarin teachers Miao-Chin Chiu and Chen-Hsuan Huang in the Division of Chinese as a Second Language, Language Center, National Chiayi University, and Xiurong Gong in Chinese Language Center of Feng-Chia University for their suggestions and comments on our teaching materials. We also thank the anonymous reviewers of the ROCLING conference for their precious comments. All remaining errors are ours.

[a] All correspondences should be directed to: Wu Jiun-Shiung, Institute of Linguistics of National Chung Cheng University, 168 University Rd., Min-Hsiung, Chia-Yi 62102, Taiwan, R.O.C.

The purpose of this study is to develop a multimedia program and examine its effects on learning Chinese aspect markers *le*, *zai*, and *zhe*. The materials in the program were based on linguistic studies of *le*, *zai*, and *zhe* (Li & Thompson, 2005; Lin, 2002; Liu, 1997; Pan, 1996; Smith, 1997; Wu & Kuo, 2003; Wu, 2003, 2005, 2007; Xiao & McEnery, 2004; Yeh, 1993). We predicted that this multimedia program with animation presenting the target sentences can significantly improve Chinese as a Foreign Language (for short, CFL) learners' acquisition of these aspect markers. The participants were totally 35 CFL beginners. Nineteen of them in the experimental group received the interactive multimedia program and sixteen of them in the control group took the computer-based grammar program. The teaching experiment is a section of twenty minutes per day for 3 days. We conduct a pretest, immediate posttest, and one-month delayed posttest, and the performances between the two groups were compared using the independent T-test. Findings indicated that the experimental group showed a significant advantage over the control group both in the immediate posttest and the delayed posttest.

摘要

本研究基於語言學對於華語時貌標記之研究，製作多媒體動畫課程，透過動畫來呈現時貌標記的語態，幫助華語爲外語學習者對「了」、「在」、「著」的習得。三十五位華語初級學習者參與實驗，其中十九位爲實驗組，用多媒體動畫課程自學;十六位爲控制組，用電腦輔助文法翻譯課程學習時貌標記，經過連續三天，每天二十分鐘的學習，以T-test來檢驗，結果顯示實驗組在後測以及延宕後測的表現，比控制組來得有顯著的進步。

Keywords: Chinese Aspect Markers, Interactive Multimedia Program, Chinese as a Foreign Language, Animation

關鍵詞：時貌標記，多媒體動畫課程，華語爲外語學習

1. Introduction

The Chinese aspect markers[1] have considered difficult for Chinese as a Foreign Language learners (Chao, 2002; Kao, 2006). Kao (2006) analyze the errors of the usage of the perfective *le* and of the imperfective *zhe* based on the corpus consisting of inter-language of Chinese produced by Chinese as a Foreign Language (for short, CFL) students abroad. Based on his study, he suggests that the interaction between aspect markers and different types of events, the comparison of the similar aspect markers and their individual characteristics should be introduced and emphasized in CFL instruction.

In this study, we develop a curriculum for three Chinese aspect markers: the perfective *le*, the progressive *zai* and the durative *zhe*. In order to eliminate the negative effect of grammar translation and possibly insufficiency of pedagogical grammar, we use the generalizations

[1] Chinese aspect markers include the perfective aspect markers *le*, the imperfective markers *zai* and *zhe*, the experiential *guo*, and verbal reduplication (Li & Thompson, 1981). In this study, we focus on the perfective marker *le*, and the imperfective markers *zai* and *zhe*.

from linguistic research on these three aspect markers, e.g. Li & Thompson, 1981; Lin, 2002; Liu, 1997; Pan, 1996; Smith, 1997; Wu & Kuo, 2003; Wu, 2003, 2005, 2007; Xiao & McEnery, 2004; Yeh, 1993, and implement the generalizations with computer animations, an instruction method along the lines proposed in Form Focused Instruction (Ellis, 1985).

According to Wu (2003, 2007), *zai* as a progressive marker goes with an event ongoing at an instant and *le* as a perfective marker presents a completed event or a terminated event. Both of *zai* and *le* can go with accomplishment[2] and activity[3] events. Thus, the comparison between them in terms of accomplishment events is stated as the following sentences (1).

(1) a. Tā **zài** xiě yì fēng xìn.
she PROG write one CL letter
"She is writing a letter."

b. Tā xiě (wán) **le** yì fēng xìn.
she write (finish) PFV one CL letter
"She finished writing a letter."

In (1), we can tell the difference between *zai* and *le* in terms of interacting with Accomplishment. For example, *xiě yì fēng xìn* 'to write a letter' gets an ongoing reading with *zai* in (1a) while it receives a completed meaning with *le* in (1b). As for Activity, the comparison between *zai* and *le* was presented in (2). As we can see, *pǎobù* 'running' gets an ongoing reading with *zai* in (2a) while it acquires a completed meaning with *le* in (2b).

(2) a. Tā **zài** pǎobù.
he PROG running
"He is running."

b. Tā pǎo **le** yí ge xiǎoshí de bù.
he run PFV one CL hour of steps.
"He ran for one hour."

Also, in our curriculum, we included the contrast between *zhe* and *le*. *zhe* as the durative aspect marker signals the durative nature of a situation (e.g. Xiao & McEnery, 2004). When it comes to Activity such as the positional verb,[4] *zhe* selects the stative reading to signal its durative posture (e.g. Li & Thompson, 2005; Xia & McEnery, 2004). For example, *dai* 'to put on; to wear' receives a stative meaning with *zhe* in (3a). In contrast, it gets a completed meaning with *le* in (3b).

---

[2] According to Smith (1997), accomplishment events include a process and a change of state, an accomplishment event is compatible with both durational phrases and completive phrases. For example, *xie zhe wu feng xin* 'to write these five letters' is classified as Accomplishment because it contains both a process and a natural final endpoint.

[3] Smith (1997) proposed that activity events only include a process but without a change of state; that is, they have no national final points. Since it has no natural final endpoint, Activity requires a durational phrase to signal the final endpoint. For example, *Tā kàn le yíge xiǎoshí de diǎn yǐng* 'He saw a movie for one hour.' *yíge xiǎoshí* 'one hour' terminates the activity event *kàn diànyǐng* 'to see the movie.'

[4] Positional verbs like *chuan/dai* 'to put on; wear', *na* 'take; hold', *fang* 'put' and *gua* 'hang' refer to verbs that indicate where something has been put or placed (e.g. Xiao & McEnery, 2004).

(3) a. Tā dài **zhe** yì dǐng màozi.
she wear DUR one CL hat
"She is wearing a hat."
b. Tā dài **le** yì dǐng màozi.
she wear PFV one CL hat.
"She wore a hat."

On the other hand, *zhe* can go with posture verbs[5] in addition to positional verbs and receive a stative reading as shown in (4). In (4a), the posture verb such as *zuo* 'to sit' acquires a stative meaning from the durative marker *zhe*. In addition, the V *zhe* such as that in (4a) can be used to provide a temporal background in the V *zhe* V construction (Wu & Kuo, 2003). For example, *zuo* 'to sit' in (4b) serves as a background of the main event *he kafei* 'to drink coffee'.

(4) a. Tā zuò **zhe**.
she sit DUR
"She is sitting."
b. Tā zuò **zhe** hē kāfēi.
she sit DUR drink coffee
"She is drinking coffee, while sitting.

Furthermore, locative inversion in Chinese can take either *le* or *zhe*. However, the semantics of *zhe* differs from that of *le*. (5a), a locative inversion sentence with *zhe*, focuses on the lasting of the state part of the positional verb *fang* 'to put', while (5b), with *le*, focuses on the completion of the dynamic part of the same verb.

(5) a. Zhuōshàng fang **zhe** yì pán cài.
table put DUR one CL dish
"A dish of vegetables is on the table."
b. Zhuōshàng fang **le** yì pán cài.
table put PFV one CL dish
"A dish of vegetables was put on the table."

We also include in our curriculum the comparison among the three aspect markers *zhe*, *zai*, and *le*, Take the positional verb *chaun* 'to put on; to wear' as the example, shown in (6). *zhe* signifies the stative meaning in (6a), *zai* the progressive (ongoing) meaning in (6b) and *le* the completed meaning in (6c).

(6) a. Tā chuān **zhe** wàitào.
she wear DUR coat
"She is wearing a coat."
b. Tā **zài** chuān wàitào.

[5] Posture verbs refer to verbs indicating posture or physical disposition at a location such as *zhan* 'stand', *zuo* 'sit', *tang* 'lie', *dun* 'squat', *pa* 'crouch' and *ting* 'stop; park (a car)' and they either denote an activity or the state resulting from the activity, refer to verbs indicating posture or physical disposition at a location.

she PROG wear coat
"She is putting on a coat."

c. Tā chuān **le** wàitào.
she wear PFV coat
"She wore a coat."

So far, we have addressed the interactions of the aspect markers *le*, *zai*, and *zhe* with event types. As far as second language learning is concerned, there have been studies devoted to computer-based L2 grammar instruction, such as McEnery, Baker & Wilson, 1995; Nagata, 1996; Rachel, 1995; etc. These studies show that computer-based L2 grammar instruction is more effective than traditional instruction. Ragan, Boyce, Redwine, Savenye, and McMichael (1993) also find that multimedia instruction reduces learning time by 30% compared to traditional instruction.

In the study, we focus on CFL learners' acquisition of aspect markers *le*, *zai*, and *zhe*. These aspect markers are too abstract to comprehend for CFL learners, even expressed in English translation. For example, *Ta dai zhe maozhi* "She is wearing a hat" and *Ta zai dai maozhi* "She is putting on a hat." CFL beginners may be confused why *zai* changed the verb from 'to wear' to 'to put on,' and have difficulty in distinguishing these two expressions. We predict that the animation can present the slight difference among the interaction of these aspect markers with event types and then improve CFL beginners' comprehension of the aspect markers.

However, few studies, if any, investigate the effect on the computer-based grammar instruction with animation representing the semantics of the target sentences. Hence, we address the following issue in this paper: Is a computer-based multimedia program of grammar instruction (hereafter the interactive multimedia program) more effective than a Chinese computer-based grammar translation program (hereafter the computer-based grammar program) on CFL beginners' learning of aspect markers *le*, *zai*, and *zhe*?

The remainder of the paper is organized as follows. In Section 2, we present methodology including participants, instruments, data collection and data analysis. In Section 3 we report results and discussion. Results are presented with various analyses following each of these descriptive sections. Discussion included the effect of the interactive multimedia program vs. the computer-based grammar program. Finally, Section 4 concluded this study.

2. Methodology

This study chose a quantitative method to investigate the effect of interactive multimedia program on Chinese Aspect Marker *le*, *zai*, and *zhe* learning. Based on the purpose of the study, we examined if the interactive multimedia program is more efficient and effective than the computer-based grammar program on the learning of Chinese aspect markers.

The participants were 35 CFL beginners and they were divided into two groups. One is the control group and the other the experimental group. The control group studied *le*, *zai*, and *zhe* through the computer-based grammar program and the experimental group learned through the interactive multimedia program. Both of the interactive multimedia program and the computer-based grammar program were digitalized based on our designed curriculum which included seven lessons and exercises for each lesson. The major difference between the interactive multimedia program and the computer-based grammar program lies in the presentation of the semantics of *le*, *zai*, and *zhe* with events. The interactive multimedia program presented the semantics of the target sentences with animation while the computer-based grammar program with English corresponding sentences. The following Figure 1 shows the research design.

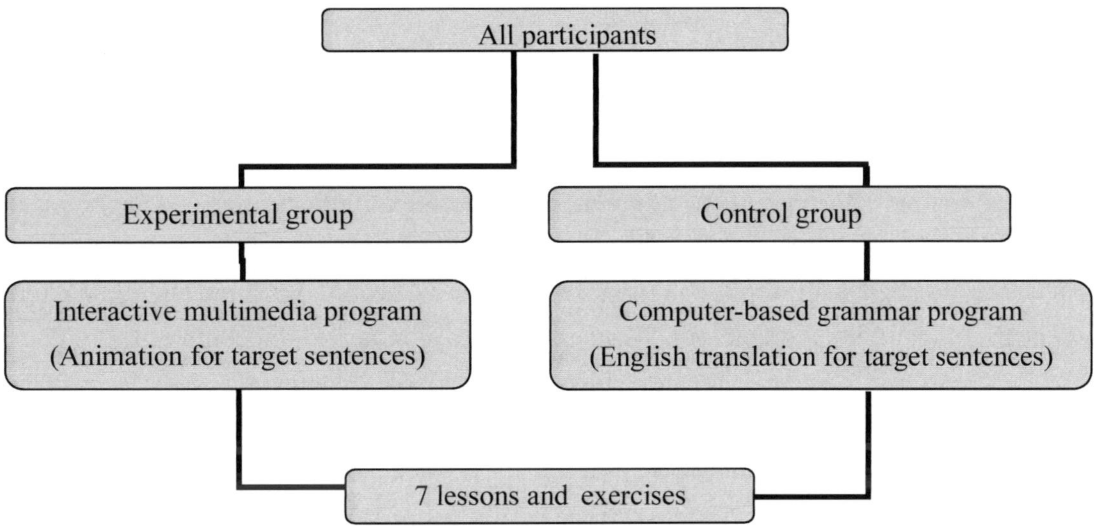

Figure 1. The research design

In addition to these two programs, a pretest, an immediate posttest, and a delayed posttest were used in the study. Performance of the experimental group who used the interactive multimedia program was compared with that of the control group who learned through the computer-based grammar program after learning an average twenty minutes of a three-day period learning. The result of the pre-test, immediate posttest, and the one-month delayed posttest were analyzed, using T-test to determine the effect of the interactive multimedia program.

2.1 Participants

Thirty-five participants for this study were selected respectively from the population of CFL beginners in National Chiayi University, National Chung-Cheng University, Chung-Yuan University and Feng-Chia University.[6] Twenty-one of them were female and fourteen were male. Their ages ranged from eighteen to fifty-five year-old. They came from various countries. As the following Table 1, eight of them come from Indonesia, seven from Korea,

[6] Among these 35 CFL beginners, four of them is from National Chiayi University, six from Chung-Yuan University, eight from National Chung-Cheng University, and seventeen from Feng-Chia University.

seven from Viet Nam, three from U.S.A, two from Mongolia, two from Russia, two from Thailand, one from Guatemala, one from India, one from Philippines, and one from Switzerland. The amount of time that the participants studied Mandarin Chinese is from half a year to one and half a year. All of them learned the perfective *le* and the progressive *zai* and half of them learned the durative *zhe*.

Table 1. Nationality of the participants in the study

Nationality	numbers of CFL beginners	Nationality	numbers of CFL beginners
Indonesia	8	Thailand	2
Korea	7	Guatemala	1
Viet Nam	7	India	1
U.S.A.	3	Philippines	1
Mongolia	2	Switzerland	1
Russia	2		

We divided these participants into two groups based on their English proficiency[7] because the control group learned the target sentences through English corresponding sentences. Participants from English speaking countries such as the U. S. A., India and Philippine and other countries Indonesia, Thailand and Switzerland were assigned to the control group. Thus, the control group and the experimental group consisted of 16 students and 19 students respectively. The homogeneity between these two groups was established by the pretest.[8] We calculated the average scores of the pretest of these two groups respectively out of a maximum score of 100 and get the mean score of the control group 68.75, and that of the experimental group 76.00, as shown in Table 2.

Table 2. Independent T-test between the two groups in the pretest

Group	*N*	*M*	*SD*	*t*
Control	16	68.75	15.75	1.557n.s.
Experimental	19	76.00	11.78	

Note: Maximum score =100, n.s.$p > .05$

Results of the independent T-test in Table 2 indicate no significant differences (t=1.557, p=0.129) between the control group and the experimental group. Therefore, these two groups are roughly the same in terms of their comprehension of Chinese aspect markers *le*, *zai*, and *zhe* before learning through our program.

2.2 Materials and Instruments

The experiment involved two parts. One is the CFL program of the perfective *le* and the imperfective *zai* and *zhe*, i.e. the interactive multimedia program and the computer-based

[7] Their English proficiency was investigated through the questionnaire about English background, also the interview with their CFL teachers.

[8] As to the details about the pretest, please see Section 2.2.2.

grammar program in our study. The other one is the test including the pretest, and the posttest. In Section 2.2.1, we indicated the design of the CFL program, and its content validity; the interactive multimedia program, and the computer-based grammar program. Then in Section 2.2.2, the pretest and the posttest were introduced. Also, their item difficulty (P) and discrimination (D) indexes and reliability were examined through a pilot study.

2.2.1 The CFL program of the perfective *le* and the imperfective *zai* and *zhe*

The CFL curriculum or program in our study shows the comparison of the interaction of *le*, *zai*, and *zhe* with event types they can go with and aims to make CFL beginners comprehend these three aspect markers in terms of syntactic structures and semantics. There are ten sentences for each lesson, and totally seven lessons. We present the comparison of *zai* and *le* from Lesson 1 to Lesson 4, that of *zhe* and *le* in Lesson 5, V_1 *zhe* V_2 structure in Lesson 6 and the comparison among *zhe*, *zai*, and *le* in Lesson 7, see Appendix I. The patterns of target sentences in every unit were based on the representative literature (Li & Thompson, 2005; Lin, 2002; Liu, 1997; Pan, 1996; Smith, 1997 Wu & Kuo, 2003; Wu, 2003, 2007; Xiao & McEnery, 2004; Yeh, 1993). Words in the CFL program came from the Mandarin 800 Words for Beginner provided by the Steering Committee for the Test of Proficiency-Hanyu (SC-TOP).[9] In order to establish content validity of the CFL program designed in our study, we invited two linguistics scholars and two senior Mandarin teachers whose inputs and feedback were useful. They were invited to review the CFL program, including the following interactive multimedia program and the computer-based grammar program. They judged the appropriateness of target sentences and their presentation. Thanks to their help, the content validity of the CFL program can be built.

2.2.1.1 The Interactive Multimedia Program

We digitalized the CFL program as above mentioned as the interactive multimedia program based on Concise Narrated Animation[10] (Mayer, 2001). In the program, the semantics of the target sentences were expressed by animation[11] and their syntactic structures were visual and audio narrated.[12] For example, in terms of the comparison between *zai*, and *le* of Lesson one, the animation expressed the progressing meaning of *zai* sentences and the completive meaning of *le* sentences; the words and voices showed their syntactic structure in Chinese Traditional Character and Hanyu Pinyin, and their pronunciation.

Besides, each lesson was followed by an interactive exercise which offered learners to do the drills. Each interactive exercise contained five to six items and most of these items were from

---

9 According to The Steering Committee for the Test of Proficiency-Huayu (SC-TOP), those who have learned Chinese more than half a year are familiar with these 800 words, shown on the following website http://www.sc-top.org.tw/download/800Words_Beginners.pdf.

10 Concise Narrated Animation (CNA), a simple principle to present multimedia, ignores the unneeded materials and shows the most important part of ready-to-learn knowledge.

11 All of the animation in the program is designed by the graduate and undergraduates in Department of E-learning Design and Management in National Chiayi University.

12 Please see the website http://web.ncyu.edu.tw/~wujs/le_zhe_zai/index.swf for the interactive multimedia program.

the target sentences of the program and they were designed based on two content objectives: (i) Users are able to comprehend the interpretation of the interaction of *zai*, *zhe*, and *le* with their compatible events. (ii) Users are able to know the collocation of these three aspect markers with events. For example, through doing the exercise 'Look at the animation and move *zai* and *le*', the users are expected to comprehend the semantics and the syntactic structure of *zai* and *le*, shown as Figure 2.

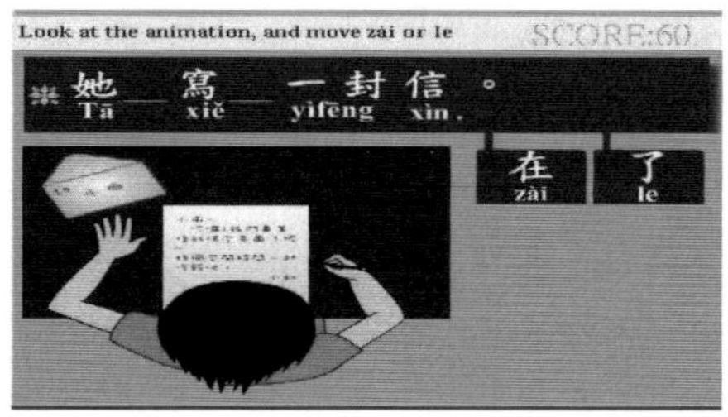

Figure 2. An example of the exercise in the interactive multimedia program.

2.2.1.2 The Computer-Based Grammar Program

Comparing to the interactive multimedia program, the computer-based grammar program[13] was also digitalized based on our designed CFL program. The difference between them lies in the presentation of semantics of the target sentences. In the interactive multimedia program, the semantics of target sentences were presented with animation as Figure 3. On the contrary, the computer-based grammar program expressed the meaning of the target sentences by English translation as Figure 4.

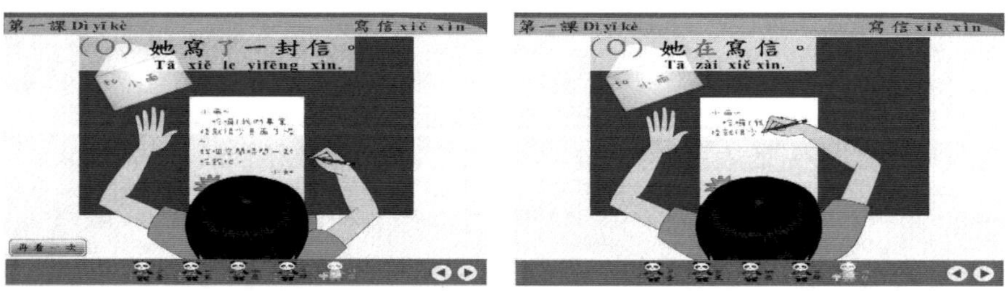

Figure 3. An example of animation in the interactive multimedia program

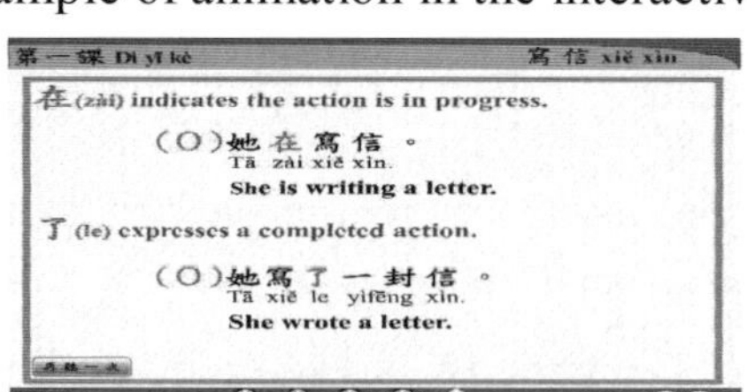

Figure 4. An example of English corresponding sentences in the grammar program

Figure 3 indicates the animation to present the semantics of *zai* and that of *le* with the event *xie xin* 'to write a letter' in the interactive multimedia program. Figure 4 shows the meaning of the target sentences expressed by their English corresponding sentences in the

[13] Please see the website http://web.ncyu.edu.tw/~wujs/le_zhe_zai_grammar/index1.swf for the computer-based grammar program.

computer-based grammar program. For example, 'She is writing letter' for *Ta zai xie xin* and 'She wrote a letter' for *Ta xie le yifeng xin*. Moreover, the computer-based grammar program offered the interactive exercise as the interactive multimedia program did. The interactive exercises in the computer-based grammar program are different from those in the interactive multimedia program in the presentation of the semantics of the target test items. As the following Figure 5, the meaning of the target test item was expressed by their English corresponding sentences.

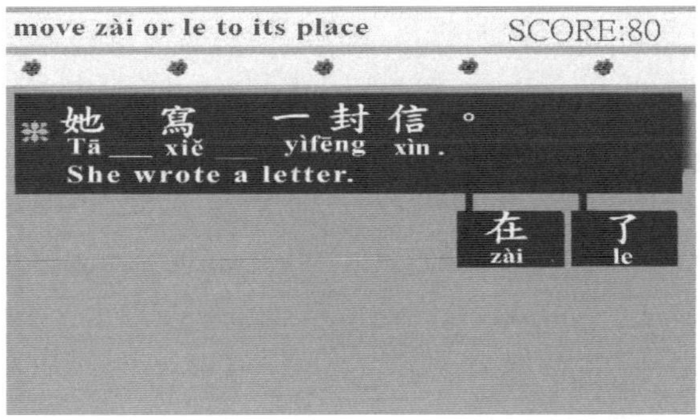

Figure 5. An example of the exercise in the grammar program

2.2.2 Pretest and Posttest

The pretest consisted of three parts for 25 questions, as shown in Appendix II. Most of these questions came from the target sentences in our CFL program and the content validity was established as a result of the review of the scholars and senior teaching CFL teachers as previously mentioned. Regarding the first part including 10 questions, the participants put words in an appropriate order. Its purpose was to test CFL beginners' comprehension of the syntactic structures of *le*, *zai*, and *zhe*. As to the second part of 10 questions, the participants choose a sentence that can best describe the clip[14] given for each question. It was to assess their understanding of the semantics of the target aspect markers *le*, *zai*, and *zhe*. In the third part including 5 questions, the participants produce a sentence by using the words provided based on the given clip. Through their production, we evaluated their comprehension of target aspect markers.

Concerning the posttest, it was formed by shifting the questions in the pretest. In order to ensure item analyses and reliability of the pretest and the posttest, we conducted a pilot study. The pilot study was given to 21 CFL learners who study Mandarin in Taiwan. They are 16 females and 5 males. The amount of time they have studied Mandarin ranged from three months to one and half a year. Their age is from 19 to 35 year-old. Most of them learned *le* and *zai* while a few of them learned *zhe*. They were asked to spend 20 minutes on our pretest without any discussion based on what they saw on the computer screen which showed questions one by one.

[14] Some of the clips were directed and performed by us, and the others were retrieved from the website http://www.youtube.com/.

After the test, the score of each participant was calculated by the percentage of correct answer out of a maximum score of 100. Then, item difficulty (P) and item discrimination (D) indexes were examined. The mean item difficulty[15] 0.63 and the mean item discrimination[16] 0.36 indicate both the pretest and the posttest are moderate for difficulty and good for discrimination. Regarding the reliability of the pretest, it was established by the Cronbach's alpha.[17] The Cronbach's alpha 0.77 of the test showed that both of the pretest and the posttest are reliable of testing comprehension of the target aspect markers *le*, *zai* and *zhe*.

2.3 Procedure

Before the experiment, all participants were given the pretest online[18] for 20 minutes. The participants were tested on their knowledge of *le*, *zai* and *zhe* in terms of their semantics and syntactic behavior. All of them were informed to do the questions without any discussion. After the pretest, participants were divided into two groups randomly. The experimental group consisted of 19 participants and the control group 16. For an average twenty minutes of a three-day period, the experimental group studied *le*, *zai* and *zhe* through the multimedia program and the control group learned these markers through the computer-based grammar program. After a three-day learning period, all participants were informed to take the 20-minute immediate posttest online[19] and a questionnaire that surveyed learner perceptions and perceived effects as well. Also, the one-month delayed posttest online was given to all of the participants.[20]

2.4 Data analysis

After the data collection, the pretest was calculated, using the percentage of correct answers out of a maximum 100. Moreover, an independent T-test was used to establish the homogeneity between the control group and the experimental group before the experiment. The result showed that there was no significant difference between these two groups before using their programs as a self-learning tool. As to the immediate posttest and the delayed posttest after the experiment, it was also computed by using the percentage of correct answers out of a maximum 100.

For Research Question, we examined if the multimedia program involved in the experimental group is more effective than the computer-based grammar program in the control group in terms of the semantics and the syntactic behavior of the target aspect markers *le*, *zai* and *zhe*. We used independent T-test to examine if any significant difference between these two groups.

---

[15] In practice, item difficulty is classified as "easy" if the index is 85% or above; "moderate" if it is between 51% and 84%; and "hard" if it is 50% or below.

[16] Generally speaking, item discrimination is identified as "good" if the index is above 30%; "fair" if it is between 10% ad 30%; "poor" if it is below 10%.

[17] The reliability of a test refers to the extent to which the test is likely to produce consistent scores. In practice, the acceptable range is from 0.70 to 0.80.

[18] Please go to the website http://web.ncyu.edu.tw/~wujs/pretest.html for the pretest.

[19] As to the immediate posttest online, please click on http://web.ncyu.edu.tw/~wujs/posttest.html.

[20] The questions in the one-month delayed posttest are the same as those in the immediate posttest.

Further, in order to increase the precision of group mean estimate and built a convincing result for this study, Analysis of Covariance (ANCOVA) was used to reanalyze the data.[21] In addition, the questionnaires collected from the participants showed their perceptions and perceived effects toward the programs.

3. Results and Discussion

In this section, we answered Research Question: In contrast with the computer-based grammar program, is the interactive multimedia program designed in the study more effective on helping CFL beginners with comprehension of the aspect markers *le*, *zai* and *zhe* ? First, an independent T-test was performed to compare performances between the interactive multimedia group and the computer-based grammar group. There was a detailed descriptive statistics in Table 3.

Table 3. Independent T-test results between two groups

Group	*N*	*M*	*SD*	*t*
Experimental	19	91.79	9.84	3.326**
Control	16	78.25	14.16	

Note. Maximum score = 100, $^{**}p = < .01$

In Table 3, the figure indicated that there was a significant difference between the mean scores of 19 experimental subjects (M = 91.79) and 16 control subjects (M=78.25, t=3.326, p=.002). The result revealed that the interactive multimedia group as a self-learning tool on 19 experimental subjects significantly outperformed the computer-based grammar program on 16 control subjects. That is to say, the answer to Research Question is positive. The multimedia program with animation for presenting the target sentences is more effective than the computer-based grammar program with English explanation.

Then, a paired T-test was used to examine performances of members within each group. The paired T-test results of 19 experimental subjects in Table 4 indicated that there was a significant difference (t=-7.414 , p=.000) between the mean scores of the pretest (M=76.00) and the posttest (M=91.79).

Table 4. Paired T-test results of 19 experimental subjects

Task	*N*	*M*	*SD*	*t*
pretest	19	76.00	11.78	-7.414***
posttest	19	91.79	9.84	

Note. Maximum score = 100, $^{***}p < .001$

Also, those of 16 control subjects in Table 5 showed there was a significant difference

[21] Although there was no significant difference in the performance of these target aspect markers between the experimental group and the control group before they learned through our designed program, we found the experimental group showed higher mean and lower individual difference among 19 subjects. In order to avoid the performance in the pretest as the variable of the result, ANCOVA was used to verify.

(t=-2.449, p=.027) between the mean scores of the pretest (M=68.75) and the posttest (M=78.25).

Table 5. Paired T-test results of 16 control subjects

Task	N	M	SD	t
pretest	16	68.75	15.75	-2.449*
posttest	16	78.25	14.16	

Note. Maximum score = 100, * $p < .05$

In simple terms, these results showed both of the interactive multimedia program and the computer-based grammar program are effective as a self-learning tool on the learning of the aspect markers *le*, *zai* and *zhe*.

Next, the paired T-test was employed to examine the retention phenomenon within each group. We compared the mean scores of the posttest to that of the delayed posttest within each group. The following Table 6 indicated there was no significant difference (t=-1.099, p=.286) between the posttest and the delayed posttest in the experimental group. As for the control group, Table 7 also showed no significant difference (t=-1.013, p=.327) between the posttest and the delayed posttest. As above suggested, the retention phenomenon existed in the two groups.

Table 6. Results of 19 experimental subjects between two posttests

Task	N	M	SD	t
posttest	19	91.79	9.84	-1.099 n.s.
delayed posttest	19	93.26	8.85	

Note. Maximum score = 100, n.s. $p > .05$

Table 7. Results of 16 control subjects between two posttests

Task	N	M	SD	t
posttest	16	78.25	14.16	-1.013 n.s.
delayed posttest	16	80.50	13.92	

Note. Maximum score = 100, n.s. $p > .05$

Next, in order to increase the result power for our Research Question, we laid out its results in the form of an ANCOVA summary table as Table 8, in which we considered the mean pretest the covariance. As we can see from the Table 8, the calculated value of F=7.83 is significant ($p < .05$). The figure indicated that there was a significant difference between the multimedia group and the computer-based grammar group. As a result of the adjusted mean (M = 72.69) score of the pretest, the mean score of the posttest was changed to 90.24 from 91.79 in the experimental group and to 80.09 from 78.25 in the control group based on Table 9 for the mean scores of the posttest evaluated at the covariate and Table 10 for the mean scores of the posttest. More specifically, in case of ANOVA, the significant difference existed between the experimental group and the control group.

Table 8. An ANCOVA Summary Table of these two groups.

Dependent Variable: posttest

Source	*SS*(Type III)	*df*	*MS*	*F*
covariance	1354.11	1	1354.11	12.76*
adjusted means(between-groups)	834.47	1	834.47	7.83*
adjusted error	3396.05	32	106.13	
adjusted total	6342.40	34		

Note. * $p < .05$

Table 9. Estimates of the Mean Scores of the Posttest

Dependent Variable: posttest

Group	Mean	Std. Error	95% Confidence Interval	
			Lower Bound	Upper Bound
Experimental	90.24[a]	2.40	85.35	95.14
Control	80.09[a]	2.63	74.74	85.44

a. Evaluated at covariates appeared in the model: pretest = 72.69.

Table 10. Descriptive Statistics of the Mean Scores of the Posttest

Dependent Variable: posttest

Group	Mean	Std. Deviation	*N*
Experimental	91.79	9.84	19
Control	78.25	14.16	16

On the other hand, we looked into learner perceptions and perceived effects toward these two programs from their questionnaires. For the interactive multimedia program, most students including the older participants were satisfied with it and expressed their interest in learning the abstract aspect markers through the animation expressing the semantics of the target sentences. For example, they are looking forward to the next program for the intermediate level CFL learners. Also, they identified that the comparison among *le*, *zai*, and *zhe* interacting with events helped them to comprehend their usage. One suggested that adding more target sentences interacting with *le*, *zai*, and *zhe* to the multimedia program and more test items to the interactive exercises can make them learn more about aspect markers.

On the contrary, as to the computer-based program, a few of the learners got benefit from it as a result of the curriculum comparing the usage of the target aspect markers interacting with events. However, some of them claimed that the animation or picture if adding to the English corresponding sentences of the target sentences increase their understanding of these aspect markers.

3. Conclusion

The results of the present study were summarized by pointing out that the significant effectiveness on the learning of three aspect markers *le*, *zai*, and *zhe* through the interactive multimedia program in contrast with the computer-based grammar program. The animation presenting the semantics of the target aspect markers interacting with events in the interactive multimedia program is the key point that makes the experimental group outperformed significantly the control group, in which the meaning of target sentences were expressed by English translation. The animation can express the abstract concept of aspect markers instead of English grammar translation or explanation which exist in most of the CFL textbooks. For pedagogical implication, the study provides contribution to the computer-based assisted teaching or learning tool in the classroom.

Nevertheless, the present study is not without limitations, as discussed below. The first limitation concerns the assessment of participants' language level. Only acquiring their language background from questionnaire or their CFL teachers cannot assess their actual level. The amount of time that the participants studied Chinese varies, also the familiarity with these three aspect markers. In addition, participants from 3 different institutes may receive different input and teaching methods which provide participants various bases in acquiring these three aspect markers, In this case, the generalization of the results is limited.

Next, the target sentences in the program adopted from the representative literature is limited. Learners using the program may learn small parts of target sentences with *le*, *zai*, and *zhe* which may not be proved very practical in our daily conversation although they learned their different usage. Therefore, the content of the program in our study is limited to cover all kinds of usages concerning about target aspect markers.

Regarding the future studies, we look forward to the multimedia program of aspect markers for intermediate-level CFL learners and predict its effectiveness. In order to include more practical usage of aspect markers, we will refer corpus data for the target sentences. Further, the CFL learners' proficiency will be assessed based on the approved proficiency test, such as Test of Proficiency-Huayu in Taiwan.

Reference

Ellis, Rod. (1985). *Understanding Second Language Acquisition*. Oxford: Oxford University Press.

Li, Charles, & Sandra Thompson. (2005). *Mandarin Chinese : A Functional Reference Grammar*, 5th ed., Taiwan: The Crane Publishing Co., Ltd.

Lin, Jo-Wang. (2002). Aspectual Selection and Temporal Reference of the Chinese Aspectual marker –Zhe. *Tsing Hua Journal of Chinese Studies, New Series Volume* 32(2): 257-296.

Mayer, Richard E. (2001). *Multimedia learning.* New York: Cambridge University Press.

McEnery, T., Baker, J. P., & Wilson, A. (1995). A statistical analysis of corpus based computer versus traditional human teaching methods of part of speech analysis. *Computer Assisted Language Learning* 8:259-274

Nagata, Noriko. (1996). Computer vs. workbook instruction in second language acquisition. *CALICO Journal* 14: 53-75.

Pan, Haihua. (1996). Imperfective aspect *zhe*, agent deletion, and locative inversion in Mandarin Chinese. *Natural Language and Linguistic Theory* 14: 409-432.

Rachel, J. R. (1995). Adult reading achievement comparing computer-assisted and traditional approaches: A comprehensive review of the experimental literature. *Reading Research and Instruction* 34(3): 239-258.

Ragan, T., Boyce, M., Redwine, D., Savenye, W. C., & McMichael, J. (1993). *Is multimedia worth it? : A review of the effectiveness of individualized multimedia instruction.* Paper presented at the Association for Educational Communications and Technology Convention, New Orleans, LA.

Smith, Carlota. (1997). *The Parameter of Aspect,* 2nd ed., Kluwer Academic Publishers, Dordrecht.

Wu, Jiun-Shiung. (2003). *Modeling Temporal Progression in Mandarin: Aspect Markers and Temporal Relations*. Ph.D. Dissertation. University of Texas at Austin.

Wu, Jiun-Shiung. (2005). The semantics of the Perfective LE and Its Context-Dependency: an SDRT Approach. *Journal of East Asian Linguistics* 14(4): 299-336.

Wu, Jiun-Shiung Hunter & Jenny Yi-Chun Kuo. (2003). T*he Semantics of the Durative Marker Zhe and Its Dependency on Context: A Segmented Discourse Representation Theory Account.* Paper presented at Linguistic Society of Hong Kong Annual Research Forum, Hong Kong.

Wu, Jiun-Shiung. (2007). Semantic Difference between the Two Imperfective Markers in Mandarin and Its Implications on Temporal Relations. *Journal of Chinese Linguistics* 35 (2): 372-398.

Xiao Richard & Tony McEnery. (2004). *Aspect in Mandarin Chinese: A corpus-based study.* U.S.A.: John Benjamins Publishing Co.

Yeh, Meng. (1993). The stative situation and the imperfective *zhe* in Mandarin. *Journal of Chinese Teachers Association* 23(1): 69-98.

高蕊（2006），《歐美學生漢語標記了"了""著" "過"的習得研究》，北京:北京語言大學碩士論文。

趙立江（2002），〈外國留學生使用"了"的情況與分析〉，《第五屆國際漢語教學論文集》。北京：北京語言文化大學出版社。

劉小梅（1997），《國閩客語的動態文法體系及動態詞的上加動貌語意》。臺北市 ： 文鶴書局。

中文文字蘊涵系統之特徵分析

Feature Analysis of Chinese Textual Entailment System

黃文奇 Wan-Chi Huang, 吳世弘 Shih-Hung Wu*
朝陽科技大學資訊工程系
Department of Computer Science and Information Engineering
Chaoyang University of Technology
{s9727603, shwu}@cyut.edu.tw
*Contact author
陳良圃 Liang-Pu Chen, 谷圳 Tsun Ku
資訊工業策進會
Institute for Information Industry
{eit, cujing}@iii.org.tw

摘要

文字蘊涵(Textual Entailment)的定義是判斷兩個句子能否互相推論。推論可分爲五種類型：正向、反向、雙向、矛盾、獨立。這五種類型分別代表著不同的蘊涵關係。文字蘊涵辨識(Textual Entailment Recognition)是相當困難的自然語言處理問題。由於中文文字蘊涵的文獻較缺乏，本篇論文將中文文字蘊涵辨識提出了一個流程，提供給之後想要做這個題目的人的作爲一個參考。中文的文字處理相較於英文的文字處理有許多不同的難處，在本篇論文中，我們將介紹處理中文的文字處理遇到的難處以及處理的流程。我們的系統使用支援向量機(Support vector machine, SVM)作爲區分類型的演算法。使用的特徵分爲兩個方向：1.文字特徵 2.語意特徵。

關鍵字：文字蘊涵、tree kernel、支持向量機、語意分析

一、緒論

近幾年來，文字蘊涵受到關注，主要是因爲大家瞭解到文字蘊涵將使我們能夠更準確的去推論自然語言的語義關係[1]以及處理一些重要的應用[2]。像是檢索系統經常會檢索出成千上萬筆資料，卻難以判斷哪個句子是與問句最相關的。於是可以透過蘊涵的推論，從這些成千上萬的資料中挑選出最相關的句子。由於兩個句子中的關係有許多種，例如：蘊涵(entailment)、改寫(paraphrase)以及獨立(independence)等，語意推論的目的就是在於判斷兩個句子之間是屬於哪一種關係。可以將推論分爲五種類型：正向、反向、雙向、矛盾、獨立這五種類型。這五種類型也分別代表著不同的蘊涵關係。正向推論爲可以從 t1 句子中推論出 t2 的句子，即代表 t1 句子完整的包含著 t2 句子的資訊；而反向推論正好相反；雙向即是 t1 與 t2 兩個句子互相完全包含著彼此的資訊；矛盾即是兩個句子中提到

的資訊是互相矛盾的；獨立則是兩個句子中提到的資訊是完全不相關的。如表一。

表一中雙向蘊涵的例子比較屬於是改寫(paraphrase)，更複雜的文字蘊涵推論就像是$t_1 \rightarrow s, s \rightarrow t_2$。透過 t1 的句子可以推論出涵義 s，接著透過涵義 s 可以推論出 t2 例如：t1：小明殺了小華。t2：小華死了。從 t1 我們可以推論出的 s 有很多，如：小明是殺了小華的兇手、小華被殺了、小華死了。這種推論需要有邏輯推論以及許多背景知識才可以達成。基於中文處理的成本以及困難度考量，本篇論文主要針對改寫(paraphrase)去作分析。

表一 各種類型的例句

類型	例句
正向蘊涵 (forward)	t1：日本時間 2011 年 3 日 11 日，日本宮城縣發生芮氏規模 9.0 強震，造死傷失蹤約 3 萬多人
	t2：日本時間 2011 年 3 日 11 日，日本宮城縣發生芮氏規模 9.0 強震
反向蘊涵 (reverse)	t1：美國主權債信評級從最高的ＡＡＡ調降一級到ＡＡ＋
	t2：美國主權債信評級從最高的ＡＡＡ調降一級到ＡＡ＋，將造成美國每年的借貸成本增加約一千億美元
雙向蘊涵 (bidirection)	t1：賓拉登在巴基斯坦美軍攻擊中死亡
	t2：巴基斯坦美軍攻擊中殺死賓拉登
矛盾蘊涵 (contradiction)	t1：張學友在 1961 年 7 月 10 日，生於香港，祖籍天津
	t2：張學友生於 1960 年
獨立蘊涵 (independence)	t1：黎姿與"残障富豪"馬廷強結婚。
	t2：馬廷強爲香港"東方報業集團"創辦人之一馬惜如之子

在自然語言問答系統(Question Answering system)中。使用者輸入的是一個完整的問句。系統回傳的也是一個個完整的句子。並且連結到相對應的文章中。基本的檢索，通常會有上萬句的句子被系統挑選出來。要從這上萬個句子中，去挑選出哪一個最爲相關，我們就可以透過文字蘊涵系統來輔助。例如 ntcir9 提供的範例中[3]，我們輸入 t1：「 1997 年香港回歸中國。」，我們可以從檢索回來的句子中，挑選出 t2：「香港的主權和領土是在 1997 由英國政權歸還給中國的。」並且將它排序到較爲前面的順序。因爲 t1 與 t2 的關係爲反向，代表著 t1 爲 t2 蘊涵意義的一部分。所以我們可以認爲 t2 很可能是使用者要檢索的句子。我們也可以利用其他類型，來決定這些句子排序的位置。像是語意爲矛盾、獨立的句子我們就將它挑除，因爲它幾乎不可能爲使用者所想要檢索的句子。正向、反向、雙向我們就將之排序到較前面的位置，因爲這些句子較有可能爲使用者要檢索的資訊。

相較於英文中文的文字處理難度高出了許多。因爲在英文的句子中，每個詞都以空白分開，且英文的文法也制定的較爲清楚，如：時態、詞性...等等，在英文中都有較爲明確的規範。中文卻是整個句子都連在一起，所以第一步必須要先斷詞，斷詞在中文處理上面就有一定的難度。因爲處理時斷詞的結果好壞都會影響到後續處理的結果。且中文的文法相較於英文，也較爲模糊，所以中文的語意判斷難度相較於英文會高出許多。

二、相關研究

其他語言到目前爲止，文字蘊涵在中文的領域較缺少相關的文獻，我們只能參考其他語言文字蘊涵處理的方法。在英文處理文字蘊涵的文獻[4]將處理英文文字蘊涵的各個方法做了分析，並且將各種方法整分成下面幾個類別。

(一)、需要透過背景知識達成之方法

1、整合背景知識與邏輯推論

由於人們在平常生活中已經很習慣使用自然語言表達意見，所以自然的有許多背景知識都已經不自覺得變成常識，判斷兩句子是否可以推論都覺得很理所當然，但是對於電腦來說並不是如此。推論是可以從邏輯蘊涵來檢查，像是使用定理證明文句對中的文本蘊涵[5][6][7][8]。有一部份的學者使用含有語意的辭典來擷取出詞彙的邏輯意義，使用 WordNet[9]或者擴展 WordNet[10]。例如於 WordNet 中“暗殺”爲“殺”的下義詞（更有具體的意義），像下面所示，x 暗殺 y 可以推論成上義詞 x 殺 y。所以像謀殺、刺殺...等等的這些都可以推論出相同的上義詞。

$$\forall x \forall y \text{ 暗殺}(x, y) \Rightarrow \text{殺}(x, y)$$

2、整合背景知識與向量空間模型

將每個輸入語言表達的字，對映到一個向量，可以看出用詞的分佈強度，特別是當句子其他的字也都對應到同一個語料庫中，則會明顯看出用字的分佈[11] 。例如要求共同出現的字，出現在特別的語法依存關係上[12]。在最簡單的情況下，爲每一個表達向量的總和或字詞對應的向量總和，但更複雜的方法也已提出[13]。句子可以通過測量檢測距離向量的兩個輸入表達式來判斷是否爲改寫的句子，例如，通過計算其餘弦相似性(cosine similarity)。

(二)、不需要透過背景知識達成之方法

1、透過表面文字

將文字對經過一些加工，如詞性(POS, Part of speech)標記或命名實體識別(NER, Named entity recognition) 標記。對輸入兩個字串計算字串編輯距離(edit distance)[14]，計算其共同的字數，或組合幾種字串相似度措施[15]，包括使用機器翻譯評測的方法，如 BLEU(Bilingual Evaluation Understudy) [17][18]都可能有助於文字蘊涵。

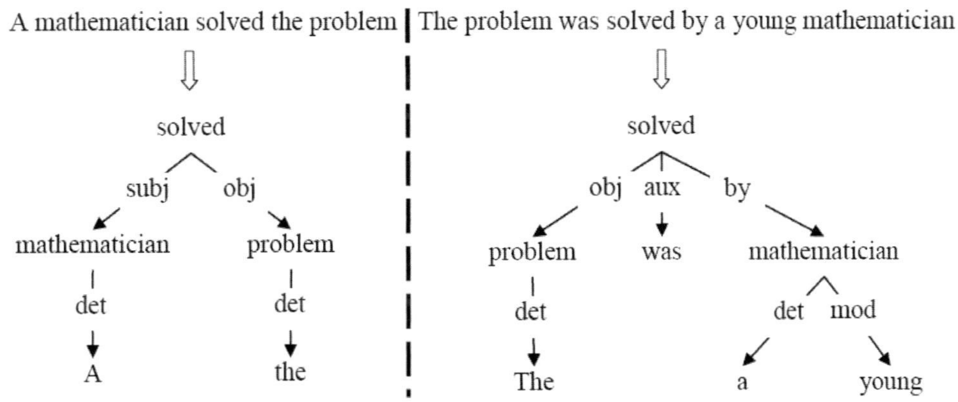

圖一 兩句非常相似句子的依存關係樹[1]

2、基於語法相似度

另一種常見的方法是在語法等級。依存語法剖析器(parser)[20][21]普遍用於文本蘊涵研究，一個句子輸出的剖析結果是一個圖(通常是一個樹狀結構) 其節點是句子的字或詞性標記，其邊緣對應詞與詞之間的句法依存關係，例如：以依賴於動詞或名詞開頭的名詞片語，或者以名詞開頭的形容詞片語。圖一顯示了兩句話的依存關係樹[1]，分析這兩棵樹可以得知這兩句句子的蘊涵關係。例如計算共同剖析樹的邊[16] [19]或使用其他樹的相似性計算方法，例如：樹的編輯距離[22][23][24]。相似性得分可以表示輸入的句子可能是改寫的程度。

3、透過機器學習

許多系統採用結合多個測量相似度的方法，在計算各種程度的相似度（表面字串，句法和語義的表示）合併使用機器學習[26][27]。每一對輸入的文句對(P1, P2)，由特徵值向量代表(f1, . . . , fm) ，我們用機器學習來判斷他們是否是一個特定的改寫或文字蘊涵。該向量包含多個相似度的特徵。前處理階段將每個輸入對轉換爲一個特徵向量[28]。前處理還包括正規化，例如，日期將轉換成一個統一的格式，個人的名稱，組織，地點等使用命名實體識別轉換爲正規化表示。代詞及指稱詞語，可能會被替換的成原本的詞[25]，構句的差異也可能標準化（例如，被動句可以轉換爲主動句）。特徵向量可以統包使用文字或部分的句法和語義表現[29] 。最後這個特徵向量，將當作支持向量機（SVM）的輸入值，去學習及區分各種文字蘊涵的類別。

三、資料處理與特徵分析：

本研究將語意蘊涵識別分爲特徵分析及機器學習兩個主要部份。本研究提出的特徵分析流程包括前置處理、背景知識的替換程序、表面文字特徵分析程序、語意句法分析程序四個部分。資料以 NTCIR-9 提供的 421 對文句對爲分析依據[3]。

(一)、前置處理

由於人們再撰寫句子的表達時可能會使用到一些替代詞以及範圍性的詞性。用程式擷取特徵，通常會遇到處理上的困難，所以我們都會必須要將資料做一些前處理，才可以程式進行運算。

1、括號選擇性替代：

一個意思可能會有兩個詞可以代表，像是音譯、中英文、代表涵義、簡寫…等等的。在撰寫文章時，為了讓讀者可以明確的知道作者想要表達的資訊，作者會使用括號，將讀者可能聯想到的詞也都包含進來，避免造成讀者的誤會。例如：車諾比核事故(切爾諾貝利核事故)、湯姆·克魯斯(Tom Cruise)。所以在此我們將括號中的文字與前面的詞使用陣列儲存。在特徵擷取時我們將兩個詞都同時列入考量。

2、時間正規化：

在文本中時間的表達方式有很多種格式及字型，如：中文、數字全形、數字半形、數字以「-」隔開、範圍型態等，參見表二。在此將以上各種格式，統一轉換成陣列方式，以方便之後進行比對的步驟。轉換成陣列以便後續程式作比較。

3、時間運算：

在有些例子中，需要透過運算之後才能夠知道資訊是否匹配。例如：t1：「蘇哈托政權在一九九八年結束，執政卅二年。」、t2：「蘇哈托一九六六年執政，對印尼進行了卅二年的鐵腕統治。」在例子中 t1 出現時間詞「一九九八年」與「卅二年」。經過運算之後，會與 t2 的「一九六六年」符合，所以經過時間運算結果，t1 的時間將與 t2 的時間匹配。

表二 各種時間表達方式之例句

時間型態	時間表達方式
中文	一九九七年二月廿三日
數字全形	１９９７年２月２３日
數字半型	1997 年 2 月 23 日
數字以「-」隔開	1999-05-07
範圍	1999 年延長至 2001 年

(二)、背景知識的替換

在撰寫文章時，作者會使用一些簡寫或者是替代詞，好讓整篇文章可以更為通順。由於作者已有相關的背景知識，會覺得這些事情是常識，所以並不會對於那些替代詞多做解釋。事實上往往讀者閱讀一些文章時，可能會因為背景知識不足而需要去查閱許多資料，才可以讀懂那些文章的意思。這種人們都會遇到的事情，程式也必須處理。

1、年號統一：

在時間的表示詞中，有一些年號，是需要經過統一的，例如：乾隆 56 年等於西元 1791 年，是因為「乾隆」等於 1735 年。昭和 57 年等於西元 1982 年，是因為「昭和」等於 1925 年。將年號統一，以方便我們之後的分析。

2、地名正規化：

作者在書寫文件時，有時會爲了方便，而將一些詞簡寫，地名就是其中一個時常被簡寫的對象。例如：「台灣、印度、美國」這些國家的名稱，時常都會被簡寫爲：「台、印、美」。但是當我們在處理文字蘊涵分析的時候，我們必須要先將簡寫恢復成原地名。這樣在之後比對才會匹配。

(三)、表面字串特徵分析

1、時間：

許多文句對中的兩個句子都含有時間元素，當兩邊時間不符合時，可能是一個分析文字蘊含的依據。從 421 句文件集中挑出來的文句對一共有 146(34.67%) 個文句對包含時間。我們將時間分析細分爲三個匹配程度，如：時間爲完全匹配、部分時間匹配、時間完全不匹配（表三）。如表三中，時間完全批配的例子，再此 t1 中含有的時間爲 2000 年，而 t2 中含有的句子也同樣爲 2000 年，所以我們將此例子視爲時間完全匹配。部分時間匹配(1)的例子，其中 t1 的時間爲「一九七八年十月十六日」，而 t2 的時間爲「1978 年」。由於「1978 年」只匹配到「一九七八年」，「十月十六日」，並沒有完全匹配。部分時間匹配(2)的例子，其中 t1 的時間爲「一九七八年十月十六日」，而 t2 的時間爲「1978 年」。由於「1978 年」只匹配到「一九七八年」，「十月十六日」，並沒有完全匹配。時間完全不匹配的例子，再 t1 的例子中時間爲「1987 年」，t2 的例子中「1988 年」。我們從這兩個時間中，明顯的看出，時間不匹配。

表三 時間批配程度之例子

批配程度	例子
時間爲完全匹配	t1：據他所知，這是查爾斯首度參加雪梨-荷芭特帆船賽，而查爾斯一向是注重安全、非常謹慎的人，他更想參加 2000 年雪梨奧運帆船賽。
	t2：2000 年奧運在雪梨舉辦
部分時間匹配(1)	t1：若望保祿二世一九七八年十月十六日被選爲教宗
	t2：若望保祿二世於 1978 年當上教宗
部分時間匹配(2)	t1：蘇哈托 1921 年 6 月 8 日出生
	t2：蘇哈托（Suharto，民間常用「Soeharto」，1921 年 6 月 8 日－2008 年 1 月 27 日）
時間完全不匹配	t1：張藝謀 1987 年以「紅高粱」拿下柏林影展金熊獎
	t2：柏林電影節應該是張藝謀的福地。1988 年，他執導的《紅高粱》贏得了最佳影片金熊獎，成爲中國電影的首個金熊獎

經過統計，這三種匹配程度所包含的類別數量如表四，可以從表中看出，完全匹配的部分，屬於 B 的機率高了很多。這是因爲當兩個句子的意義可以互相推論時，在時間上必須要完全匹配才有可能意義是一樣的。如果兩個句子都在講

同一件事情，可是日期不一樣的話，這樣就不算是完全匹配了。

表四 批配程度分佈與類別關係

	F	R	I	B	C
完全匹配	9	17	3	30	17
部分匹配	12	8	7	0	0
不匹配	1	1	2	0	7

2、句子長度：

針對句子的長度分析，將 t1 的句子長度與 t2 的句子長度做比較。即將 t1 的句子長度減去 t2 的句子長度，以用來統計各個類別中，句子長度與類別的關係。統計結果如表五所示。

表五 句子長度與類別關係

類別	F	R	I	B	C
數量	12	-19	-4	0	0

由於向前蘊涵(F)的定義爲，t1 的涵義中完全的包含了 t2 的句子，所以 t1 的文字長度，應該要比 t2 的文字長度還要長許多。相反地，如果是反向蘊涵(R)則爲反之，t2 的長度應該要比 t1 的長很多。而矛盾(C)以及雙向蘊涵(B)的涵義分別爲互相矛盾以及互相包涵，在句子中所需提到的內容都差不多。所以句子的長度也都會差不多。獨立(I)，只要兩個句子不是在談同一個內容，他們就算是獨立的句子。所以句子的長度爲不一致。

3、Bleu(Bilingual Evaluation Understudy)：

Bleu當初是被設計來測量機器翻譯(machine translation)的品質。一個良好的機器翻譯需要包含適當，準確以及流暢的翻譯[30][31]。Bleu是考量句子的相似度，經過適當修改參考，一定程度詞語的差異在選擇和語序上面。而Bleu主要的概念是使用片語匹配長度平均權重值。

4、否定詞偵測

當文句對只有差別一個否定詞時，從文字層面去計算文句對得相似度會得到很高的分數。但是從語意層面來看此文句對卻完全不相同。如：「今天天氣很好」與「今天天氣很不好」。此文句對中只有差別一個「不」否定詞。然而完全改變了此語句的語意。所以我們提出要偵測文句對中是否有否定詞，作爲特徵。

(四)、語意句法分析：

1、同義詞替換：

表達同一個意思的詞彙有許多，例如：大兒子、長男、獲得、得到…等。在人的眼中這些都是表達爲第一個兒子的意思。但是要讓程式擁有這些背景知識，是一件相當困難的事情。因爲處理中文必須事先經過斷詞系統處理，但斷詞系統有時會把詞彙斷的太細。如：「長男」會被斷成「長」與「男」兩個字。經由剖析處理後，產生的剖析樹會長得不一樣。導致計算語法相似度時產生出許多雜訊。爲解決這個問題，透過事先建立一份同義詞清單，進行同義詞的替換。但爲了減少因斷詞錯誤造成的影響，所以在此採用長詞優先來作替換。

2、語法分析(syntax analysis)：

分析句法需要透過剖析器(parser)將整個句子的句法標注，才可以計算整個句子的句法。本篇論文使用的是史丹佛剖析器(Stanford parser) [32]來剖析句子的句法。但由於史丹佛剖析器在剖析繁體中文的標注時常會判斷錯誤，所以使用的時候把資料轉換成簡體中文效果會較好。在此是透過自行開發出來的簡繁轉換系統做轉換[33]。

(1)、計算tree distance

有許多學者使用tree distance去計算兩個剖析樹的相似度[21][22][23]。所謂的tree distance主要的概念就是t1的parser tree需要經過幾次插入(insert)、刪除(delete)、替代(Substitution)才可以等於t2的parse tree。如圖二[24]中，可以看出這兩顆樹中間只有差了一個c節點，在tree distance運算中只需要刪除c節點兩個parse tree就完全mapping在一起。他們的tree distance就是2。

(2)、 Fast Tree Kernel (FTK)

FTK爲修改Quadratic Tree Kernel (QTK)[5]的演算法，QTK主要的意義爲計算兩個Tree的匹配數量。FTK爲事先將動詞爲中心點，分別跟其他的sub-tree合併成subset tree。如圖三中「張學良的父親是東北軍閥」將會以是這個動詞作爲分割點，分割出「張學良的父親是」、「是東北軍閥」這兩個subset tree。並根據每個集合計算subset tree的匹配數量，並且求出參數最大值 $t = \arg\max_{i \in S}$ [34]。

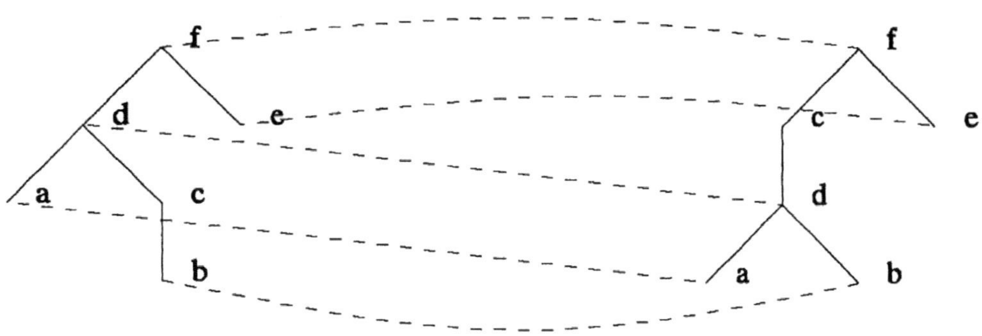

圖二 parse tree對應圖

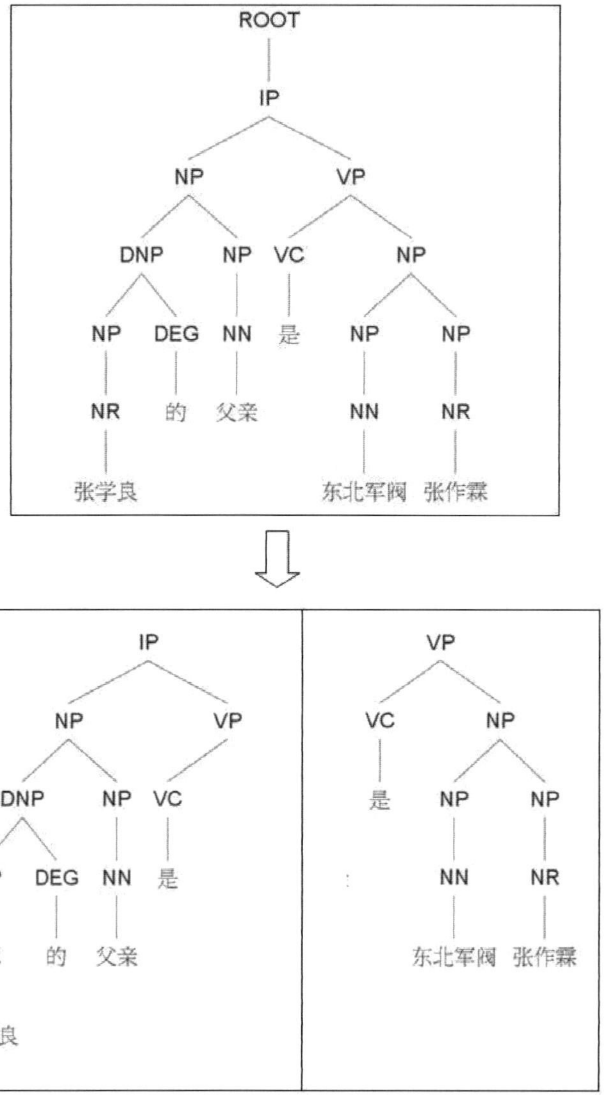

圖三 根據動詞所分解出來的sub-set tree

四、實驗

本次針對五種類別進行分析與實驗，並且使用交叉驗證的方式來實做的系統。流程如圖四所示，首先輸入文句對，進行前處理，其中前處理包括：括號選擇性替代，年號統一，以及地名正規化。之後使用 ICTCLAS 系統對句子進行斷詞，接著進行簡繁轉換才將句子使用 Stanford parser 將句子剖析，接著進行特徵擷取的動作，本次擷取的特徵如表七所示，並將擷取的特徵輸入給 SVM 進行訓練以及測試，輸出將得到判斷是否爲蘊涵的結果。

(一)、資料來源：

本次研究我們的資料來源取自日本 NTCIR 第九屆中，RITE(Recognizing Inference in Text)比賽子項目的開發資料(Development Data)。而在此資料中，一共有 421 個文句對。其中向前蘊涵(F, Forward Entailment)一共有 87 個文句對，反向蘊涵(R, Reverse Entailment)一共有 97 個文句對，雙向蘊涵(B, Bidirectional Entailment)一共有 82 個文句對，矛盾(C, Contradiction)一共有 74 個文句對，獨立(I, Independence)一共有 81 個文句對如表六。

表六 每一個類別的資料數量

標籤(Label)	數量(Number)
向前蘊涵(F, Forward Entailment)	87
反向蘊涵(R, Reverse Entailment)	97
雙向蘊涵(B, Bidirectional Entailment)	82
矛盾(C, Contradiction)	74
獨立(I, Independence)	81

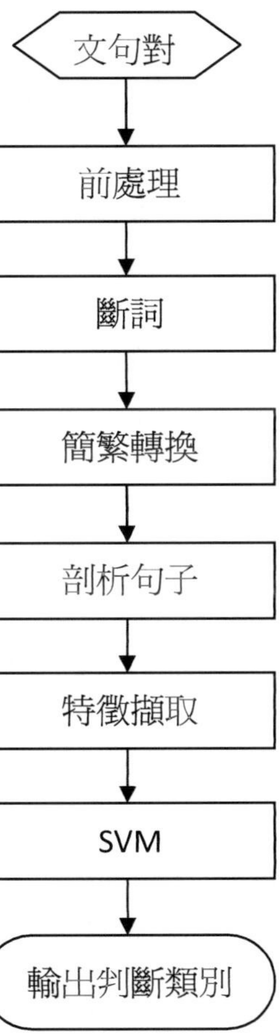

圖四 本次實驗之流程圖

(二)、使用工具：

1. ICTCLAS[35]:由於中文的句子並不像英文的句子，每個詞都以空白分開。所以要處理中文的句子首先第一個步驟需要進行斷詞，將每個詞分開。目前較爲普遍的斷詞工具有兩種：由中央研究院所研發的CKIP斷詞系統[36]，與中國科學院所研發的ICTCLAS。其中CKIP是用來處理繁體中文。ICTCLAS則是繁體與簡體中文都可以處理。所以我們的實驗選擇使用ICTCLAS。

2. Stanford parser[32]：另外一個很重要的工具就剖析器，由於要計算語意需要使用到 parser，所以在我們的實驗中使用的是 Stanford parser。因爲 Stanford parser 是依據 Chinese Treebank[37]的標準，所以 Stanford parser 能夠處理英文以及簡體中文。

3. LIBSVM [38]：由於要分類的類別一共有五類，所以採用 LIBSVM 作爲分類的分類器。因爲此分類器可以一次分多個類別，可以避免掉傳統只能分兩類對應不到類別的問題。

4.簡繁轉換系統[33]：由於 Stanford parser 只能夠處理簡體中文，於是需要透過一個簡繁轉換的系統。這次實驗所使用的系統爲自行開發的系統[33]。

(三)、使用特徵：

使用的 feature 部份是參考[16]中的特徵。因爲[16]爲參考文獻中[4]數據最好的，但由於[16]中的特徵爲處理英文時使用，所以有些特徵中文並沒有，所以只採用部份特徵。以及加入一些上面所分析的部份特徵。所使用的特徵如表七中所列。目前實驗是將分爲五種類別做四個實驗。

1.baseline 系統

其中 baseline 系統分別使用表七中 1 到 9 的特徵值，因爲這些特徵值是較容易做計算的，實驗結果如表八所示，實驗的文句對一共有 421 對其中有 220 對是判斷正確(52.25%)。

2.tree mapping 系統

相較於 baseline 系統，額外加入了第 10 個 tree mapping 的特徵值，此特徵是計算 Subset Tree mapping 的值。所以使用了 1～10 的特徵值。此實驗用來測試看看語法特徵對於文字蘊涵能夠有多大的幫助，實驗結果如表九所示，實驗的文句對一共有 421 對其中有 226 對是判斷正確(53.68%)。

3.time mapping

在我們先前的試驗分析中，可以從表七中看出時間批配是一個蠻有用的特徵，所以單獨將此特徵挑選出來做實驗看效果如何。相較於 baseline 系統中，而外加入第 11 個 time mapping 的特徵，所以使用了 1～9 的並且額外加入了第 11 個特徵，實驗結果如表十所示，實驗的文句對一共有 421 對其中有 223 對是判斷正確(52.96%)。

4. Remove length

我們可以從表五中看出本資料集的長度特徵較爲明顯，當然這有可能是本資料集才有的特色，所以在此將第 6 到 9 個關於長度特徵拿掉。用來測試這次實驗是否過度依賴長度特徵。，實驗結果如表十一所示，實驗的文句對一共有 421 對其中有 209 對是判斷正確(49.64%)。

表七 實驗所使用之特徵

1. unigram recall
2. unigram precision
3. Bleu precision
4. Bleu recall
5. Bleu F-measure
6. difference in sentence length (character)
7. absolute difference in sentence length (character)
8. difference in sentence length (term)
9. absolute difference in sentence length (term)
10. Subset tree mapping
11. Time mapping

五、結論與未來展望

本篇論文提出了一個處理中文文字蘊涵辨識的流程，可以給之後想要做中文文字蘊涵的人作爲一個參考。本次實驗只有使用部份的特徵，實驗的量也並不大，但是我們將這次的系統視爲一個 baseline。可以從實驗中看出 tree mapping 與 time mapping 確實可以略爲增加判斷文字蘊涵的效果。並且將長度的特徵拿掉之後，雖然有略爲的下降，但是幅度不至於影響太多，所以以此驗證了此系統並不是非常的依賴長度特徵。

之後我們將增加各種特徵，並且去分析出有用的特徵以改進中文文字蘊涵的效果。像是年號統一、同義詞替換、地名正規化，這一類需要事先建立出背景知識才能夠使用程式去執行。但是這要建立出這些背景知識需要花費非常多的成本，需要經過很長的時間去累積詞彙的數量。目前我只有針對語料庫中遇到需要處理的建立出來，所以未來我們希望可以將每次遇到要處理的詞，建立出越來越完整的一個可以讓電腦使用的背景知識辭典。

表八 分爲五類的 baseline 系統結果

Actual	Predicted					Total
	F	R	B	I	C	
F	60	3	9	10	5	87
R	0	68	9	15	5	97
B	5	6	56	1	14	82
I	17	35	8	16	5	81
C	11	12	21	10	20	74
Total	93	124	103	52	49	421

表九 分爲五類的 time mapping 系統結果

Actual	Predicted					Total
	F	R	B	I	C	
F	61	3	8	10	5	87
R	0	69	9	14	5	97
B	6	6	57	1	12	82
I	19	32	8	17	5	81
C	11	12	19	10	22	74
Total	93	122	101	52	49	421

表十 分爲五類的 time mapping 系統結果

Actual	Predicted					Total
	F	R	B	I	C	
F	61	3	8	10	5	87
R	0	69	9	14	5	97
B	6	6	57	1	12	82
I	19	32	8	17	5	81
C	11	12	19	10	22	74
Total	90	129	100	57	45	421

表十一 分爲五類的 time mapping 系統結果

Actual	Predicted					Total
	F	R	B	I	C	
F	54	6	12	12	5	87
R	7	58	10	10	5	97
B	8	2	59	3	10	82
I	16	37	9	16	5	81
C	18	12	18	8	22	74
Total	99	115	108	59	40	421

Acknowledgement

本研究依經濟部補助財團法人資訊工業策進會「100 年度數位匯流服務開放平台技術研發計畫」辦理。感謝國科會贊助部分研究經費，計畫編號 NSC-100-2221-E-324 -025-MY2。

六、參考文獻

[1] Gennaro Chierchia and Sally McConnell-Ginet, “Meaning and Grammar: An introduction to Semantics”, The MIT press, Cambridge, MA, 2000.

[2] Ido Dagan and Oren Glickman, Probabilistic textual entailment: Generic applied modeling of language variability, In Proceedings of the Workshop on Learning Methods for Text Understanding and Mining, Grenoble, France, 2004.
[3] NTCIR 9, Recognizing Inference in TExt task, http://artigas.lti.cs.cmu.edu/rite/Main_Page.
[4] Ion Androutsopoulos and Prodromos Malakasiotis, "A survey of paraphrasing and textual entailment methods", Journal of Artificial Intelligence Research, Volume 38, pages 135-187, 2010.
[5] Michael Collins and Nigel Duffy, " New ranking algorithms for parsing and tagging: Kernels over discrete structures, and the voted perceptron", Proceedings of the 40th Annual Meeting on Association for Computational Linguistics, 2002.
[6] Johan Bos, Katja Markert, "Recognising textual entailment with logical inference", Proceedings of the conference on Human Language Technology and Empirical Methods in Natural Language Processing, Vancouver, B.C., Canada, 2005.
[7] Marta Tatu and Dan Moldovan, "COGEX at RTE 3", In Proceedings of ACL-PASCAL Workshop on Textual Entailment and Paraphrasing, pages 22–27, Prague, Czech Republic, 2007.
[8] Marta Tatu, Dan Moldovan, "A semantic approach to recognizing textual entailment", In Proceedings of HLT/EMNLP 2005, pages 371–378, Vancouver, Canada, 2005
[9] Christiane Fellbaum, "WordNet: An Electronic Lexical Database", The MIT Press, 1998.
[10] Dan I. Moldovan and Vasile Rus, "Logic form transformation of WordNet and its applicability to question answering", In Proceedings of the 39th Annual Meeting of ACL, pages 402–409, Toulouse, France, 2001.
[11] Dekang Lin, "An information-theoretic definition of similarity", In Proceedings of the Fifteenth International Conference on Machine Learning (ICML-98) Madison, Wisconsin, 1998.
[12] Sebastian Padó and Mirella Lapata, "Dependency-based construction of semantic space models", Computational Linguistics, Volume 33, No. 2, pages 161–199, 2007.
[13] Jeff Mitchell and Mirella Lapata, "Vector-based models of semantic composition", In Proceedings of the 46th Annual Meeting of ACL: HLT, pages 236–244, Columbus, OH., 2008.
[14] Levenshtein, V, "Binary codes capable of correcting deletions, insertions, and reversals", Soviet Physice-Doklady, 10, pages 707–710, 1966.
[15] Prodromos Malakasiotis, Ion Androutsopoulos, "Learning textual entailment

using SVMs and string similarity measures", In Proceedings of ACL-PASCAL Workshop on Textual Entailment and Paraphrasing, pages 42–47, Prague, Czech Republic, 2007.

[16] Wan, S., Dras, M., Dale, R., & Paris, C., "Using dependency-based features to take the "parafarce" out of paraphrase", In Proceedings of the Australasian Language Technology Workshop, pages 131–138, Sydney, Australia, 2006.

[17] Kishore Papineni, Salim Roukos, Todd Ward and Wei-Jing Zhu, "BLEU: a method for automatic evaluation of machine translation", In Proceedings of the 40th Annual Meeting on ACL, pages 311–318, Philadelphia, PA, 2002.

[18] Liang Zhou, Chin-Yew Lin and Eduard Hovy, "Re-evaluating machine translation results with paraphrase support", In Proceedings of the Conference on EMNLP, pages 77–84 , Sydney, Australia, 2006.

[19] Prodromos Malakasiotis, "Paraphrase recognition using machine learning to combine similarity measures", In Proceedings of the 47th Annual Meeting of ACL and the 4th International Joint Conference on Natural Language Processing of the Asian Federation of Natural Language Processing, Suntec, Singapore, 2009.

[20] Igor Mel'cuk, "Dependency Syntax: Theory and Practice", State University of New York Press, 1987.

[21] Sandra Kübler, Ryan McDonald, and Joakim Nivre, "Dependency Parsing". Synthesis Lectures on Human Language Technologies. Morgan and Claypool Publishers, 2009.

[22] Selkow, S., "The tree-to-tree editing problem", The Journal of Information Processing Letters, Volume 6, No. 6, 184–186, 1977.

[23] Kuo-Chung Tai, "The tree-to-tree correction problem", The Journal of ACM, Volume 26, No. 3, 422–433, 1979.

[24] Kaizhong Zhang and Dennis Shasha, "Simple fast algorithms for the editing distance between trees and related problems", SIAM Journal of Computing, Volume 18, No. 6, pages 1245–1262, 1989.

[25] oll´a, D., Schwitter, R., Rinaldi, F., Dowdall, J., & Hess, M, Anaphora resolution in EXTRANS. In Proc. of the Int. Symposium on Reference Resolution and Its Applications to Question Answering and Summarization, pp. 23–25, Venice, Italy,2003.

[26] Mitchell, T, "Machine Learning", Mc-Graw Hill. 1997.

[27] Ethem Alpaydin, "Introduction to Machine Learning", The MIT Press, 2004.

[28] Yujie Zhang and Kazuhide Yamamoto, "Paraphrasing spoken Chinese using a paraphrase corpus", The Journal of Natural Language Engineering, Volume 11, No. 4, pages 417–434, December, 2005.

[29] Fabio Massimo Zanzotto and Lorenzo Dell'Arciprete, "Efficient kernels for sentence pair classification", In Proceedings of the 2009 Conference on Empirical Methods in Natural Language Processing, Volume 1, pages 91–100, Singapore, 2009.

[30] Eduard Hovy, "Toward finely differentiated evaluation metrics for machine translation", In Proceedings of the Eagles Workshop on Standards and Evaluation, Pisa, Italy, 1999.

[31] J.S. White and T. O'Connell, "The ARPA MT evaluation methodologies: evolution, lessons, and future approaches", In Proceedings of the First Conference of the Association for Machine Translation in the Americas, pages 193–205, Columbia, Maryland, 1994.

[32] Stanford parser, http://nlp.stanford.edu/software/lex-parser.shtml

[33] Min-Hsiang Li, Shih-Hung Wu, Ping-che Yang and Tsun Ku, "Chinese Characters Conversion System based on Lookup Table and Language Model", In Proceedings of the 22nd Conference on Computational Linguistics and Speech Processing (ROCLING 2010), pages 113-127, Nantou, Taiwan, September 2010.

[34] Alessandro Moschitti, "Making tree kernels practical for natural language learning", In Proceedings of 11th Conference of the European Chapter of the Association for Computational Linguistics (EACL2006), pages 113–120, Treato, Italy, 2006.

[35] ICTCLAS, http://ictclas.org/

[36] CKIP, http://ckipsvr.iis.sinica.edu.tw

[37] Roger Levy and Christopher Manning, "Is it harder to parse Chinese, or the Chinese Treebank?", In Proceeding of the 41st Annual Meeting on Association for Computational Linguistics, Volume 1, pages 439-446, Sapporo Convention Center, Japan, 2003.

[38] LIBSVM, http://www.csie.ntu.edu.tw/~cjlin/libsvm/

結合語言模型與網路知識源於列印前檢查

Print Pickets Combined Language Models and Knowledge Resources in Web

黃昱睿　Yu-Jui Huang
國立嘉義大學資訊工程學系
Department of Computer Science and Information Engineering
National Chia-Yi University
s0990435@mail.ncyu.edu.tw

顏明祺　Ming-chin Yen
國立嘉義大學資訊工程學系
Department of Computer Science and Information Engineering
National Chia-Yi University
s0942795@mail.ncyu.edu.tw

吳冠輝　Guan-Huei Wu
國立嘉義大學資訊工程學系
Department of Computer Science and Information Engineering
National Chia-Yi University
s0962551@mail.ncyu.edu.tw

王耀毅　Yao-Yi Wang
國立嘉義大學資訊工程學系
Department of Computer Science and Information Engineering
National Chia-Yi University
s0962576@mail.ncyu.edu.tw

葉瑞峰　Jui-Feng Yeh
國立嘉義大學資訊工程學系
Department of Computer Science and Information Engineering
National Chia-Yi University
ralph@mail.ncyu.edu.tw

摘要

人們印製文件時常會疏忽了錯字而在印製完畢後才發現內容有拼字錯誤，在這種情況下往往需要重新印製一份，但這不僅浪費紙張、墨水、印表機的電力等等資源也需花費額外的時間導致降低了工作效率。假如我們能在列印前先發現文件內容的拼字錯誤並及時阻止印表機列印，則可解決我們前面所提及的問題產生。因此，本研究使用語言模型來進行比對之外還另外增加了網路搜尋的新功能搭配一起進行檢查，以便改善拼字錯誤造成列印資源的浪費。

Abstract

People often find out spelling errors after printing the documents, therefore they need to re-print the contents of the documents. However, it is a waste of paper, ink, printer, power, other resources and so on. Even more they would need to spend extra time without efficient. This paper addresses reducing spelling errors before printing. The language model used in this research to compare and increase a new feature additionally that is a function of Internet search. Combining these research manners, this paper expect to achieve the goals of confirming, improving the spelling error, and reducing the waste of resources.

關鍵詞：拼字錯誤，語言模型，網路搜尋

Keywords: Spelling errors, Language model, Web search

一、緒論

隨著科技不斷的進步，人們的環保意識也隨之高漲，「永續發展」和「綠色運算」也逐漸被人們所重視並探討其如何實現，而在這個電子 3C 產品充斥的時代，我們每天日常生活中所消耗的電力是非常可觀的。

表一、台灣電力公司統計每戶家庭平均用電費用

台灣電力公司統計每戶家庭平均用電費用				
統計資料(年度)	2005	2006	2007	2008
家庭每月平均用電量(度)	328	322	319	308
家庭每月平均電費支出(元)	823	826	824	796

根據表一統計[1]，台灣家庭在 2005 年時的平均用電量是 328 度，每月平均用電支出則是 823 元；而在 2008 年時的平均用電量是 308 度，每月平均用電支出則是 796 元，由上表得知台灣家庭每年的平均用電量都有在逐漸減少的趨勢，可看出國人對於節能減碳觀念的重視。此外，電費支出的費用也隨著用電量減少而逐漸下滑。如此一來，即使台灣電力公司的電價每年都有小幅調漲，藉由減少用電量來降低用電支出仍有不錯的成效。儘管如此，雖然每個人的用電量都有減少，但是一大群人累積起來的大量消耗電力也間接的對環境造成了傷害。因此，如何避免無謂的電力浪費便是我們所要解決的主要課題之一。

現今觀察市面上，可以發現有「綠色印表機」產品，其大部分主要原理是使用了再生紙和對環境無害的大豆油墨等自然原料，經由減少對環境的破壞以達到地球永續的目的。縱使我們所使用的是對地球再無害的原料，列印錯誤所累積的損失對地球而言仍是一種傷害和資源的浪費，因爲使用者輸入錯誤所造成的列印錯誤是可以免除的。然而，目前電腦的周邊設備像是印表機等，其輸出設備常需要一些必要的耗材，如列印所需要

的碳粉、墨水匣、紙張等，如何降低其耗材的浪費便是我們所需要探討的問題。

首先，假如能減少紙張的用量，那勢必可以減少樹木的砍伐並維護目前森林綠地的地表覆蓋面積，間接的也能涵養土壤中的水分和維護空氣的品質。再來是墨水匣、碳粉的部分，如能夠有效的減少用量自然可以省碳且降低其他包裝材料的濫用。電能部分，一旦要使用印表機勢必要消耗一定量的電力，如果免除了因使用者輸入錯誤而需再重新印製的電力，相信可以減少部分碳的排放量。因此目前的印表機皆加入數種減紙少碳的構想於其中，像是列印時可選擇一張多頁、縮小列印、雙面列印或根據使用者的喜好減少紙張周邊的空白以增加可列印的面積，這些設計對於減紙少碳都具有一定的功效，假如能加入內容分析這項技術。相信對於節能減碳會有加分甚至是加乘的效果出現。

內容的分析我們將自然語言處理技術應用於列印前的檢查，排除因使用者的打字錯誤而導致所列印的文件無效造成資源的浪費。可以避免浪費紙張、墨水匣等，更能縮短列印時所花費的時間並提高文件的可靠度。綜合以上各點，我們決定透過文件內容分析這方面切入。一般我們會有列印錯誤的問題，有很大一部分的原因是列印前沒有確實的檢查內容，造成爲數可觀的資源浪費，如果我們能在列印前將列印文件周詳的檢查一遍，經判斷正確無誤後再行列印的動作，相信將會避免掉許多不要的資源耗損，不但可以避免墨水、油墨、紙張的浪費。更可以縮短時間，提升工作效率。

二、相關研究

與印表機驅動程式相關之項目主要可以分成微軟的 WDK 開發環境、印表機驅動系統、視窗程式設計。WDK 開發環境可經由安裝 Windows 驅動程式套件-Microsoft Windows Driver Kit (WDK)且研讀 WDK 相關文件並利用其驅動程式套件進行開發，建立驅動程式[2]。而印表機驅動系統可運用前者 WDK 驅動程式套件進行客製化動作，建立所需要的印表機驅動程式。最後視窗程式設計是使用 JAVA 撰寫一個介面視窗，讓使用者在進行列印時，假如發現文章有錯誤可以出現一個提醒的視窗來提示使用者文章中哪裡有錯誤，並且詢問使用者是否要修正或是忽略錯誤直接進行列印的動作，而不僅僅是顯示文章有誤而沒有從使用者的使用習慣著想。

現今一般拼字錯誤檢查系統主要是先將文章裡的文字進行擷取並經過斷詞後，再將經過斷詞的詞彙進行分析，而這些文字擷取與斷詞的方法主要可以分成圖文分離技術(Graphic/Text Detection ASIC)、斷詞系統(Chinese Knowledge and Information Processing, CKIP)、自然語言理解(Natural Language Understanding)、語意擷取(Semantic Retrieval)、本體知識分析(Ontology Analysis)。由工業技術研究院所研發的圖文分離技術[3]，可讓圖文兩者混合的列印文件在圖形、文字中都能表現出原有的效果，簡言之，其爲辨識出「文字」和「圖形」的動作，讓圖形中的文字可以與圖分離。中央研究院的斷詞系統 [4]，其系統包含了大量的詞彙庫和附加詞類、詞類頻率等資料，可用其龐大的詞彙庫來輔助列印文件中文字的切割，以確保斷詞後字詞的正確性。在自然語言方面，一般通指可以隨著文化演化的語言，像是英語、漢語、日語都可算是自然語言，而同樣的字詞在不同的句子當中又會有不同的意思。舉例來說:「我把水果拿給動物們，因爲它們餓了」和「我把水果拿給動物們，因爲它們熟透了」兩句有相同的句子結構，但這兩句子中的「它們」分別代表動物和水果，假如我們不了解動物和水果的屬性就無法做區分判斷。另一方面，自然語言也會隨著時間不斷的演變，再加上句法、表達上的彈性以及永無止盡的例外和變動也使得自然語言成爲一個不容易判斷的語言類別[5]。語意擷取的技術是將自然語言本中識別出其特定的詞彙、主題或關鍵字，將文件中的原始資料轉爲核心資訊，進一步的與其相關的主題內容作對應，例如人、事、時、地、物等。因此，藉由此項技術，可以依照其相關的主題進行解讀自然語言文本的動作，將原始的文件資料轉換成核心的資訊，以供程式或機器做進一步的使用[6]。本體知識分析主要是研究各名詞「存在」的問題，即探討哪些名詞是實際存在的，哪些名詞只是代表一種觀念，舉例來說:「社團」代表一群人擁有相同理念或性質的集合體，「幾何」表示一種特殊知識的集合。討論此相關問題並分析在各種不同領域的名詞，並描述各領域中實際的特性即爲本體(Ontology) [7]。

在語言模型與網路搜尋的技術，可分爲自動分析網路內容、N-gram 語言模型、文句自動產生、智慧型輸入法、文句自動分析。近年來大陸針對互聯網成功研製了互聯網信息採集分析系統[8]，可針對特定的網絡內容進行採集、跟蹤、預警、監控，目前在國內多個權威機構已經獲得實際應用，取代了國外同類系統，被應用單位評價爲是「融合了最新的人工智能、信息檢索、文本挖掘和互聯網技術的研究成果」，在實際應用中取得了良好的效果。N-gram 語言模型是一種文字斷詞方法，分成 Tri-gram、Bi-gram 和 Uni-gram。Tri-gram 是以 3 個字爲一組的方式來進行文字切割、Bi-gram 是以 2 個字爲一組的方式來進行文字切割而 Uni-gram 則以 1 個字爲一組的方式來進行文字檢查。近年來由美國麻省理工學院蘇波和芭茲萊發表的自動產生維基百科文章的研究[9]，他們事先收集維基百科中有關美國電影明星以及疾病的文章。然後利用這些資料來訓練電腦自動分析文章結構、擷取各段落資料、選擇文章主題文句以及透過文句組合來撰寫文稿。並且透過學界常用的自動化評估方法，得出依照此方式讓電腦自動生成文章的資訊與品質，非常接近真人寫出的文章。智慧型輸入法(網際慧智)是指接受使用者輸入注音符號與音韻，再依據上下文、使用者以往的輸入習慣，依據機率多寡或特定的挑選策略，列出並過濾使用者期望的字詞，例如自然輸入法、倚天忘形輸入法，或是微軟的新注音輸入法等。在網路上收集詞彙資料庫是件很容易的事，但單純根據辭彙頻率，並無法推得操作者的真正需求。因爲辭彙頻率是眾人的累計，對於個人的效果並不明顯。個人除了有用詞習慣、還有專業領域、輸入時期等因素會影響到同音詞的判斷。因此一個拼音注音型的輸入法，無法單憑一個很大的詞庫就搞定一切，爲了提高同音詞的正確率，互動學習是智慧型輸入法的關鍵。透過中研院的斷詞系統(CKIP)與 YAHOO 的斷章取義 API 皆可提供使用者進行自動化的文字語意分析與處理，將文章裡的文字進行切割，並且也能將詞性列出。

三、系統介紹

本研究之系統流程圖如下圖一所示：

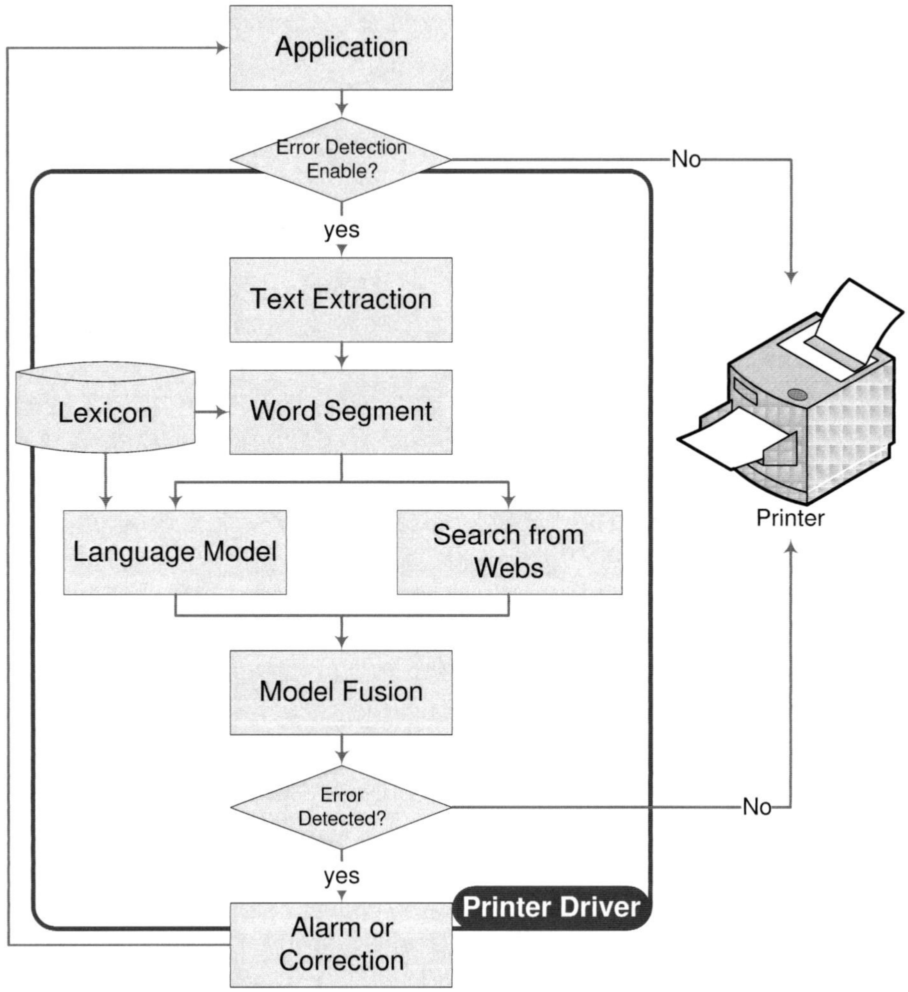

圖一、系統流程圖

根據上述之系統流程圖，我們將原本的列印驅動程式(Printer Driver)加上拼字檢查模組，完成印表機驅動程式的加值功能。因此，列印文件時若使用者選擇不進行文件偵錯功能(Error Detection Enable)，那程式會立即將文件列印出來，假使選擇進行列印偵錯的動作，將會進行以下的檢查步驟：

(一)文字抽取 (Text Extraction)

首先我們要對列印的文件進行文字正確性的判斷，所以我們只抽取文字部分來做處理。然而文件中的內容格式可能包含了各種的文字大小與各類型的文字格式，因此，我們需要將要列印的文件抽取出純文字(Plain Text)以便進行後續處理的動作。這邊使用 Zan Image Printer 這個工具來幫助我們對一份含有圖文的文件進行文字抽取的動作，最後輸出一個只有文字的文件檔[10]

(二)文字切割 (Word Segmentation)

我們將文件中抽取出來後的純文字進行切割的動作，由於這些純文字內容可能包含許多詞彙或專有名詞，所以要對如何這些名詞如何做正確切割的動作，是一件相當龐大的工作。於是本模組利用中研院斷詞系統(CKIP)來進行輔助，我們利用其龐大的詞彙庫來完成更精確的斷詞，如：我把水果拿給動物們，經過斷詞後的結果可以得到，我、把、水果、拿給、動物、們，使我們在斷詞部分的處理準確性提高。

(三)語言模型(Language Model)

將切割完畢後的文字進行第一次的拼字檢查，我們使用中文十億詞語料庫(Chinese Gigaword Corpus)訓練出的語言模型進行與詞彙庫的交叉比對檢查，利用了 n-gram 中的 tri-gram、bi-gram、uni-gram 一層層的進行分析檢查[11]，假如文件中有新的詞彙或無法判讀的字詞出現，那我們將會使用網路搜尋(Web search)進行檢查，更進一步的判讀字詞的正確性以求更精確的拼字矯正。本研究將 N 值提高，精確度會提升，可是效果不明顯，且效能會由於搜索字串增加而降低，因此本研究只使用到 tri-gram。

(四)網路搜尋(Web Search)

如果使用語言模型做拼字檢查但出現無法解讀的詞彙時，將透過網路搜尋引擎進行判斷，向 Google AJAX Search API 提出要求並利用其所回傳之 JSON 編碼結果，其結果包含了搜尋字串的網站、網址、搜尋筆數等，我們取其中的搜尋筆數作判斷，如果這個詞的搜尋筆數相當高，也就能間接證明這個詞是存在的是有意義的，從另外一個角度來看也等同於將網路變身為一個超大型資料庫，可以不斷的更新詞彙增加詞彙的數目。

舉例來說：像「阿凡達」這個詞在幾年前沒有出現，在一般的詞彙字典中更是找無此字，是一個不存在直到最近幾年才創出來的新詞彙，不過利用網路來搜尋的特性，如果能找到相關資訊且搜尋筆數不少的話，那也就可以幾乎肯定「阿凡達」這個詞是存在且有意義的[12][13]，用這樣的方法可大幅提升拼字檢查的正確性，並與一般的拼字檢查相比有了較低的錯誤率，而印出來的文件錯誤率降低，效率自然提高，也能使資源能有效的利用不會浪費無謂的資源，進一步的達到節能減碳、地球永續的理念。

(五)模型融合(Model Fusion)

在此步驟我們將上述的語言模型(Language Model)和網路搜尋(Search From Web)以線性組合方式進行整合，並根據兩者最後的綜合計分和結果來進行錯誤偵測，假如判別文件無誤，則將列印訊號傳至印表機進行列印的動作，相反的假如判別文件有誤，則出現提醒(Alarm)或進行修正(Correction)，直到文件全面檢查無誤就可以將文件正確的印製完成。

經過以上的五個步驟，我們就可進行文件的拼字檢查的動作，透過這些動作將文件中有誤的字詞挑選出來，提醒使用者作修改的動作，進而達到減少錯誤列印發生的機率。

綜合以上所述，我們可以將列印程序簡化成如下圖二所示：

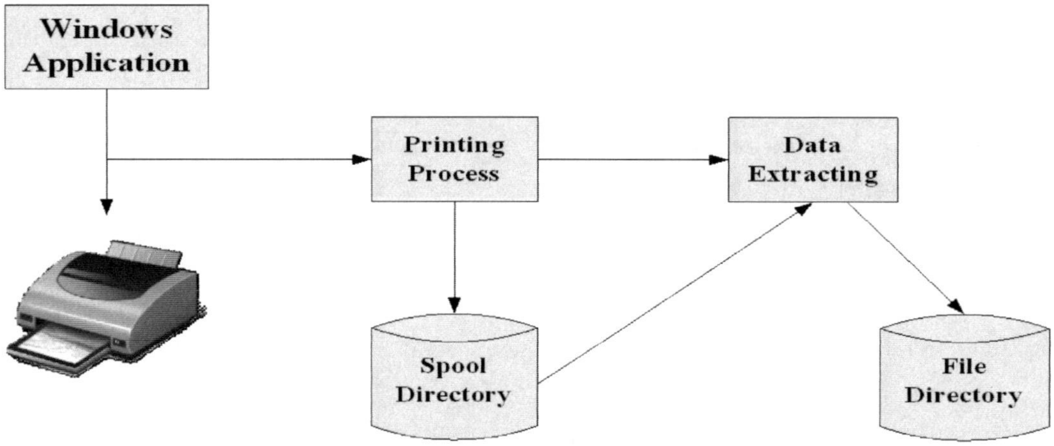

圖二、印表機列印程序示意圖

當列印的動作產生時，其中會有三個執行程序(Process)被啟動，包括使用者接觸使用的視窗應用程式(Windows Application)、列印處理程序(Printing Process)以及資料擷取程序(Data Extracting)。在資料擷取上可以著力在由列印處理程序(Printing Process)與經過列印後暫存列印緩衝區的 Spool Directory 中的檔案兩部分。但在 Spool Directory 中的檔案必須是經過轉譯成印表機語言像是 Printer Command Language (PCL)、ECL 的檔案，若從 Spool Directory 處理勢必引入許多來自印表機的語言的問題。因此本研究優先由列印處理程序中將文字擷取出來，這樣的處理程序會比在列印緩衝區的資料存取速度來的較快，可靠度(Reliability)也較高。而資料擷取出來後可以直接進行處理或者暫存至另一個緩衝區(File Directory)。

四、實驗結果與討論

(一)評估標準

精準度(Precision)和召回率(Recall)常常用來衡量一個系統的效能，尤其是在資訊檢索或資料探勘的領域中，我們常常會想知道當我們在檢索或搜尋系統中進行一個查詢(query)時，其回傳的結果是不是使用者需要的，還有其回傳的效率好不好等問題。因此計算出 Precision 和 Recall 這兩個値便可以解決前面所提的問題，運用量化的方式將數值呈現出來，便能使我們能更清楚的了解其系統的效能。而 Precision 和 Recall 其定義如下[14]

1. 精準度(Precision)定義：Relevant Documents Retrieved / Total Retrieved Documents
   (1) Relevant Documents Retrieved：系統判爲錯誤中實際錯誤的個數
   (2) Total Retrieved Documents：系統判爲錯誤的個數

2. 召回率(Recall)定義：Relevant Documents Retrieved / Total Relevant Documents
   (1) Relevant Documents Retrieved：系統判爲錯誤中實際錯誤的個數

(2) Total Relevant Documents：文章中實際錯誤的個數

(二) Precision 與 Recall 的定義象限表說明

表二、Precision 和 Recall 之象限表

	相關	不相關
回傳	**Tp (true positive)**	**Fp (false positive)**
未回傳	**Fn (false negative)**	**Tn (true negative)**

Tp：代表回傳(系統判斷爲錯誤)文字與query(實際錯誤文字)相關，系統判斷正確並回傳

Fp：代表回傳(系統判斷爲錯誤)文字與 query(實際錯誤文字)無關，系統判斷錯誤並回傳

Fn：代表回傳(系統判斷爲錯誤)文字與 query(實際錯誤文字)相關，系統判斷錯誤並無回傳

Tn：代表回傳(系統判斷爲錯誤)文字與 query(實際錯誤文字)無關，系統判斷正確並無回傳

精準度與召回率的公式如下：

1. 精準度(Precision)：Tp / Tp + Fp
2. 召回率(Recall)：Tp / Tp + Fn

(三)實驗說明

在我們的實驗中總共使用三種拼字檢查模式，經由這三種模式的比較可以得知本研究的拼字錯誤檢查系統應該使用哪一種檢查模式才可以得到較好的效率及偵錯能力，下列針對該三種模式做一個概略說明：

1. 網路+語言模型(tri-gram+bi-gram)：此模式運用了語言模型的 tri-gram 和 bi-gram，而 uni-gram 因爲是經由 CKIP 斷詞後之結果，大致上都是屬於有意義之詞彙，因此在這邊不列入考慮當中。除此之外，還搭配網路搜尋的功能進行檢查，而這裡 tri-gram 的網路搜尋的判斷筆數設定爲 1 筆，假如查詢筆數結果大於 1 筆則將該詞彙視爲正確；而 bi-gram 的網路搜尋判斷筆數設定爲 10 筆，假如查詢筆數結果大於 10 筆則將該詞彙視爲正確。
2. 網路+語言模型(bi-gram)：此模式運用了語言模型的 bi-gram，並搭配網路搜尋功能，bi-gram 的網路搜尋判斷筆數設定爲 10 筆。
3. 語言模型(tri-gram+bi-gram)：此模式運用了語言模型的 tri-gram 和 bi-gram，此外此模式無搭配網路搜尋的功能。

本研究所使用的語言模型是由「十億詞中文語料庫」(Chinese Gigaword Corpus)訓練而成的，其內容分別來自台灣與大陸，1990-2002 年的完整通訊社新聞語料。

本研究的實驗文件是從網路上抓取新聞稿，總共分爲 10 大類，分別是政治、科技、教育、旅遊、社會、生活、財經、國際、運動和影劇，每一類分別有 20 篇，實驗新聞稿總計 200 篇，並且將每篇文件內容手動設定 5 個錯誤字，經由我們的拼字錯誤檢查系統後，將其檢查結果分別依照上述 Precision 和 Recall 的公式計算出表三和表四的數據。表五爲根據 Precision 和 Recall 計算出的 F1 值，表中的生活類別之網路+語言模型得出最高的 F1 值，因爲此類別的測試不只有語言模型還有加入網路搜尋的支援，所以得出的結果最高；而財經類別之語言模型的部分，由於只有語言模型的檢查，所以財經新聞中可能有許多未知的字詞，所以才會得出最差的結果。
注意：每一格所代表的數值爲 10 大類別，各 20 篇新聞稿共同實驗後所得的平均值。

表三、精準度(Precision)實驗數據

Precision (%)	政治	科技	教育	旅遊	社會	生活	財經	國際	運動	影劇
網路+語言模型 (tri-gram+bi-gram)	**63.70**	**72.70**	**65.09**	**57.71**	**55.77**	**60.91**	**47.55**	**47.02**	**9.95**	**59.01**
網路+語言模型 (bi-gram)	**43.06**	**50.61**	**41.18**	**42.52**	**33.00**	**37.07**	**30.58**	**37.93**	**9.37**	**5.99**
語言模型 (tri-gram+bi-gram)	**6.94**	**7.75**	**7.34**	**8.22**	**8.08**	**2.60**	**3.36**	**7.88**	**3.95**	**4.05**

表四、召回率(Recall)實驗數據

Recall (%)	政治	科技	教育	旅遊	社會	生活	財經	國際	運動	影劇
網路+語言模型 (tri-gram+bi-gram)	**61.00**	**52.00**	**59.00**	**63.00**	**65.00**	**68.00**	**66.00**	**63.00**	**58.00**	**68.00**
網路+語言模型 (bi-gram)	**61.00**	**52.00**	**62.00**	**65.00**	**64.00**	**66.00**	**67.00**	**64.00**	**66.00**	**65.00**
語言模型 (tri-gram+bi-gram)	**96.00**	**96.00**	**97.00**	**94.00**	**95.00**	**51.00**	**54.00**	**61.00**	**69.00**	**66.00**

表五、F1 值(F1-score)實驗數據

F1-Measure (%)	政治	科技	教育	旅遊	社會	生活	財經	國際	運動	影劇
網路+語言模型 (tri-gram+bi-gram)	**62.32**	**60.63**	**61.90**	**60.24**	**60.03**	**64.26**	**55.28**	**53.85**	**16.99**	**63.19**
網路+語言模型 (bi-gram)	**50.48**	**51.30**	**49.49**	**51.41**	**43.55**	**47.47**	**41.99**	**47.63**	**16.41**	**10.97**
語言模型 (tri-gram+bi-gram)	**12.94**	**14.34**	**13.65**	**15.12**	**14.89**	**4.95**	**6.33**	**13.96**	**7.47**	**7.63**

圖五和圖六則是將表三和表四分別做成長條圖，依照下面 2 張圖所示可得知網路+語言模型(tri-gram+bi-gram)其 Precision 和 Recall 的平均值比其他兩者的 Precision 和 Recall 平均還要高，因此我們可以知道網路+語言模型(tri-gram+bi-gram)在文字檢查上擁有較高的效能表現。

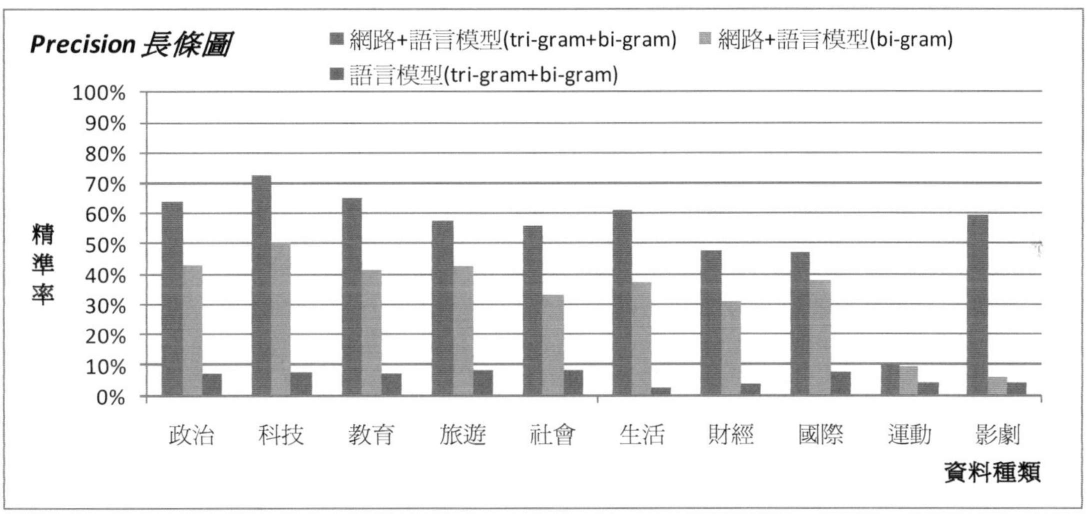

圖五、精準度(Precision)長條圖

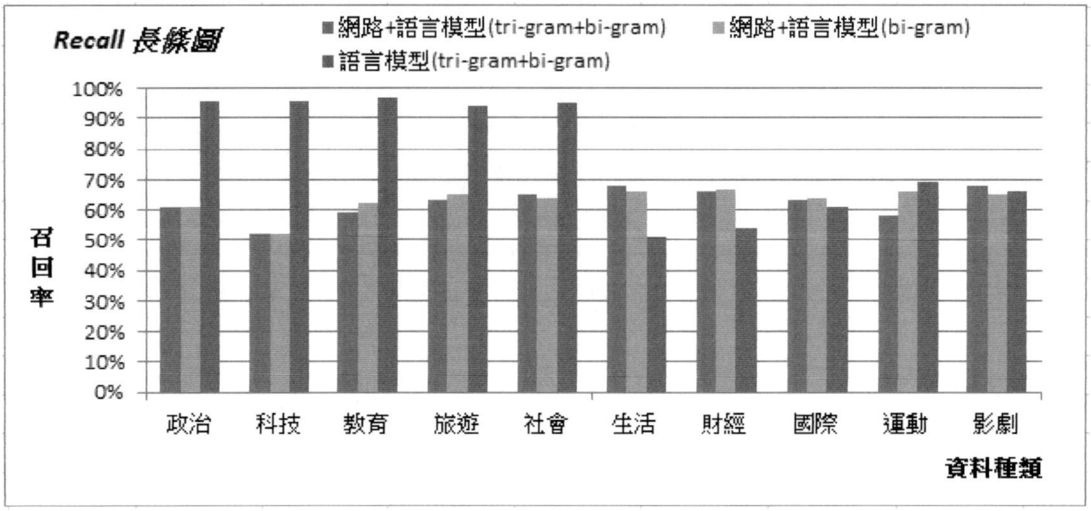

圖六、召回率(Recall)長條圖

五、結論與未來研究方向

本研究經過不斷的測試後發現中研院的 CKIP 系統會將錯字分別斷詞為單一字詞，而這些單一的字詞經過語言模型與網路搜尋後幾乎會判為正確，這也使的整個模組的檢測會疏忽這一類的錯字，因此我們將斷詞結果長度為一的詞進行不同的組合，以期填補這類的缺失，使的整個模組更加完善，辨錯率提高並落實完善檢查的功能。

在本研究中加入網路搜尋是在拼字檢查模組中應用網路搜尋技術，將檢查的誤判率大幅減低，並且藉由網路上龐大的資料作為拼字檢查的輔助，將網路資源當作一個大型的動態資料庫，其資料能隨著時間不斷的更新，除了涵蓋過去所有的詞彙還包含了列印當下所有的流行詞語或新創的詞彙等，使得本拼字檢查模組的正確率可以高於其他一般的拼字檢查。以及增加人性化提示訊息，常見的拼字檢查(如 Microsoft word)，在文件內容有錯誤時，雖然在該部分字詞會有特殊顏色的標記，但不會在列印時提醒使用者有錯誤，而列印了錯誤的文件，造成列印資源的浪費。而本模組在列印的時候如發現文件有錯誤，即會跳出一個提醒的視窗警告使用者需要更正，同時也可以讓使用者自行選擇是否要進行修正或是忽略錯誤直接將文件列印出來，以此模式進行文件檢查的最後一步把關。

本研究的可行性相當高，虛擬列表機的建立可以利用原有的 windows driver 改寫後作為檢查用途，知識經濟可以分為文字擷取與錯誤判斷兩部分。利用中研院的 CKIP 系統依照詞性種類進行斷詞，而後將斷詞後得到的結果透過模組內的語言模型(Language Model)和網路搜尋(Search From Web)來校正。語言模型中使用 N-gram 並分成三種方式來進行檢查，分別為三字為一組的 Tri-gram、二字為一組的 Bi-gram 以及一字為一組的 Uni-gram。網路搜尋使用 Google AJAX Search API，依照其傳回搜尋字串的網站內容、網址、搜尋筆數等進行判別。將以上各種功能結合，並給予人性化的操作介面讓使用者可以容易的使用本模組，達到列印前文件內容校正的目標。

本研究可帶來環保性或節能減碳效益，如：避免紙張浪費，印刷的主要原材料是紙張和油墨，而其中紙張就占印刷總成本的 60%～70%[15]，而造成印刷錯誤的主要原因是文件內容有誤，因此減少文字錯誤是爲重要課題之一。以及減少油墨消耗，根據估計[16]台灣有超過六十萬台雷射印表機，每年約使用 300 萬支以上的碳粉匣，若能增加文字正確性，將避免重複列印而大幅降低碳粉夾的消耗量。還有可以節約能源，印刷業的能源消費(CO2 排放)占工業部門 0.13 %[17]，在總工業部門中排名 22，若能避免文字錯誤而減少重複列印，將可有效節約能源。

本研究在拼字檢查模組上結合網路搜尋技術，在檢查拼字正確的效果明顯高於只使用語言模型，但正確的拼字不代表在特定情境下是正確的用字，未來擬將情境納入拼字檢查，來改善這方面的問題。

致謝

本研究係國科會研究計劃「應用語言模型與網路知識源之列印拼字錯誤偵測驅動模組之開發(NSC100-2622-E-415-001-CC3)」之成果，承蒙. 國科會提供經費上的支援，特此申謝。

參考文獻

[1] 台灣電力公司電價查詢
http://www.rod.idv.tw/fastfood/electricity0001.html

[2] ACULIST'SBLOG Available:
http://miraculist.blogspot.com/2009/08/windows-driver-kit-wdk.html

[3] Industrial Technology Research Institute – Graphice/Text Detection ASIC. Available:
http://www.itri.org.tw/chi/tech-transfer/04.asp?RootNodeId=040&NodeId=041&id=2353

[4] Academia Sinica – Chinese Knowledge and Information Processing. Available:
http://ckip.iis.sinica.edu.tw/CKIP/publication.htm

[5] Bates, M. (1995). Models of natural language understanding. Proceedings of the National Academy of Sciences of the United States of America, Vol. 92, No. 22 (Oct. 24, 1995), pp.9977–9982.

[6] R. K. Srihari, W. Li, C. Niu and T. Cornell,"InfoXtract: A Customizable Intermediate Level Information Extraction Engine",Journal of Natural Language Engineering, Cambridge U. Press , 14(1), 2008, pp.33-69.

[7] Eldred, Michael, Social Ontology: Recasting Political Philosophy Through a Phenomenology of Whoness ontos, Frankfurt 2008 xiv + 688 pp.ISBN 978-3-938793-78-7

[8] 互聯網內容的海量信息自動分析技術

http://www.ilib2.com/A-cstaID~CG2008435623.html

[9] 科學人雜誌網站-語言研究維基化
http://sa.ylib.com/circus/circusshow.asp?FDocNo=1448&CL=95

[10] Zan Image Printer. Available:
http://www.zan1011.com/index.htm

[11] Christopher D. Manning, Hinrich Schütze, Foundations of Statistical Natural Language Processing, MIT Press: 1999. ISBN 0-262-13360-1

[12] Jaime Teevan, Eytan Adar, Rosie Jones, Michael Potts.History repeats itself: Repeat Queries in Yahoo's query logs. Proceedings of the 29th Annual ACM Conference on Research and Development in Information Retrieval (SIGIR '06). 2005: pp. 703-704.

[13] Amanda Spink, Dietmar Wolfram, Major B. J. Jansen, Tefko Saracevic. Searching the web: The public and their queries. Journal of the American Society for Information Science and Technology. 2001,52(3): 226-234.

[14] Precision and Recall. Available:
http://en.wikipedia.org/wiki/Precision_and_recall

[15] 如何減少商業輪轉印刷機的紙張消耗
http://www.hkprinters.org/news/news.asp?sub_id=560

[16] 優彩環保再生碳粉匣
http://www.ucolor.org.tw/

[17] 台灣綠色生產力基金會-節能服務網
http://www.ecct.org.tw/print/52_3.htm

診斷學習者英語寫作篇章結構：以篇章連接副詞爲例

Diagnosing discoursal organization in learner writing via conjunctive adverbials

高東榆 Tung-yu Kao
國立成功大學外國語文學系（所）
Department of Foreign Languages & Literature
National Cheng Kung University
dodofishletter@hotmail.com

陳麗美 Li-mei Chen
國立成功大學外國語文學系（所）
Department of Foreign Languages & Literature
National Cheng Kung University
leemay@mail.ncku.edu.tw

Abstract

The present study aims to investigate genre influence on the use and misuse of conjunctive adverbials (hereafter CAs) by compiling a learner corpus annotated with discoursal information on CAs. To do so, an online interface is constructed to collect and annotate data, and an annotating system for identifying the use and misuse of CAs is developed. The results show that genre difference has no impact on the use and misuse of CAs, but that there does exist a norm distribution of textual relations performed by CAs, indicating a preference preset in human cognition. Statistic analysis also shows that the proposed misuse patterns do significantly differ from one another in terms of appropriateness and necessity, ratifying the need to differentiate these misuse patterns. The results in the present study have three possible applications. First, the annotate data can serve as training data for developing technology that automatically diagnoses learner writing on the discoursal level. Second, the founding that textual relations performed by CAs form a distribution norm can be used as a principle to evaluate discoursal organization in learner writing. Lastly, the misuse framework not only identifies the location of misuse of CAs but also indicates direction for correction.

Keywords: conjunctive adverbial, textual relation, misuse pattern, learner corpus.

1. Introduction

Due to much interest in learning English around the globe, many tools are developed, or wanted to be developed, to facilitate learners to learn English better. One of many wanted tools is probably a tool that can automatically diagnose a piece of learner writing and provide direction for improvement of the writing. The need results from the fact that only by constantly revising process can learners keep polishing their writing skill but that there is just not enough manpower to help learners recognize the defects in their writing. Therefore, much software is developed to satisfy the need, such as the two famous online writing platforms, *My Access!* and *Criterion*, and the two popular writing software packages, *StyleWriter* and *White Smoke*.

However, after evaluating the above mentioned tools aiming to automatically diagnose learner writing, it is found that the diagnosis is mainly a grammar check at the sentence level yet fails to generate revising suggestions on the discourse level. In other words, the existing tools may help learners compose a piece of writing free from grammatical mistakes, but poor organization of sentences and anomaly in coherence may still lead to failure in comprehension. Therefore, a writing-facilitating tool that can automatically diagnose learner writing on the discourse level is further wanted. To do so, a further investigation of existing learner corpora is made to seek if they fit as training data for developing such tools in question. The result shows that all the three corpora under investigation, Taiwanese Learner Corpus of English (TLCE) [1], Chinese Learner English Corpus (CLEC) [2], and International Corpus of Learner English (ICLE) [3], are only annotated with linguistic information at the sentence level, which limits further development on the discourse level. In light of the investigation, the first goal of the present study is to construct a learner corpus that provides annotated discoursal information as a basis for developing technology that can automatically diagnose learner writing in terms of discoursal organization.

With the goal in mind, the correct use and misuse of conjunctive adverbials are selected as the discoursal information that is used to annotate the targeted learner corpus. In terms of correct use, many writing textbooks introduce conjunctive adverbials (hereafter CA) as explicit linguistic features that organize textual relation among sentences in a coherent order, and contend that CAs performing certain textual relation would be more prominent in certain genre [4] [5] [6] [7] [8]. For instance, the words or phrases, such as *firstly*, *next*, and *in addition*, are thought to appear more in the process genre, indicating progressive relations in the text. Yet, after reviewing literature [9] [10] [11] [12] [13] [14], it is found that the textual relations performed by CAs present a norm distribution no matter which genre the writing belongs to, which is contrary to what writing textbooks usually suggest.

In terms of misuse of CAs, [15] regulates three common misuse patterns, *non-equivalent exchange*, *connective overuse*, and *surface logicality*, that often occur in learner writing. However, after trying applying the misuse framework of CAs to classify the mistakes found in learner writing, the framework is found insufficient in doing so. Based on the review of literature on CAs, the second goal of the present study aims to empirically examine if writing genres play a role in the use of CAs, and to propose a framework that can better describe the misuse patterns of CAs found in learner writing.

In short, the present study is two-fold. One is to compile a learner corpus annotated with discoursal information, to be specific, information on CAs, which can serve as training data of developing technology that automatically diagnoses learner writing on the discoursal level, while the other is to investigate genre influence on use and misuse of CAs and to construct a misuse framework for CAs.

2. Annotating system of CAs

The annotating system developed in the present study is used to annotate learner writing in terms of the use and misuse of CAs that organize textual relation among sentences. The set of annotations that indicates textual relations performed by CAs is based on the taxonomy in [16], whereas the set concerning misuse patterns of CAs is on the classification in [15].

2.1 Annotation for textual relations by CAs

According to the taxonomy in [16], there are seven types of CAs that organize seven textual relations among sentences, which include *Listing*, *Transitional*, *Appositive*, *Summative*, *Resultive*, *Inferential*, and *Contrastive*. In the present study, two textual relations, *Resultive* and *Inferential*, are collapsed into one since both indicate the cause-effect textual relation, and one additional textual relation, *Corroborative*, is supplemented. As a result, seven types of textual relations performed by CAs are used to annotate learner writing, which are *Listing*, *Transitional*, *Appositive*, *Summative*, *Resultive/Inferential*, *Contrastive*, and *Corroborative*. Table 1 lists all the textual relations with their definitions and the possible language items performing these relations. Notice that Table 1 also shows that one language item may serve more than one textual relation, for example, the language item *then* is in both *Listing* and *Resultive/Inferential* relations. In other words, the semantic annotation must depend on the relation performed by the CA, not on certain fixed language items.

Table 1. The Set of Textual Relations Indicated by CAs

Textual relation	Definition	Example
Listing	Mark the next unit of discourse with or without relative priority or temporal sequence.	first, moreover, then, in addition
Transitional	Serve to shift attention to another topic that does not follow directly from the preceding event.	meanwhile, in the meantime, now
Appositive	Provide an example or an equivalent of the preceding text.	in other words, for example
Summative	Conclude or sum up the information in the preceding discourse.	in conclusion, to summarize

Resultive/ Inferential	Mark the second part of the discourse as the result or consequence of the preceding discourse.	accordingly, then, as a result, so
Contrastive	Show incompatibility between information.	however, on the contrary, anyhow
Corroborative	Express writers' attitudes toward and comments on the text.	in fact, of course, actually

Another issue regarding the annotation of the textual relations is register. Register refers to the fact that CAs performing the same textual relation are further classified into written register and spoken register, with the latter is considered informal and suggested to be avoided in formal writing. Take *moreover* and *plus* for example. While both CAs indicate the *Listing* textual relation, the use of the latter is sometimes seen as a misuse for its informal nature in writing. Given the distinction in CA register use, the annotating system also differentiates CAs performing the same textual relation in terms of register to examine the influence genre difference has on register use in CAs.

2.2 Misuse Patterns of Conjunctive Adverbials (CAs)

In contrast with the set that annotates learner writing with textual relations performed by CAs, the other set in the annotating system is to indicate the misuse of CAs when they fail to logically connect sentences or do not appropriately fit the context. With the three misuse patterns proposed in [15], there are six misuse patterns in total generalized in the present study, which are *Non-equivalent Exchange*, *Connective Overuse*, *Surface Logicality*, *Wrong Relation*, *Semantic Incompletion*, and *Distraction*. Table 2 showcases the six misuse patterns with their definitions and examples.

Table 2. The Set of Misuse Patterns of CAs

Misuse Pattern	Definition & Example
Non-equivalent Exchange	Use CAs conveying the same textual relation in an interchangeable manner when they are not • Those are the images of the UK that the Communists want to impose on the local Chinese. <u>*On the contrary*</u>, they describe the communists as patriotic Chinese who did not show the slightest fear.

Connective Overuse	Use CAs with high density in short texts, making texts fragmental and readers unable to expect where texts are going to lead. • The communicative approach proves not only practicable for juniors, but also for senior. <u>*However*</u>, only the junior forms were observed. <u>*Nevertheless*</u>, the study in juniors is essential for this is the stage when students establish the right ways of learning English.
Surface Logicality	Use CAs to impose logicality to texts or bridge the gap among propositions when there exists no deep logicality in texts. • This question means the same as 'Evaluate the degree to which Japanese imperialism was a result of militarism.' <u>*So*</u> this question requires an independent argument about them. <u>*So*</u> the student must think critically if Japanese imperialism was a result of militarism.
Wrong Relation	Use a CA to express certain textual relation that it does not express. • Many studies have showed that it would be better for the hearing disabled to have the cochlear implant at an early age. <u>*Also*</u>, if implanted the cochlear implant at the age one to two, their language learning could come out of great improvement.
Semantic Incompletion	The context where CAs are used needs more elaboration to make the CAs functional. • After finishing the competitive entrance exam, you enter the college. <u>*However*</u>, nowadays, graduating from college not necessarily guarantees you future.
Distraction	The context would be coherent itself without the use of the conjunctive adverbial or that the use is redundant. • Statistics that four countries had higher averages of education than Taiwan. <u>*For example*</u>, the percentage to get admitted to college of Finland and South Korea is 90 percent, New Zealand with 86 percent and Sweden with 84 percent.

2.3 Annotating system in electronic format

In total, there are 20 labels, 14 for identifying textual relations and 6 for recording misuse patterns, in the developed coding scheme, as presented in Table 3.

Table 3. The Complete annotating system

Textual relations			Misuse Patterns	
Register	Type	Abbreviation	Type	Abbreviation
Y / R	Listing	Y/R Lis	Non-equivalent Exchange	N NE
Y / R	Transitional	Y/R Tra	Connective Overuse	N CO

Y / R	Appositive	Y/R App	Surface Logicality	N SL
Y / R	Summative	Y/R Sum	Wrong Relation	N WR
Y / R	Resultive/Inferential	Y/R Res	Semantic Incompletion	N SI
Y / R	Contrastive	Y/R Con	Distraction	N DI
Y / R	Corroborative	Y/R Cor		

Then, to make the annotating system applicable to computational development, the system is converted into digital tags that preserve the linguistic information on the text. Table 4 presents the 20 digital tags.

Table 4. The digital tags in the annotating system

Textual relations (Written Register)	<tag Y Lis anno=" "> </tag>	<tag Y Res anno=" "> </tag>
	<tag Y Tra anno=" "> </tag>	<tag Y Con anno=" "> </tag>
	<tag Y App anno=" "> </tag>	<tag Y Cor anno=" "> </tag>
	<tag Y Sum anno=" "> </tag>	
Textual relations (Spoken Register)	<tag R Lis anno=" "> </tag>	<tag R Res anno=" "> </tag>
	<tag R Tra anno=" "> </tag>	<tag R Con anno=" "> </tag>
	<tag R App anno=" "> </tag>	<tag R Cor anno=" "> </tag>
	<tag R Sum anno=" "> </tag>	
Misuse Patterns	<tag N NE anno=" "> </tag>	<tag N WR anno=" "> </tag>
	<tag N CO anno=" "> </tag>	<tag N SI anno=" "> </tag>
	<tag N SL anno=" "> </tag>	<tag N DI anno=" "> </tag>

The tag design include a pair of pointed brackets delimit the text it annotates. In the tag, there are four layers separated by space. The first layer uses the word *tag* to ratify the other words in the first bracket as supplemented linguistic information. The letters, Y, R, and N, on the second layer refer to written register use, spoken register use and misuse pattern. The third layer specifies which use of misuse of the enclosed CA is. The last layer, shown as anno=" ", allows researchers to supplement other information if necessary. The following is an illustrative example.

<tag **Y Lis anno=" "**>First</tag>, children who have nasal allergy always have some mental problems to some extent.

3. Corpus compiling and application with CA annotation

The learner corpus compiled in the present study is based on the OLAC Metadata Set via the developed Perl-based online interface, accessible at http://awta.csie.ncku.edu.tw/. In total, 2290 pieces of English compositions by Chinese speakers, approximately one million words, are collected over three years. These compositions belong to 13 different genres, including *process*, *summary*, *essay question*, *cause-effect*, *comparison-contrast*, *definition*, *description*, *narration*, *classification*, *multiple strategies*, *argumentation*, *problem solving*, and *research article*.

Among the collected data, 65 pieces of writing, with 5 pieces a genre and 28941 words in total, are further selected for the investigation into the use and misuse of CAs. The selected data are annotated via the online tagger, as seen in Figure 1. Part A is the raw text, Part B shows the annotating system, and Part C presents how the raw text is annotated with CA information.

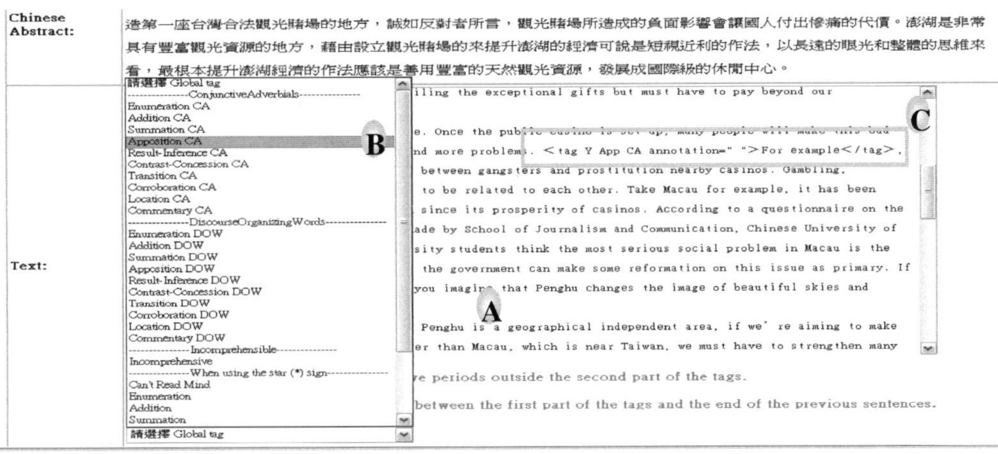

Figure 1. Tagger page

Each annotation of CA is made through a four-step procedure, shown in Figure 2. The first step identifies the CA. The second step is to judge whether or not the CA is correctly used. If the CA logically connects the context, the use of the CA is viewed as correct and the judgment goes to Yes. If not, the use is incorrect and the judgment goes to No. Lastly, if the use is correct yet the language form is stylistically improper, the judgment goes to Spoken Register. The third and last steps complete the annotation. If the judgment of the procedure goes to Yes or Spoken Register, then decide which textual relation the CA conveys, and select a tag from the bottom list. Likewise, if the judgment goes to No, select a misuse pattern tag from the bottom list to annotate the CA.

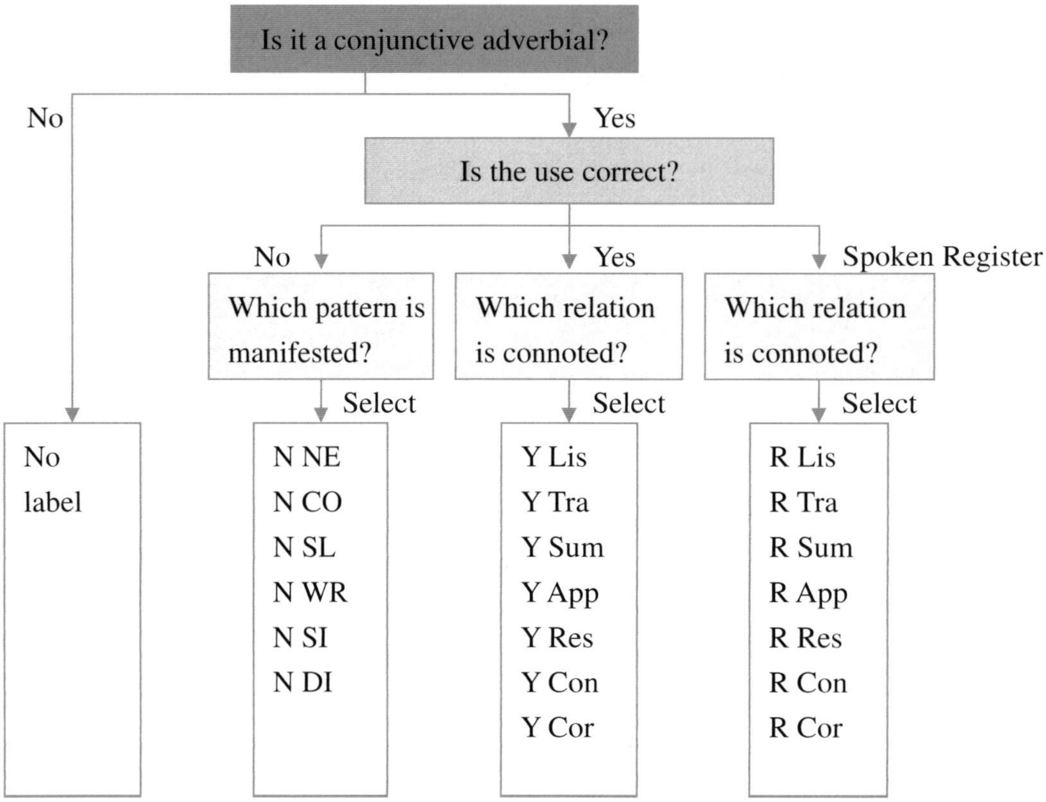

Figure 2. The annotating procedure

After annotating the selected data and tallying the counts, all the obtained figures were further analyzed via inferential statistical measurements on SPSS to investigate on the use and misuse distribution of CAs across genres.

To investigate the use distribution of CAs across genres, a two-way within-subjects analysis of variance (hereafter ANOVA) is designed, with two independent variables being textual relation and genre while the dependent variable is the counts of CAs. To further examine the effect of register, the ANOVA design would be calculated again, with the independent variable, textual relation, replaced with textual relation performed by CAs in written register. Lastly, to investigate the misuse distribution of CAs across genres, a two-way within-subjects ANOVA is employed again, with the two independent variables being misuse pattern and genre while the dependent variable is the counts of CAs. A significant level of $p<.05$ was chosen.

4. Results

In the investigation of the use distribution of CAs across genres, the raw counts of CAs show that regardless of genre difference, there is a tendency that the listing and contrastive relations are the two most frequently occurring types performed by CAs while the summative and transitional relations are the two least frequently occurring types. The rest of the textual relations are in the middle. In addition, the ANOVA analysis to examine the effect of textual relation and genre shows that there is no interaction between textual relation and genre ($F(48, 192)=1.070$, $p=0.366$) as well as no main effect from genre ($F(8, 32)=1.697$, $p=0.137$). However, there does exist a main effect from textual relation ($F(6, 24)=10.476$, $p<0.05$). Table 5 shows the statistic results.

Table 5. ANOVA results for the effect of textual relation and genre

Source	DF	SS	MS	F	P
Textual Relation	6	3005.681	500.947	10.476	0.000*
Genre	8	111.234	13.904	1.697	0.137
Textual Relation×Genre	48	64.977	1.354	1.070	0.366

*p<.05

In the follow-up investigation of the use distribution of written-register CAs across genres, the raw counts of written-register CAs show that regardless of genre difference, the listing and contrastive relations are the two most frequently occurring types performed by written-register CAs while the summative and transitional relations are the two least frequently occurring types. The rest of the textual relations are in the middle. After applying ANOVA analysis, as presented in Table 6, it is found that there is no interaction between textual relation performed by written-register CAs and genre ($F(48, 144)=0.969$, $p=0.537$). However, there does exist the main effect from textual relation ($F(6, 18)=8.585$, $p<0.05$). Meanwhile, Due to the scarce occurrence of spoken-register CAs, the row counts of spoken-register CAs are too small to decide the frequency order of occurrence and to run an ANOVA analysis.

Table 6. ANOVA results for the effect of textual relation via written-register CAs and genre

Source	DF	SS	MS	F	P
Textual Relation	6	1968.256	328.043	8.585	0.000*
Genre	8	99.374	12.422	2.062	0.082
Textual Relation×Genre	48	49.831	1.038	0.969	0.537

*p<.05

Lastly, in the examination of the misuse distribution of CAs across genres, ANOVA analysis shows, as seen in Table 7, that there is no interaction between misuse pattern and genre ($F(40, 160)=1.031$, $p=0.432$) as well as no main effect from genre ($F(8, 32)=1.857$, $p=0.102$) while there exists the main effect from misuse pattern ($F(5, 20)=3.210$, $p<0.05$). Although the raw counts of misuse patterns seem to show a norm distribution, it is just coincidence for most misuse patterns have no significant difference with others. However, some misuse patterns do differ from each other on a significant level. The misuse pattern, *Wrong Relation*, significantly differs from *Semantic Incompletion* and *Non-equivalent Exchange*, whereas *Surface Logicality* differs from *Conjunctive Overuse* and *Distraction*.

Table 7. ANOVA results for the effect of CA misuse and genre

Source	DF	SS	MS	F	P
CA Misuse	5	49.857	9.971	3.210	0.027*
Genre	8	25.239	3.155	1.857	0.102
Misuse Pattern×Genre	40	24.100	0.603	1.031	0.432

*p<.05

5. Discussion

The present study aims to achieve two goals. The first goal is to compile a learner corpus annotated with linguistic information on textual relation performed by CAs, which can serve as training data of developing technology that automatically diagnoses learner writing on the discoursal level. The second goal is to investigate genre influence on use and misuse of CAs and to construct a misuse framework for CAs.

In terms of the first goal, the compiled learner corpus fulfills the expectation. Researchers can use the annotated data as training data to develop automatically discourse-diagnosing technology and conduct pilot studies based on the rest of the corpus. Meanwhile, the annotated data are based on XML format, which bestows the data with great compatibility for all operating systems and extensibility to other possible alteration [17] for other application.

In terms of the second goal, it is found that, contrary to what most writing textbooks suggest that CAs performing certain textual relation are more prominent in certain genre, genre has no role in impacting the distribution of textual relations performed by CAs. In effect, the textual relations performed by CAs form a norm distribution regardless of genre difference. That is, *Listing* and *Contrastive* are the most frequent. *Resultive/Inferential*, *Appositive* and *Corroborative* are the second most frequent. *Summative* and *Transitional* are the least frequent, which corresponds to what is found in [9] [10] [11] as well as [12] [13] [14]. The same is true of the distribution norm performed by written-register CAs.

The lack of genre influence may result from the fact the genres are not mutually exclusive. That is, different genres may share many similar characteristics, which, in some sense, makes different genres one general superordinate genre without distinct differences. Consequently, a distribution norm of textual relations would be discovered, because the distribution norm of textual relations performed by CAs across genres, in fact, is the distribution of textual relations of the general superordinate genre.

To account for the formation of the distribution norm among textual relations performed by CAs, two explanations are proposed. One lies in the nature of different textual relations. For example, the transitional and summative relations occur least frequently at a significant level. This is understandable in that the two relations serve opening and closing functions which only appear at the beginning and at the end no matter how long a textual unit is. The other explanation is that there is a preference preset in human cognition for employing CAs to convey certain textual relations. Take the contrastive relation as example. The relation is relatively complicated because it requires the action to analyze two events and to locate the contrastive points, which would take more energy to describe the relation compared with writing in the common temporal sequence. Due to the extra energy required, Economy Principle, to minimize the energy consumption [18], is applied in human cognition, which is to use CAs to convey the contrastive relation explicitly, rather than describe the relation in context. Ultimately, the contrastive relation becomes one of the textual relations most frequently performed by CAs.

Lastly, although no genre influence on the misuse patterns of CAs is found, nor is a distribution norm of CA misuse, the proposed misuse framework is proved meaningful in differentiating CA misuse patterns. According to ANOVA analysis, *Wrong Relation* significantly differs from *Non-equivalent Exchange* and *Semantic Incompletion*, while *Surface Logicality* from *Connective Overuse* and *Distraction*. The results suggest that the causes of these misuse patterns are fundamentally different, and that the distinction and recognition of them are necessary. Also, the six misuse patterns can be divided into two groups based on the significant difference among them, with one group being *Wrong Relation*, *Non-equivalent Exchange*, *Semantic Incompletion*, while the other group being *Surface Logicality*, *Connective Overuse* and *Distraction*. To explain the division, the principles of appropriateness and necessity are proposed. The former group refers to the situation in which the use of the CA is required to signify the textual relation between sentences but the use is not correct, or inappropriate. In contrast, the latter group refers to the situation in which the use of the CA is not necessary and sentences themselves can form a unit of text with the CA.

6. Conclusion

The present study contributes in three aspects. First, a learner corpus annotated with textual relations via CAs is compiled, which can serve as training data for developing technology that automatically diagnoses learner writing on the discoursal level. Second, it is found that genre difference plays no role in impacting either textual relations via CAs or the misuse of CAs, and that there exists a norm distribution of textual relations performed by CAs across genres. The found norm distribution can be used to examine whether or not a piece of learner writing conforms to proper discoursal organization. Deviation from the norm distribution may be a signal, suggesting learners to re-organize their text. Third, the proposed misuse framework can help learners locate the misuse of CAs, and provide direction for correction by evaluating whether the misuse is inappropriate or not necessary.

Nevertheless, there is still room for further research. For a starter, the annotated data only account for a small amount of the compiled corpus. More data are expected to be annotated in the future, which can further validate the study and provide more training data to develop automatized technology. Moreover, although no genre influence is found in textual relations performed by CAs or in the misuse of CAs, as the anonymous reviewer suggests, the results may be still subject to other factors, such as age, educational background, English proficiency, or even L1 transfer. If the interaction between the use of CA and these factors can be made clear in future studies, non-native writers can receive a different angle in terms of learning CA use and organizing their English writing.

References

[1] H. H. Shih, Compiling Taiwanese Learner Corpus of English. *Computational Linguistics and Chinese Language Processing, 5*(2), 87-100, 2000.

[2] S. C. Gui, and H. Z. Yang, *Chinese Learner English Corpus*, Shanghai: Shanghai Foreign Language Education Press, 2003.

[3] S. Granger, International Corpus of Learner English - ICLE. Retrieved November 23, 2008, from http://www.fltr.ucl.ac.be/fltr/germ/etan/cecl/Cecl-Projects/Icle/icle.htm#heading1

[4] M. Connelly, *Get writing: Sentences and paragraphs*, Australia: Thomson Higher Education, 2006.

[5] J. M. Lannon, *The writing process: A concise rhetoric, reader, and handbook*, New York: Longman, 2007.

[6] M. Morenberg, and J. Sommers, *The writer's options: Lessons in style and arrangement*, New York: Pearson Longman, 2008.

[7] J. M. Reid, *The process of composition*, White Plains, NY: Longman, 2000.

[8] R. L. Smalley, M. K. Ruetten, and J. R. Kozyrev, *Refining composition skills: Rhetoric and grammar*, Boston: Heinle & Heinle, 2001.

[9] Y. Field, and L. Yip, A comparison of Internal conjunctive cohesion in the English essay writing of Cantonese speakers and native speakers of English. *RELC Journal,*

23, 15-28, 1992.

[10] M. Liu, and G. Braine, Cohesive features in argumentative writing produced by Chinese undergraduates. *System, 33*, 623-636, 2005.

[11] W. Y. C. Chen, The use of conjunctive adverbials in the academic papers of advanced Taiwanese EFL learners. *International Journal of Corpus Linguistics, 11*(1), 113-130, 2006.

[12] G. Tankó, The use of adverbial connectors in Hungarian university students' argumentative essays. In J. M. Sinclair (Ed.), *How to Use Corpora in Language Teaching* (pp. 157-181). Amsterdam: John Benjamins B. V, 2004.

[13] B. Altenberg, and M. Tapper, The use of adverbial connectors in advanced Swedish learners' written English. In S. Granger (Ed.), *Learner English on Computer* (pp. 80-93). London: Longman, 1998.

[14] T. C. Shen, *Advanced EFL Learners' Use of Conjunctive Adverbials in Academic Writing*. MA Thesis, Taiwan: National Taiwan Normal University, 2006.

[15] W. J. Crewe, The illogic of logical connectives. *ELT Journal, 44*(4), 316-325, 1990.

[16] R. Quirk, S. Greenbaum, G. Leech, and J. Svartvik, *A Comprehensive Grammar of the English Language*, London: Longman, 1985.

[17] A. Møller, and M. I. Schwartzbach, *An introduction to XML and Web technologies*, New York: Addison-Wesley, 2006.

[18] F. Ungerer, and H. J. Schmid, *An Introduction To Cognitive Linguistics*, UK: Pearson Education Limited, 2006.

Compositional Operations of Mandarin Chinese Verb "da^3": A Generative Lexicon Approach

Li-Chuan Ku
Department of English
National Taiwan Normal University
lchnku@gmail.com

Abstract

The compositional operations of Mandarin Chinese predicates are very complex. In a highly analytic language such as Mandarin Chinese, a verb can often choose from a wide range of nouns/nominal compounds as its arguments. This paper hopes to capture a different picture of such an operation through investigating authentic corpus data of Chinese verb "打" (da^3, *to hit*). In this study, we'd like to show that the qualia structure and type system proposed by Pustejovsky's (1995) the *Generative Lexicon* can affect the interpretation of verb-argument composition of "da^3", and to examine whether the compositional operations of "da^3" varies under different senses with its own type selection preference. Our results show that, given that Wang and Huang (2010)'s similar investigation on the perceptual verb "kàn" (look at) indicates diverse mechanisms, the compositional operation patterns of "da^3" are much like those proposed by Pustejovsky's (2008). In view of this, we also provide some limitation and future direction of this study in the last section.

Keywords: verb-argument composition, accommodation, introduction, selection

1. Introduction

The compositionality of a verb and its arguments differs from one to another. Traditionally, although distributional analysis can provide us a glimpse of how a lexical word patterns across different surface structures of propositions, it is more intriguing to explore how a verb selects its arguments based on deeper decomposition of the lexical item, namely, the verb and argument itself. One of the ways to analyze the verb-argument composition is to consider that by word sense enumeration, a verb can potentially have several polysemous senses contributing to multiple meanings in the lexicon. Take *want* in the following sentences for example.

(1) a. Mary wants another cigarette.
    b. Bill wants a beer.

c. Mary wants a job.

To capture each use of *want*, we can explicitly refer to the manner of the wanting relation in different contexts and have the following correspondent word sense enumeration, rendering the word *want* a selectional polysemy [3].

(2) a. $want_1$: to want to smoke;
b. $want_2$: to want to drink;
c. $want_3$: to want to have

However, enumeration is unable to exhaustively list all the senses that verbs assume in new contexts [1]; that is, it cannot characterize all the possible meanings of the lexical item in the lexicon. Instead of adopting this approach, Pustejovsky [3] proposes that the way how verbs are combined with arguments can fit into more finely grounded compositional operations, extended from the type theory and qualia structures he developed in *Generative Lexicon* [2][3], as shown in Table 1.

Table 1: Verb-Argument Composition

Argument is	Verb selects		
	Natural	Artifactual	Complex
Natural	Selection/Accommodation	Qualia Introduction	Dot Introduction
Artifactual	Accommodation	Selection/Accommodation	Dot Introduction
Complex	Dot Introduction	Dot Introduction	Selection/ Accommodation

In view of this, we aim to capture a full description of the composition between Mandarin Chinese verb "da^3" (hit) indicating hand motions and its arguments collected from authentic corpus data, including Academia Sinica Balanced Corpus of Modern Chinese[1] and Plurk data as a complement in this paper. Since there are over one-hundred different senses of the word "da^3" listed in Chinese Wordnet[2], we will re-categorize the senses of "da^3" by referring to Huang's definition [5] in the following sections in order to process the later analysis of the compositional operations, and provides the characteristics of such operations under the frame of Generative Lexicon (GL). We further predict that, due to the complexity of the senses of "da^3", the verb-argument composition will yield different results from those suggested by Pustejovsky [3] in Table 1.

1 http://db1x.sinica.edu.tw/kiwi/mkiwi/
2 http://cwn.ling.sinica.edu.tw/

2. Theoretical Framework

In the GL model, Pustejovsky [1] proposes that a lexical item is given an explicit type for a word positioned within a type system for the language, where qualia can be unified to create more complex concepts out of simple ones. The lexical typing structure and the qualia structure (modes of explanation, composed of FORMAL, CONSTITUTIVE, TELIC, and AGENTIVE roles) mentioned above, together with the event (defining the event type of a lexical item or a phrase) and argument (specifying the number and type of the arguments to a predicate) structure, comprise a richer and deeper decomposition of a lexical item. According to Pustejovsky [2], he divides the type structure into the following three levels:

(1) Natural Types: Concepts of natural kind made up of reference only to Formal and Constitutive qualia roles such as *dog*, *man*, and *bird*;

(2) Artifactual Types: Concepts consisting of reference to Telic (purpose or function), or Agentive (origin) qualia roles such as *pet*, *doctor*, and *plane*;

(3) Complex Types: Concepts making reference to an inherent relation between types from the other levels such as *book*, *picture*, or *sign*.

In addition, there are three mechanisms at work in the selection of an argument by a predicative expression [3]. These are, as pointed out by Pustejovsky [2]:

(1) Pure Selection (Type Matching): the type a function requires is directly satisfied by the argument;

(2) Accommodation: the type a function requires is inherited by the argument;

(3) Type Coercion: the type a function requires is imposed on the argument type. This is accomplished by either:

a. Exploitation: taking a part of the argument's type to satisfy the function;

b. Introduction: wrapping the argument with the type required by the function.

Under the three mechanisms, Pustejovsky argues that the ability to assign more than one interpretation to a lexical or phrasal expression is a result of type coercion and this is when polysemy arises in grammar.

3. Basic semantic analysis of "da^{3}"

In Huang's thesis [5], nominal arguments of the verb "da^{3}" are thoroughly analyzed under GL framework. There are eight semantic components in "da^{3}" as follows: *to make contact with*, *to make use of*, *to cause a displacement*, *to change the internal state of*, *to move outward*, *learnability*, *by media*, and *with company*. Based on the existence of these semantic components, nine basic senses of the verb "da^{3}" can be distinguished and derived as shown in Table 2. These are:

(1) to make contact with sth.
(2) to get sth.
(3) to make sth.
(4) to deal with sth.
(5) to have skills of sth.
(6) to make use of sth.
(7) to exclude/depart from sth.
(8) to participate in sth.
(9) to trigger physical/mental activities

Furthermore, these nine senses can derive richer meanings in the lexicon by the mechanism of metonymy and metaphors. Through co-composition, which describes a structure allowing, superficially, more than one function application, "da^{3}" can create new senses with a variety of different nominal arguments to form a verbal polysemy.

On the other hand, Chinese Wordnet also lists 121 senses of "da^{3}" in total. Since it does not group together those senses with basically similar semantic components, in this paper we adopt the nine categories of senses in "da^{3}" proposed by Huang [5] to avoid word sense enumeration analysis and demonstrate a more general pattern of its argument combination.

Table 2: The Semantic Components and Senses of "da3"

Senses	Semantic Components
(1) to make contact with sth.	[+to make contact with] [-to make use of] [-to cause a displacement]
(2) to get sth.	[+to make contact with] [-to make use of] [+to cause a displacement] [-to move outward]
(3) to make sth.	[-to make contact with] [+by media]
(4) to deal with sth.	[+to make contact with] [-to make use of] [+to change the internal state of]
(5) to have skills of sth.	[+to make contact with] [+to make use of] [+learnability]
(6) to make use of sth.	[+to make contact with] [+to make use of] [-learnability]
(7) to exclude/depart from sth.	[+to make contact with] [-to make use of] [+to cause a displacement] [+to move outward]
(8) to participate in sth.	[-to make contact with] [-by media] [+with company]
(9) to trigger physical or mental activities	[-to make contact with] [-by media] [-with company]

4. Analysis and Discussion

In this section, we take a closer look at how the Mandarin Chinese verb "da^{3}" combines with its nominal arguments under the three compositional operations.

4.1 "da³": to make contact with sth.

The most basic sense of "da³" is *to make contact*, which is a broader sense of the common interpretation of this verb, *to hit*. Under this sense, it can combine with any physical objects as its arguments. The compositional operations of different types of arguments thus are provided as follows.

4.1.1 "da³"+Natural Types

(1) Selection/Accommodation

Many natural type arguments can be combined with "da³". For example, they can be human, animals, or body parts such as "人" (people), "小孩" (children), "耳光" (ears), "穴" (acupuncture points), or "蚊子" (mosquitoes). Furthermore, they can be accommodation as shown in the following example. In this case, the subject may hit the child on his/her partial body, namely, the face, not the whole part of the child. All these arguments are similar in that they are physical objects (phys).

(3) 他 打 了 小孩 一 個 耳光。
He hit ASP child one CL ear
"He hit the child on the face."

4.1.2 "da³"+Artifactual Types

(1) Accommodation

As argued in Pustejovsky [1], an artifactual type can be further decomposed into a head type and a tail type. The head type (the FORMAL quale role) need not be an atomic type (natural), but can be arbitrarily complex itself. If the head alone is exploited, the operation is type accommodation [3]. For instance, in Mandarin Chinese, "da³" can take "鼓" (drums), "桌球" (table tennis), "靶" (targets), or "鐘" (alarms) as arguments and the head *physical object* is exploited. In a more extended sense, "da³" can also take "前鋒" (forward) as its artifactual type arguments to indicate a player need to *reach* a specified location to play in a basketball game.

4.2 "da³": to get sth.

4.2.1 "da³"+Natural Types

(1) Selection

Under this category, "da³" can be combined with natural resources or creatures like "水"

(water), "柴" (firewood) and "魚" (fish) to express *to get/retrieve*. All the arguments are physical objects.

(2) Qualia Introduction
On the other hand, there are some more abstract resources accessible to us like "天下" (world) or "江山" (river and mountain). Since they are originally features of places, by introducing the FORMAL value "something that can be owned" to these words, we can say "打江山" (to get and own the country) as if the argument itself is concrete.

geographical features $\otimes_{formal}$ something that can be owned: "江山" (river and mountain)

4.2.2 "da^{3}"+Artifactual Types

(1) Accommodation
Instances in this category are the arguments including "飯菜" (rice and vegetable), "香腸" (sausage), or even "回票" (return tickets). Likewise, the head *physical object* is exploited so that they can be combined under the accommodation operation.

4.3 "da^{3}": to make sth.

4.3.1 "da^{3}"+Artifactual Types

(1) Accommodation
The third sense of "da^{3}" is to make or produce something which is represented in the arguments such as "地鋪" (sleeping places with bedding on the floor), "毛衣" (sweaters), "井" (wells), "結" (knots), "洞/孔" (holes), "全壘打" (homerun), "空包彈" (blank cartridges), "項鍊" (necklace), and "根基" (foundation). Again, the head *physical object* is exploited so that they can be combined with "da^{3}".

(2) Artifactual Exploitation
There are some arguments denoting marks, rates, symbols, or numbers. Often when they are combined with "da^{3}", the intended meaning is to provide the information of thoughts, opinions, or evaluations towards things. For example, "字" (words), "成績" (scores), "鉤" (checks), "問號" (question marks), and "知名度" (prestige/popularity) can serve as artifactual type arguments. In these cases, the tail type is either an agentive or telic role as demonstrated and according to Pustejovsky and Jezek (2008), if the tail of an artifactual type is exploited, then it is artifactual exploitation.

number, rate $\otimes_{telic}$ show information: "成績" (scores), "知名度" (prestige/popularity)
mark $\otimes_{telic}$ show information: "鉤" (checks), "問號" (question marks)

symbol ⊗ $_{telic}$ show information: “字” (words)

4.3.2 “da^3”+Complex Types: Dot Exploitation

Complex type arguments can have more than one meaning facets. A common example is *book* with the complex type (phys•info). It can both refer to the physical book or the information provided in the book. When they are combined with verbs, either one or two meaning facets can be exploited.

(1) Only one meaning facet can be exploited.
Some examples in this case (phys•info) are: “報告” (reports), “電報” (telegrams), and “草稿” (drafts). When they are combined “da^3”, only the information aspect can be exploited.

(2) Both meaning facets can be exploited.
Some examples in this case (event•info) are: “手語” (sign languages), “手勢” (gestures), and “暗號” (secret signals). When these words are the arguments of “da^3”, each of the two facets of meaning is likely to be exploited.

4.4 “da^3”: to deal with sth.

“da^3” with this sense can be combined with artifactual type arguments like “折扣” (discount), and natural type ones such as “蛋” (egg), “火” (fire) and “奶泡” (milk foam). In the former condition, an accommodation operation happens while in the latter, selection occurs, both leading to the meaning of dealing with something and rendering a resultative status.

4.5 “da^3”: to have skills of sth.

“da^3” can also be combined with various artifactual type arguments which indicate to carry out something such as “領帶” (tie), “牌” (cards), “麻將” (mahjong), “電動玩具” (video games), “電腦” (computers), “針” (needles), “蠟” (wax), “算盤” (abaci), “彈珠” (marbles), “禪” (meditation), and “陀螺” (top). In these cases, subjects must have the skills or ability of manipulating the following physical objects; otherwise, they need to learn to understand how to deal with them. All the arguments go through an accommodation operation.

4.6 “da^3”: to make use of sth.

4.6.1 “da^3”+Natural Types

(1) Selection
There are few instances in this category concerning the natural type arguments to be combined with “da^3”: “石膏” (casts), and “光” (light). Under this operation, the words

denoting a physical material which is utilized can be selected as the verb's arguments.

4.6.2 "da^3"+Artifactual Types

(1) Accommodation

A variety of artifactual type arguments can be combined with the verb "da^3" such as "籃球" (basketball), "燈籠" (lantern), "傘" (umbrella), "電話" (telephone), "粉底" (foundation), "方向盤" (steering wheel), "口號" (slogans) , "比方" (analogy), "官腔" (bureaucratic tone) , "快攻" (fast break), "馬賽克" (mosaic) and "啞謎" (riddle). In these cases, either the head *physical object/appliance* or *abstract object* can be exploited so that the accommodation operation still works.

(2) Artifactual Exploitation

Under this category, "卡" (card) is found to be combined with "da^3" to indicate the retrieval of temporal or spatial information of a specific moment by machines. The tail of this artifactual type exploited here is:

physical object $\otimes_{telic}$ record information: "卡" (card)

4.6.3 "da^3"+Complex Types: Dot Exploitation

(1) Only one meaning facet can be exploited.

The example arguments involving the dot exploitation are "擂台" (arena for contests) (phys•<u>loc</u>), "廣告" (advertisement) (<u>event</u>•info), and "半/全場" (half-/full- court)[3] (phys•<u>loc</u>) with the complex type specified in the second parenthesis and the only exploited facet underlined

4.7 "da^3": to participate in sth.

Instances in this category are all artifactual arguments including "零工" (odd jobs), "仗" (war), "招呼" (greeting), "照面" (seeing each other), "官司" (lawsuits), "總決賽" (final) and "交道" (principles of interpersonal contact). In these cases, the head *event* is exploited so that they can be combined with "da^3" under the accommodation operation.

4.8 "da^3": to trigger physical or mental activities

4.8.1 "da^3"+Natural Types

"拳" (fist), "光腳" (bare foot), "赤膊" (shirtless), and "雷" (thunder) are several examples

[3] It refers to playing a basketball game according to the area/court size defined by the arguments.

of natural type arguments which can be combined with "da^{3}". The selection operation occurs to make these physical objects or activities carried out with one's own will.

4.8.2 "da^{3}"+Artifactual Types

Other examples under this category are "寒顫" (cold shiver), "盹" (nap), "哈欠" (yawn), "瞌睡" (doze), "噴嚏" (sneeze), "鼾" (snore), "主意" (plan) or "拍子" (tempo). By accommodation operation, the head *event* is exploited. Besides, there are two extended usage of "da^{3}" in this category, "先鋒" (vanguard) and "頭陣" (first array), which indicate one becomes/belongs to a certain role. In this case, the head *human* is exploited under the accommodation operation.

4.9 "da^{3}": to exclude/depart from sth.

A typical instance of "da^{3}" combined with natural type arguments to indicate removing of specific substances or objects is "胎" (fetus). By selection, all physical objects including animate beings can serve as the argument of "da^{3}".

A summary of the above analysis can be shown in the following table:

Table 3: Mechanisms of compositional operations of "da^{3}"

Sense	Natural Types	Artifactual Types	Complex Types
make contact with	selection/accommodation	accommodation	-
get	selection/ qualia introduction	accommodation	-
make	-	accommodation/ artifactual exploitation	dot exploitation
deal with	selection	accommodation	-
have...skills	-	accommodation	-
make use of	selection	accommodation/ Artifactual Exploitation	dot exploitation
participate in	-	accommodation	-
trigger physical/mental activities	selection	accommodation	-
exclude	selection	-	-

As indicated in Table 3, we find that the sense "to make use of something" is rather active among all the senses concerning "da^{3}". It can go through three different kinds of composition with all three types of arguments, which signals the highest compositional ability. Other senses owning a high compositional ability include “to make contact with”, “to get something”, and “to make something”; however, they have fewer argument type choices compared with the sense “to make use of something”. On the other hand, how the Mandarin Chinese verb “da^{3}” selects its argument types is also demonstrated in Table 3. For example, a verb has to choose a typical type, either natural types, artifactual types or complex types as indicated in Table 1. Yet, in Table 3, only the senses “to have…skills”, “to participate in” and “to to exclude/depart from” have this trait. Except for that, it is surprising that the overall patterns of the compositional operations show the correspondence with what Pustejovsky [3] proposes in Table 1 with regard to the abundant senses of the word. But it perhaps is due to our lack of focus on the usage of fixed phrases, idioms, and a variety of other metonymic or metaphorical expressions of “da^{3}” springing up recently in online resources such as “打屁” (chat leisurely), “打牙祭” (enjoy a feast) or “打高空” (unrealistic attitudes or speeches). Though the result of this preliminary study differs from what Pustejovsky and Jezek [3] pointed out after investigating *listen* that “how difficult it is to map each context into the appropriate slot” in Table 1, which is further evidenced by Wang and Huang [4] with the verb “kàn” (look at), it can still provide an elaborative description of the compositional operations exerted on verbs other than perceptional ones and clarify the characteristics of argument selection patterns between different verb types in Mandarin Chinese.

Reference

[1] J. Pustejovsky, *The Generative Lexicon*, Cambridge MA: MIT Press, 1995.

[2] J. Pustejovsky, “Type theory and lexical decomposition,” *Journal of Cognitive Science*, vol. 6, pp. 39-76, 2006.

[3] J. Pustejovsky, and E. Jezek, “Semantic Coercion in Language: Beyond Distributional Analysis,” *Italian Journal of Linguistics/Rivista Italiana di Linguistica*, vol. 20, no. 1, pp. 181-214, 2008.

[4] S. Wang, and C.-R. Huang, “Compositional Operations of Mandarin Chinese Perception Verb “kàn”: A Generative Lexicon Approach,” in *the 24th Pacific Asia Conference on Language, Information and Computation*, 2010, pp. 707-714.

[5] 黃苕冠, *現代漢語徒手動作動詞<打>字的語義、語法探析*, 國立臺灣師範大學華語文教學研究所碩士論文, 2001.

Typological Universals and Intrinsic Universals on the L2 Acquisition[1] of Consonant Clusters[2]

Chin-Chin Tseng
National Taiwan Normal University
tseng@ntnu.edu.tw

Abstract

This study is to examine if typological universals built upon primary languages are applicable to interlanguage data in SLA. Implicational universal is considered the classic example of a typological universal by Croft (2003). Thus, the Interlanguage Structural Conformity Hypothesis, which consists of two implicational universals proposed by Eckman (1991), were tested against data from an interlanguage. The interlanguage data reconfirms that syllable structure plays a key role in the Fricative-Stop Prinicple. However, the Fricative-Stop Principle is sensitive to the position which clusters occur in a syllable. This typological universal is only applicable to final consonant clusters only. The test results do not conform with the Resolvability Principle. The Resolvability Principle claims that if a language has a consonantal sequence of length m in either initial or final position, it also has at least one continuous subsequence of length m-1 in this same position. Taiwanese[3] speakers' interlanguage data show that they can produce a consonantal sequence of 3 [spr-], but fail to produce a consonantal sequence of 2 [bl-], which violates the proposed typological universal. Thus, intrinsic universals are proposed to explain the interlanguage data in this study, i.e. the position that a consonant cluster occurs in a

---

[1] I am hesitating to use the word "acquisition", because this study is not a longitudinal study, and its scope is limited to the production form only. Although I think "production" is a more appropriate word to use here, however, in order to conform with the word choice by Eckman, I shall use "acquisition" instead of "production".

[2] acknowledgment to Aim for the Top University Plan, Ministry of Education, Taiwan, R.O.C. and anonymous reviewers of ROCLING2011.

[3] Taiwanese is a South-Min variety of Chinese spoken in Taiwan. This language does not allow consonant clusters.

syllable and its articulatory components all contributed to the intrinsic universals.

Keywords: structural conformity hypothesis, typological universals, second language acquisition, consonant clusters

1. Introduction

The acquisition of consonant clusters has been a popular issue in SLA. If a language does not allow consonant clusters, what would happen when a speaker of that language tries to acquire English consonant clusters. Eckman (1987) and Karimi (1987) have found that final obstruents devoicing, vowel insertion, and consonant deletion are common strategies employed by L2 learners.

One implicational universal has been posited by Greenberg (1978), which is possession of property *Pi* implies possession of *Pj*--but not vice versa. Lass (1989:131) made a comment on implicational universals. He said:

> *It is uncertain whether a large and interesting set of such statements can be made; steps have been taken, but we're nowhere near knowing yet if the goal is attainable.*

Lass (1989:132) further pointed out that the implicational universals were usually under the heading of 'markedness'. He listed several criteria for defining a marked segment. They are: (i) less common cross-linguistically than its unmarked counterpart; (ii) tends not to appear in positions of neutralization; (iii) generally has lower text-frequency; (iv) is later in appearing during language-acquisition, (v) tends to undergo phonemic merger; (vi) tends to be less stable historically; (vii) tends to imply the existence of its unmarked counterpart.

Despite the dispute about implicational universals, Eckman (1991) posited a Structural Conformity Hypothesis, attempting to explain the difficulty and the developmental sequence in acquiring English consonant clusters. He proposed that universal generalizations of primary language also apply to interlanguage. He strived to test two implicational universals in interlanguage. One was the *Fricative-Stop Principle*; the other was the *Resolvability Principle*.

In this study, three problems regarding Eckman's Structural Conformity Hypothesis were identified. One is that Eckman overlooked one important variable, the voicing of a consonant cluster. All the words he used for his study were consonant clusters of voiceless obstruents. He did not provide an explanation for why he chose to do so. Our study indicates that clusters of voiced obstruents acquire later than their voiceless counterparts, because voiced obstruents are more difficult to produce intrinsically. The oral constriction impedes the airflow required by voicing

(Stampe 1979:7), that can explain the devoicing phenomena observed in native English speakers' word-initial and word-final voiced consonant and consonant clusters.[4]

The second problem was how Eckman determined the presence or absence of a target consonant cluster. The criteria for the presence of a consonant cluster was 80% of occurrence of that consonant cluster. However, Eckman did not go into details on how he determine the occurrence of a consonant cluster. How did he determine if a consonant is deleted or pronounced unreleased? To what extend would he consider an epenthetic vowel present? Edge (1991) studied the production of word-final voiced obstruents in English by L1 speakers of Japanese and Cantonese,. He found that the voicing-devoicing decision was the most troublesome. If both consonant deletion and vowel epenthesis were both found in native English speakers' speech, how would he define a target form? All the questions mentioned above may affect the choice of a target form, and the judgment call of the presence or absence of a consonant cluster.

The third problem was the applicability of implicational universals as a prediction of second language behavior. Because implicational universals are structurally based, while second language behavior has more than one attribute.

2. Application of Implicational Universals

Not all implicational universals can be applied directly to predict second language behavior. Implicational universals which are phonetically motivated can better explain the interlanguage phenomena. Our study is to bring up this issue by comparing our test result with the two implicational universals proposed by Eckman. Here are two intrinsic universals (phonetically motivated principles) proposed in this study.

(i) Word-initial consonant clusters are easier to acquire than word-final consonant clusters. This principle is motivated by the fact that word-initial consonant clusters can be released through the following nucleus (vowel), while word-final consonant clusters cannot.

(ii) Clusters of voiced obstruents acquire later than the voiceless consonant clusters, because their oral constriction impedes the airflow required by voicing. Therefore, they are more difficult to produce than voiceless consonant clusters.

---

[4] Ladefoged (1982) stated that English word-final voiced consonants are partially voiceless. Lisker & Abramson (1964) also pointed out that English initial voiced stops should be transcribed as voiceless unaspirated.

3. Method

Subjects

The subjects for this study were ten Taiwanese speakers. Two native American English speakers, mean age 25, served as the control group. Appendix 1 gives a profile of the participants. The Taiwanese speakers, mean age 30.6, all had six years of high-school English and college English in Taiwan. Their English speaking proficiency level ranged from intermediate to advanced. Eight of them had extensive exposure to English speaking environment, 5.9 years on the average.

Materials and Procedures

In order to compare Taiwanese interlanguage data with the native English speakers' pronunciation under the same context, a sheet of words which contains English initial and final consonant clusters were listed (Appendix 2). Each word was read twice by a subject. Initial consonant clusters test items are listed in Table 1. Final consonant clusters test items are listed in Table 2. Phonetic environment, familiarity and frequency of the test words were taken into consideration, but not strictly controlled.

Table1. Initial Consonant Cluster Test Items

bl-(1) blue	br-(1) bring	kl-(2) class climb	kr-(2) cream crisp	tr-(1) tree	dr-(2) dreams dry	dw-(1) dwarf	fl-(1) flag	fr-(1) friend	gl-(1) glass	gr-(2) grow groups	pl-(1) play	pr-(1) pray
qw-(2) question quilt	sk-(1) sky	sl-(1) slow	sp-(1) spilt	ʃr-(1) shrimp	θ r-(1) three	skr-(1) scream	sp-(1) speak	spr-(1) spring	st-(3) stamped stand stands	str-(1) street	tw-(1) twenty	N/A

Table2. Final Consonant Cluster Test Items

-rm (1) arm	-nt (1) aunt	-rn (1) barn	-gd (1) begged	-rf (1) dwarf	-kt (1) fact	-nd (2) friend stand	-dz (1) beds	-lp (1) help	-rp (1) harp	-zd (1) buzzed	-rb (1) orb	-md (1) seemed
-mz (1) dreams	-st (1) last	-nz (1) pens	- ŋdʒ (1) orange	-rk (1) park	-sk (1) risk	-ndz (1) stands	-rd (1) hard	-lpt (1) helped	-ps (2) lips groups	-lθ (1) health	-bz (1) Bob's	-sp(1) crisp

-rmz (1) arms	-nst (1) balanced	-rnz (1) barns	-ndʒd (1) changed	-rks (1) parks	-ks (1) six	-ʃt (1) pushed	-rt (1) short	-lt (2) quilt spilt	-rps (1) harps	-lz (1) walls	-rbz (1) orbs	-ŋk (1) thank
-mp (1) Jump shrimp	-nts (1) aunts	-ts (2) seats sits	-rv (1) carve	-kts (1) collects	-kst (1) next	-ft (1) shift	-rz (1) years	-lvd (1) solved	-nθ (1) month	-lb (1) bulb	-gz (1) legs	-ŋz (1) sings
-mpt (2) jumped stamped	-mps (1) jumps	-rnt (1) arn't	-rvd (1) carved	-rkt (1) parked	-sts (1) beasts	-tʃt (1) watched	-rts (1) hearts	-ld (1) world	-nθ s (1) months	-lf (1) wolf	-bd (1) webbed	-ŋks (1) thanks

Ten native speakers of Taiwanese were instructed to read the word list. Two native American English speakers served as the control group. Subjects were instructed to read each word twice, as naturally as possible, i.e. not to make an extra effort to adjust their accent. Subjects were given time to skim through the word list. Their pronunciation was recorded with a AIWA stereo cassette recorder (Model No. HS-J303) with an external microphone.

4. Analysis

The recordings were used as the input for the acoustic analysis[5] to verify the transcription. With the visual information of spectrogram, the researcher was able to make a more consistent and objective judgment call on the voicing distinction.[6] It also helped to identify if an epenthetic vowel was present.[7]

A list of subcategorization tags of position in a syllable and consonant clusters types can be found in Appendix 3. For example, **i** stands for word-initial, **f** stands for word-final, **pf** stands for a voiceless stop followed by a voiceless fricative, **bb** stands for a voiced stop followed by a voiced stop, etc.

There were four variables involving in the analysis of the consonant clusters: the position of the consonant cluster in a word, the number of consonants in a cluster, the voicing and the manners of articulation in a consonant cluster, and the categorization of the consonant cluster in terms of target-like and native-like[8]

---

[5] The spectrograms were done on the DSP Sono-Graph: model 5500

[6] If a segment is voiced, a low frequency dark stripe will show on the spectrogram.

[7] If there exists an epenthetic vowel, the vowel formants can be detected on the spectrogram.

[8] Target-like refers to the form which is predicted by the pronunciation rules of standard English. Native-like refers to the form which is deviant from the pronunciation rules of standard English, yet conforms to the way the two native speakers of English pronounced.

dimensions. For instance, if *-rnt* is pronounced as [rnt], it will be categorized as f|3|lnp|t, f satnds for word-final, 3 stands for a consonant cluster of three, lnp indicates that this is a sequence of a liquid + a nasal + a voiceless stop, and 't' stands for target-like forms. Appendix 3 lists all the subcategorization tags used in the current study.

If the two tokens were not pronounced in the same category by a subject, they would be marked by a question mark "?". Each consonant cluster was classified into one of the following four categories: target (t), non-target (n), target-but-non-native (N), and non-target-but-native (T). A target form is predicted by the pronunciation rules of Standard English. For example, the *-s* in *arms* should be pronounced as [z]. However, both the native English speakers pronounced it as [s]. Therefore, [z] will be considered target-but-non-native (N), while [s] will be considered as non-target-but-native (T). Non-target forms are those which involve deletion, devoicing, epenthesis, or other strategies that adult native English speakers do not usually use. For example, r --> w is a process of increasing sonority, i.e. making r less consonant like and easier to produce; therefore, r --> w, w is considered a non-target form.

5. Interrater Reliability

Two Taiwanese subjects' recordings were used for comparing interrater reliability. The researcher had one native English speaker and one Taiwanese speaker as raters of the researcher's transcriptions. This is to see how difference in rater's language background would effect the interrater reliability. Raters were told to circle one transcription that he or she agreed upon. If what they hear on the tape does not match either one of the given transcriptions, they can write down their own transcription in the blank space. We found the agreement rate between the researcher and the native English speaker was 91% for subject 1's interlanguage data and 73% for subject 2's interlanguage data. The agreement rates between the researcher and the Taiwanese rater were 85% and 67% respectively, and the agreement rates between the two raters were 85% and 71%. The difference in the interrater reliability shown in the data may be correlated with the accuracy in the two subjects' interlangauge pronunciation. Subject 1's pronunciation had higher accuracy rate.

6. Instrumentation

I used CHILDES[9] (Child Language Data Exchange System) to process the

---

[9] CHILDES is a software package originally designed to analyze L1 acquisition data. Here I am applying it to analyze L2 data.

subcategorized data. Each word was represented by three tiers in CHILDES. Each begins with a percent sign %. The first tier listed the code for the subject and the target word. For example, the following representation tells us that the speaker is PSZ, and the target word is *arm*.

%PSZ: arm

The second tier is the phonetic tier, which listed the expected target form and the actual pronunciation. For example, the following representation tells us that "pho" stands for the phonetic tier, rm is the expected target form, and the actual pronunciation was [rm].

%pho: rm=rm

The third tier is the quality tier, which coded the four variables previously mentioned. For example, the following representation tells us that "qua" stands for the quality tier, 'f' satnds for word-final, 3 stands for a consonant cluster of three, 'ln' indicates that this is a sequence of a liquid + a nasal, and 't' stands for a native-like target form.

%qua: f|2|ln|t

The format of each entry in CHILDES would look like the following:

%PSZ: arm
%pho: rm=rm
%qua: f|2|ln|t

7. Results

Graph 1 shows that the target-like percentage is significantly higher at the word-initial position than at the word-final position. This is true for all ten Taiwanese subjects' interlanguage data (Appendix 4). It is also true for a consonant cluster of two or three segments (see Table 3).

Graph 1. **target-like consonant clusters of word-initial and word-final**

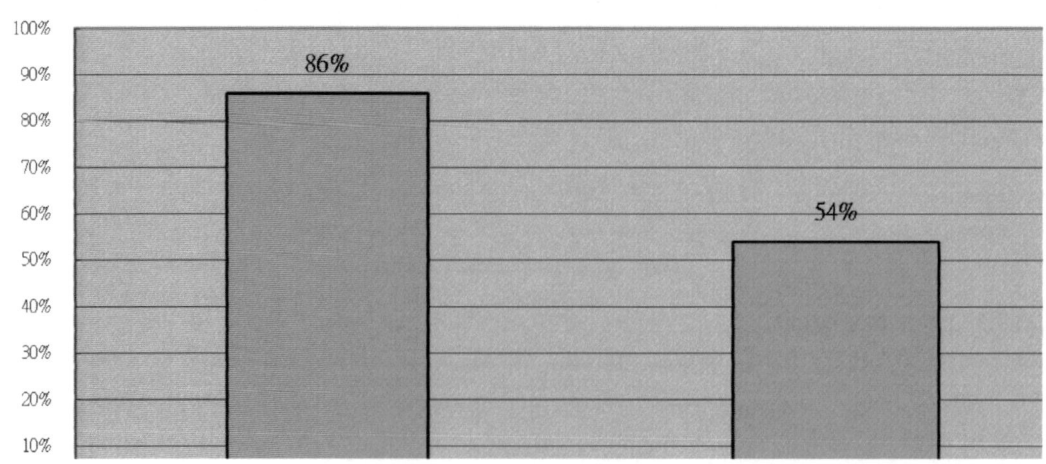

Table 3. Percentage of target-like consonant clusters in terms of number of consonants

	2 consonants in a cluster	3 consonants in a cluster
initial	86%	85%
final	61%	42%

Graph 2 shows that the target-like percentage is significantly lower for consonant clusters of voiced segments than for those of voiceless segments. This is true for all interlanguage data (Appendix 5). It is also true for a consonant cluster of two or three segments (see Table 3).

Graph 2. target-like consonant clusters of voiced vs. voiceless segments

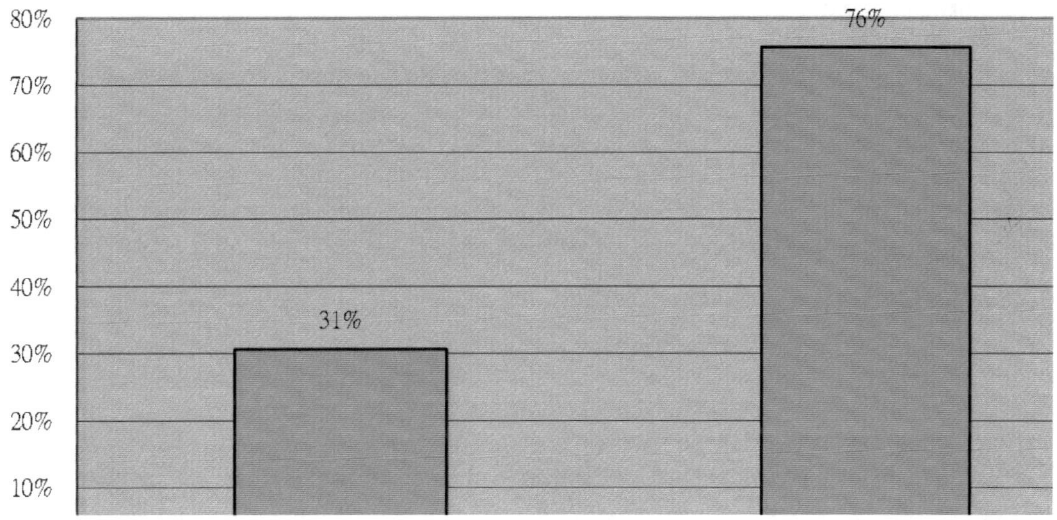

Table 4 shows that the target-like percentage is consistently higher at word-initial position. Word-final 2 consonants in a cluster achieves higher percentage of target-like forms than 3 consonants in a cluster. However, four subjects does not conform to the Resolvability Principle at word-initial position, i.e., 2 consonants in a cluster does not necessarily achieves the higher percentage of target-like forms than 3 consonants in a cluster for all subjects.

Table 4. Percentage of target-like consonant clusters in terms of position and number

	i2	i3	f2	f3	i	f
PSZ	92%	100%	83%	71%	93%	79%
CSH	96%	75%	75%	71%	93%	74%
PXJ	92%	75%	56%	50%	90%	54%
KJR	80%	75%	46%	33%	79%	42%
CJL	96%	100%	79%	75%	97%	78%
HZX	80%	100%	71%	54%	83%	65%
ZSY	80%	50%	56%	21%	76%	44%

RMY	84%	100%	42%	8%	86%	31%
LX	76%	75%	54%	17%	76%	42%
WMQ	84%	100%	46%	17%	86%	36%
avg	86%	85%	61%	42%	86%	54%

i2=initial consonant cluster of 2; i3= initial consonant cluster of 3; f2= final consonant cluster of 2; f3=final consonant cluster of 3; i=initial consonant; f=final consonant

Table 5 shows that the initial and final voiced consonant clusters may be pronounced devoiced even by native speakers. The target-like percentage is consistently higher for voiceless counterpart consonant clusters in both word-initial and word-final positions. The data in Table 5 suggest an intrinsic universal favor voiceless consonant clusters.

Table 5. Percentage of native-like consonant clusters in terms of position and number

trg = target-like
ntv = native-like

initial	**Tw(trg)**	**Eng(trg)**	**Tw(ntv)**	**Eng(ntv)**
bl-	68%	75%	82%	100%
pl-	77%	100%	77%	100%
bw-	90%	100%	90%	100%
pw-	100%	100%	100%	100%
final	**Tw(trg)**	**Eng(trg)**	**Tw(ntv)**	**Eng(ntv)**
-bb	10%	75%	15%	100%
-pp	90%	100%	90%	100%
-bv	27%	33%	27%	100%
-pf	84%	100%	84%	100%
-vb	20%	50%	40%	100%
-fp	84%	100%	84%	100%
-lbv	10%	0%	0%	100%
-lpf	37%	100%	37%	100%
-lb	13%	67%	20%	100%
-lp	50%	100%	50%	100%
-lv	15%	50%	20%	100%
-lf	35%	63%	35%	100%
-nG	40%	0%	90%	100%
-nC	100%	100%	100%	100%
-nb	43%	100%	43%	100%

-np	80%	100%	80%	100%
-nv	0%	0%	77%	100%
-nf	95%	100%	95%	100%
-npf	63%	100%	63%	100%
-npp	55%	100%	55%	100%

Table 6 and Table 7 were results of the partial replication and extension of Eckman's two implicational universals. Table 6 shows that 3 out of 10 subjects violated Eckman's Fricative-Stop Principle, which says if a language has at least one final consonant sequence consisting of stop + stop, it also has at least one final sequence consisting of fricative + stop.

Table 6. Interlanguage Varification Result for Eckman's Fricative-Stop Principle

+ = presence of a consonant cluster
- = absence of a consonant cluster
N = presence of a native-like but non-target consonant cluster
? = uncertain

	PSZ	CSH	PXJ	KJR	CJL	HZX	ZSY	RMY	LX	WMQ
-kt	+	+	+	+	+	+	+	-	+	+
-sp	+	+	+	+	+	+	+	-	-	+
-st	+	+	+	+	+	+	-	+	?	+
-sht	+	+	+	+	+	+	+	+	+	+
-sk	+	+	+	+	+	+	-	+	?	+
-ft	+	+	+	+	+	-	+	+	-	+
-gd	-	+	+	-	-	-	-	-	-	-
-bd	N	-	-	-	-	-	-	-	-	-
-zd	-	N	N	-	+	-	-	+	-	-
FS	for	for	for	for	for	against	against	for	against	for

Table 7 shows that 14 out of 230 tokens (6%) clearly violated the Resolvability Principle, which says if a language has a consonantal sequence of length m in either initial or final position, it also has at least one continuous subsequence of length m-1 in this same position.

Table 7. Interlanguage Varification Result for Eckman's Resolvability Principle

+ = for Resolvability Principle 90%
- = against Resolvability Principle 6%
? = uncertain 4%

	PSZ	CSH	PXJ	KJR	CJL	HZX	ZSY	RMY	LX	WMQ
-rnt	+	+	+	+	+	+	+	+	+	?
-rmz	+	+	+	+	?	+	+	+	+	+
-nts	+	+	?	-	+	?	+	+	+	+
-nst	+	+	+	+	+	+	+	+	+	+
-rnz	+	+	-	-	+	+	+	+	+	+
-sts	+	+	?	?	+	+	+	+	+	+
-rvd	+	+	+	+	+	+	+	+	+	+
-kts	+	+	?	?	+	+	+	+	+	+
-rps	+	+	+	+	+	+	+	+	+	+
-rts	+	-	-	+	+	+	+	+	+	+
-lpt	+	+	+	+	+	+	+	+	+	+
-mps	+	+	+	+	+	+	+	+	+	+
-kst	+	+	+	+	+	+	+	+	+	+
-rbz	+	+	+	+	+	+	+	+	+	+
-rkt	+	+	+	+	+	+	+	+	+	+
-rks	+	+	+	+	+	+	+	+	+	+
-ndz	+	+	+	-	?	+	+	+	+	+
-ngks	+	+	+	+	+	+	+	+	+	-
-mpt	+	+	+	+	+	+	+	+	+	?
spl-	+	+	-	-	+	+	+	+	+	+
str-	+	+	-	-	+	+	+	+	+	+
spr-	+	+	+	+	+	-	+	+	+	-
skr-	+	+	+	+	+	-	+	+	+	+

8. Discussion

In this section, two main points will be discussed: (a) the applicability of implicational universals; (b) intrinsic universals (phonetically motivated) can best explained the interlanguage phenomena.

The difference between typological universals and intrinsic universals is that we can always find counterexamples to the typological universals, but not to intrinsic universals. Not only interlanguage data but also first language data would conform to intrinsic universals. Typological universals are general statements about the tendency observed in documented language structures. People can always find counterexamples to typological universals no matter in primary language or in interlanguage. As the results shown in the study, we do find counterexamples to Eckman's principles. In fact, Eckman also observed counterexamples in his own study. However, he tried to explain the counterexamples with the lack of enough tokens to evaluate the result. However, we should not ignore counterexamples simply because the number is small. On the contrary, intrinsic universals can be explained by the phonetic laws of natural language, such as ease of production. There will be no exception to the intrinsic universals.

Another important issue relating to the proposed intrinsic universals is that second language researchers were trying to employ the typological universals to explain the phenomena observed in interlanguage data. I will quote Lass's (1989: 132-33) comment on this particular issue. He says:

> *It is debatable, however, if these observations can be pushed much further, i.e. given a non-formal, non-statistical interpretation, and used as the basis for an explanatory (predictive) theory. ... But it is not clear that the predictive power of any form of markedness theory is enough to make it interesting--as anything but a set of inductive generalizations about the distributions of properties in the world's languages. In particular there seems to be no good way to accounting for the 'failures' of markedness predictions.*

9. Conclusion

Eckman's (1991) Structural Conformity Hypothesis would have been a valid hypothesis, if he had applied intrinsic universals rather than typological universals. Position in a word and the voicing quality turn out to be the critical factors for the acquisition of consonant clusters rather than the number of a cluster sequence nor the stop-fricative difference.

The results of the current study not only sort out the intrinsic factors that is essential to the acquisition of consonant clusters, but also raise an important issue for SLA, i.e., what can be used as an explanatory theory for SLA? SLA is considered as an applied science, which means it is heavily dependent upon other disciplines of science. This study suggests that the L2 acquisition should be based on cognitively-induced intrinsic universals rather than structurally-based typological universals.

Appendix 1. Subject profile

Name	NL	Age	Sex	Exposure to English-Speaking Env.
JY	Eng	28	M	Native English speaker
DA	Eng	24	F	Native English speaker
PSZ	Tw	25	F	*1 year*
CSH	*Tw*	*34*	*F*	*2.5 years*
PXJ	*Tw*	*26*	*F*	*5 years*
KJR	*Tw*	*26*	*M*	*9 months*
CJL	*Tw*	*25*	*F*	*2 years*
HZX	*Tw*	*43*	*F*	*20 years*
ZSY	*Tw*	*21*	*F*	*None (reside in Taiwan)*
RMY	*Tw*	*32*	*M*	*6 years*
LX	*Tw*	*51*	*F*	*10 years*
WMQ	*Tw*	*23*	*M*	*None (reside in Taiwan)*

Appendix 2. A Word List of consonant clusters

accidental	day	magazine	spilt
aren't	dish	month	six
arm	dreams	months	sky
arms	dry	necessarily	slow
aunt	during	next	solved
aunts	dwarf	no	speak
balanced	fact	orange	spring
barn	flag	orb	stamped
barns	friend	orbs	stand
beasts	garage	park	stands
beautiful	give	parked	street
beds	glass	parks	television
begged	groups	peas	thank
blue	grow	pens	thanks
Bob's	hard	play	this
bring	harp	pray	three
bulb	harps	pure	tree
butter	health	pushed	tune
buzzed	hearts	question	twenty
carve	help	quilt	vacation

carved	helped	risk	walls
chair	inch	scream	watched
changed	international	seats	webbed
class	jump	seemed	why
climb	jumped	shift	with
collects	jumps	short	wolf
comparative	language	shrimp	world
cream	last	since	years
crisp	legs	sings	yes
cute	lips	sits	zero

Appendix 3. List of Subcategorization Tags

i = word-initial

f = word-final

2 = a consonant cluster of two

3 = a consonant cluster of three

t = target

n = non-target

N = non-target but native-like

T = target but non-native-like

? = the utterances can not be classified into one category

Cp = voiceless affricate + voiceless stop

bb = voiced stop + voiced stop

bl = voiced stop + liquid

bv = voiced stop + voiced fricative

bw = voiced stop + [w]

fl = voiceless fricative + liquid

fpf = voiceless fricative + voiceless stop + voiceless fricative

fpl = voiceless fricative + voiceless stop + liquid

fp = voiceless fricative + voiceless stop

lbv = liquid + voiced stop + voiced fricative

lb = liquid + voiced stop

lf = liquid + voiceless fricative

llb = liquid + liquid + voiced stop

lnp = liquid + nasal + voiceless stop

lnv = liquid + nasal + voiced fricative

ln = liquid + nasal

lpf = liquid + voiceless stop + voiceless fricative
lpp = liquid + voiceless stop + voiceless stop
lp = liquid + voiceless stop
lvb = liquid + voiced fricative + voiced stop
lv = liquid + voiced fricative
nC = nasal + voiceless affricate
nGb = nasal + voiced affricate + voiced stop
nG = nasal + voiced affricate
nbv = nasal + voiced stop + voiced fricative
nb = nasal + voiced stop
nff = nasal + voiceless fricative + voiceless fricative
nfp = nasal + voiceless fricative + voiceless stop
nf = nasal + voiceless fricative
npf = nasal + voiceless stop + voiceless fricative
npp = nasal + voiceless stop + voiceless stop
np = nasal + voiceless stop
nv = nasal + voiced fricative
pfp = voiceless stop + voiceless fricative + voiceless stop
pf = voiceless stop + voiceless fricative
pl = voiceless stop + liquid
ppf = voiceless stop + voiceless stop + voiceless fricative
pp = voiceless stop + voiceless stop
pw = voiceless stop + [w]
vb = voiced fricative + voiced stop

Appendix 4. Percentage of target-like consonant clusters of the ten subjects

	S1	S2	S3	S4	S5	S6	S7	S8	S9	S10	average
initial	93%	93%	90%	79%	97%	83%	76%	86%	76%	86%	86%
final	79%	74%	54%	42%	78%	65%	44%	31%	42%	36%	54%

Appendix 5. **Percentage of target-like consonant clusters in terms of voiced and voiceless components**

	bl-	bw-	-bb	-bv	-vb	-lbv	-lb	-lv	-nG	-nb	-nv	average
voiced	68%	90%	10%	27%	20%	10%	13%	15%	40%	43%	0%	31%
voiceless	77%	100%	90%	84%	84%	37%	50%	35%	100%	80%	95%	76%

References

[1] Croft, William. 2003. 2nd ed. Typology and Universals. New York: Cambridge University Press.

[2] Eckman, Fred R. 1991. The structural conformity hypothesis and the acquisition of consonant clusters in the interlanguage of ESL learners. SSLA 13.23-41.

[3] Eckman, Fred R. 1987. The reduction of word-final consonant clusters in interlanguage. Sound patterns in second language acquisition, ed. by Allan James and Jonathan Leather,143-62. Dordrecht: Foris.

[4] Karimi, S. 1987. Farsi speakers and the initial consonant cluster in English. Interlanguage phonology, ed. by Georgette Ioup and Steven H. Weinberger,305-18. Cambridge: Newbury House Publishers.

[5] Greenberg, Joseph, H. 1978. Universals of Human Language. California: Stanford University Press.

[6] Lass, Roger. 1989. Phonology: An introduction to basic concepts. Cambridge: Cambridge University Press.

[7] Stampe, David. 1979. A dissertation on natural phonology. New York: Garland Publishing, Inc.

[8] Ladefoged, Peter. 1982. A course in phonetics. 2nd ed. Los Angeles: Harcourt Brace Jovanovich, Inc.

[9] Lisker, Leigh, and Arthur S. Abramson. 1964. A cross-language study of voicing in initial stops: acoustical measurements. Word 20.384-422.

[10] Carlisle Robert S. 2001. Syllable structure universals and second language acquisition. International Journal of English Studies 1.1-19.

[11] Edge, Beverly A. 1991. The production of word-final voiced obstruents in English by L1 speakers of Japanese and Cantonese. SSLA 13.377-93.

[12] Edwards, Jette G. Hansen, & Mary L. Zampini (Eds.). 2008. Phonology and second language acquisition. Philadelphia: Benjamins.

[13] Major, Roy C. 1987. The natural phonology of second language acquisition. Sound patterns in second language acquisition, ed. by Allan James and James Leather,207-24. Dordrecht: Foris.

[14] Sato, Charlene J. 1985. Task variation in interlanguage phonology. Input in second language acquisition, ed. by Susan M. Gass and Carolyn G. Madden,181-96. Rowley: Newbury House Publishers, Inc.

多語語碼轉換之未知詞擷取

Unknown Word Extraction from Multilingual Code-Switching Sentences

吳依倫 Yi-Lun Wu
元智大學資訊管理學系
Department of Information Management
Yuan Ze University
s986301@mail.yzu.edu.tw

謝佼彣 Chaio-Wen Hsieh
元智大學資訊管理學系
Department of Information Management
Yuan Ze University
s971641@mail.yzu.edu.tw

林瑋軒 Wei-Hsuan Lin
元智大學資訊管理學系
Department of Information Management
Yuan Ze University
s971636@mail.yzu.edu.tw

劉君毅 Chun-Yi Liu
元智大學資訊管理學系
Department of Information Management
Yuan Ze University
s971647@mail.yzu.edu.tw

禹良治 Liang-Chih Yu
元智大學資訊管理學系
Department of Information Management
Yuan Ze University
lcyu@saturn.yzu.edu.tw

摘要

在多語環境下，一段語句可能發生由一種語言轉換到另一種語言的現象，也就是說，語句由兩種或兩種以上的語言所組成，此即為語碼轉換(code-switching)現象。以我國語言使用的情況來說，國語夾雜台客英短語的現象在日常生活中已相當普遍，這些語言混用現象也造成了語言處理上的重大挑戰。有鑑於此，本論文收集中英、國台及國客夾雜之文字語料，並分析以國語爲主要語言之中英、國台及國客夾雜現象，接著提出以交互資訊(mutual information)與熵(entropy)爲基礎之未知詞擷取演算法，自動從多語夾雜語料中找出未知詞。實驗結果顯示本論文所提出的方法可藉由過濾無關的新詞提升未知詞擷取之精確度。

關鍵詞：語碼轉換、未知詞擷取、交互資訊、熵

一、緒論

語音及語言處理在人機介面應用中扮演相當重要的角色。近年來，在國內外研究學者共同努力下，語音及語言處理技術已有顯著的進步並逐漸實現在許多應用之中，如：語音辨識與合成(speech recognition and synthesis)、口語對話系統(spoken dialog system)及語音查詢與檢索(speech query and retrieval)等。然而，全球共有超過 6,900 種語言[1]，加上全球化趨勢與國際交流日益頻繁，人們對於多語(multilingual)服務的需求也逐漸增加，例如：出國旅遊時即可能需要多語點餐、導覽甚至緊急醫療服務；國際化企業亦可藉由多語電話客服系統協助其全球客戶解決問題。因此，現行系統如何支援多種語言便成爲目前語音及語言處理技術重大的挑戰之一。

在多語環境下，一段語句中可能發生由一種語言轉換到另一種語言的現象，也就是說，語句由兩種或兩種以上的語言所組成，此即爲語碼轉換(code-switching)或語言混合(language mixing)現象[2][3]。這種現象較常發生在使用雙語或多語的地區，一般語者受其文化及教育的影響，在全球化及現代化的過程中對於本地方言及外來語接受較高而成爲雙語或多語使用者，因此在使用語言時，常會因爲不同的習慣、場合及對象而產生多語夾雜或混用的語句。這些多語夾雜語句的特性之一就是以一種語言爲主要語言(primary language)，而其他次要語言(secondary language)以字詞或片語等短語的形式夾雜其中。以台灣地區來說，除了一般通行的國語(Mandarin)外，國人對於台語(Taiwanese)甚至是客語(Hakka)的使用也很普遍，加上中英雙語教學的推行及教育水準不斷提高，學習英語早已成爲全民運動，因此，日常生活中常會出現國語夾雜台語、客語及英語等混用現象，這些現象亦常出現在新聞媒體、報章雜誌及網路文件中。下列句子即是以國語爲主要語言，夾雜英語(E)、台語(T)及客語(H)短語之範例句 (資料來源：網路新聞與搜尋結果)。

(E1) 兩岸 **ECFA** 即將進入正式協商。

(E2) 享受樂活舒壓的 **SPA** 活動。

(T1) 選情緊繃，候選人四處**趴趴走**拜票。

(T2) 這裡有一家很傳統的柑仔店。

(H1) 客家對於天穿日非常重視。

(H2) **四炆四炒**是客家菜的代表菜色之一。

在語碼轉換相關研究中，大部分仍著重從語言學或社會學的角度探討語碼轉換現象，對於自動處理語碼轉換語音及語言的相關研究並不多見，而國內近年來已有部分研究團隊積極朝此領域發展。在語料庫方面，有台師大、清大、交大、成大及台大共同錄

製的 EAT (http://www.aclclp.org.tw)語料庫，其中即包含中英夾雜句，而長庚大學亦有錄製國台客多語語音資料庫 ForSDat (Formosa Speech Database) [4]；在語音辨識方面，成大在中英混合語音辨識上已有成果發表[5][6]，長庚及元智大學亦有從事國台、國客混合語音辨識之研究[7][8]；其它地區則有學者針對廣東語-英語混合句進行語音辨識[9][10]，中英日等六種語言之聲學模型[11]，或是中英混合句的語音合成[12][13]。

上述多語語碼轉換相關研究著重於語料庫建立、語音辨識與合成之研究，對於詞典擴增(lexicon augmentation)、語言模型(language modeling)及語音辨識後語言理解(spoken language understanding)等語言處理層面的議題較少探討，然而這些議題在語音處理技術上亦扮演重要的角色，例如：在詞點擴增的議題中，(E1)中的 ECFA 即無法在英文詞典找到，(T1)與(T2)中的"趴趴走"與"柑仔店"也無法從台語字典找到，這些未知詞都會影響後續語言模型及語音理解的效果。有鑑於此，本論文收集中英、國台及國客夾雜之文字語料，並分析以國語爲主要語言之中英、國台及國客夾雜現象，接著提出以交互資訊(mutual information)與熵(entropy)爲基礎之未知詞擷取演算法，自動從多語夾雜語料中找出未知詞。本論文章節安排如下：第二章簡介多語夾雜語料庫及分析結果；第三章說明未知詞擷取演算法；第四章爲實驗結果；第五章爲結論。

二、多語夾雜語料收集與分析

(一) 多語夾雜語料收集

本論文所探討的語碼轉換現象限定於國台客英四種語言，並且以國語夾雜台語、客語及英語短語的混用現象爲主，分析這些現象可進一步瞭解多語夾雜語料庫的特性，包括容易發生夾雜現象的句型或語法結構等，亦有助於後續未知詞擷取、語言模型及語言理解模組之設計。中英及國台夾雜語料較爲常見，透過網路 BBS、Blogs、討論區等收集有關新聞時事、旅遊、美食等主題即可取得語料，至於國客夾雜語料收集上較爲困難，但網路上仍有部分專業網站提供客語學習等相關資源，例如：行政院客家委員會推動的「哈客網路學院」 (http://elearning.hakka.gov.tw/)，站內提供一系列的客語能力認證教材，並可超連結至「臺灣客語詞彙資料庫」(http://wiki.hakka.gov.tw/)，該資料庫將客語詞彙區分爲 30 大類，並提供四縣、饒平、六堆、海陸、美濃、詔安及大埔等七種腔調之字典檔，總計 35,605 個詞彙，每個客語詞彙均有音標以及國語及英語辭義解釋，更重要的是有提供客語造句範例及對應的國語譯句，例如：海陸腔詞彙檔中編號 01-013 的詞彙「風搓」，代表第一大類天文地理中的第十三個詞彙，其國語解釋爲颱風，客語例句及國語譯句如下。

人講：「一雷壓三搓」，𠊎看這擺个風搓怕毋會登陸咧。　　(客語例句)
俗話說：「一雷壓三颱」，我看這次的颱風可能不會登陸了。　　(國語譯句)

由於所謂國客夾雜語句係指以國語爲主要語言夾雜客語短語之語句，因此可將客語詞彙取代國語譯句中意義相同的詞彙得到國客夾雜語料，例如：上例中，若將客語詞彙風搓取代國語譯句中的颱風即可得到一國客夾雜句子，不過當字典檔中國客詞彙相同時，這種詞彙取代的方法將失效，因此，我們初步從海陸字典檔 4,959 個詞彙之例句中，扣除國客詞彙相同的例句，再以詞彙取代的方法產生共 1,275 句國客夾雜語料。

(二) 語碼轉換現象分析

在多語夾雜語句中，雖然台客英等短語可能出現在國語語句內任何位置，但在實際使用上並非完全沒有規則可循，目前已有學者針對中英夾雜語句分析英語短語出現的語法結構及樣式(pattern)[2][3]，我們依其整理出的樣式分析從網路收集到的國台客英夾雜語料，部分結果如表一所示。爲了進一步分析這些夾雜短語的詞性與型態，我們隨機選取 500 份網路新聞以人工方式找出夾雜的台語及英語短語，其詞性與型態分佈情形如表二及表三所示。由表二的統計結果發現，中文語句中所夾雜之英語短語約有 90%是名詞，並以人名、地名及組織名較爲常見，而動詞僅佔了約 10%，這顯示了在表達動詞時一般較常使用母語，而表達名詞時，因爲許多公司、餐廳及地方等名稱本來即是英文，直接以英文表達並不會造成溝通的不便，因此並不常翻譯成中文使用，甚至有些情形下直接以英文表達反而比翻譯更容易理解。至於國語語句中夾雜台語短語的分佈情形，由表 3 的統計結果可發現動詞約佔 70%，名詞僅佔約 24%，結果與英語短語的分佈相反，這顯示了以台語表達動詞較爲常見，例如：挫著等, 阿莎力, 趴趴走等，原因除了說話者個人的習慣之外，使用這些詞彙較能以通俗的方式表達語意也是可能的原因之一，至於名詞較少使用台語短語可能是使用台語命名的地名、組織名較少的原因。另一方面，不論是台語的名詞或動詞短語其型態較不一定，較難呈現分類上的趨勢，不像英語名詞短語較集中分佈在人名、地名及組織名，因此表三並未進一步細分台語短語各詞類之型態。

表一、國語夾雜台客英短語之句型樣式

編號	句型樣式	範例句
1	程度副詞(Dfa) + 短語(Adj) (e.g., 很、非常、相當、最)	這道料理**非常 smooth** 入口即化 這家餐廳的老闆**很阿莎力** 隔壁的小孩一點也不瘦，反而很**大箍** (客)
2	短語(Adj) + 的(DE)	這裡都沒有可以 **shopping 的**地方 終於體驗到甚麼是**足感心的**服務了 小孩子什麼都不肯吃，所以餵養得**瘦夾夾的** (客)
3	的(DE) + 短語(Noun)	紐約**的 pizza**，單片就幾乎比臉大 好想念劉文聰**的番仔火**跟雞蛋糕啊！ 媽媽**的黃瓠粄**做得很好吃 (客)
4	1. + 2. 2. + 3. 1. + 2. + 3.	介紹你一家我**很尬意的**火鍋店 哪一間 **hotel 的 view** 最棒？ 這附近有一些**很古早的柑仔店** 他是**很擛人的**小孩，總愛耍無賴 (客)
5	數量定詞(Neqa) + 短語(Noun) (e.g., 很多、許多、一些)	我們還有**一些 issue** 要解決 這夜市有賣**很多賊仔貨** 吃飯前不要吃那麼多**零嗒** (客)
6	短語(Noun) + 位置詞(Ncd) (e.g., 上、下、內、裡、旁)	我們約在 **lobby 旁**的水池見面 **烘爐地上**有一尊超級大的土地公神像 晚飯後，祖父常在**天塀坪裡**唱山歌 (客)

表二、中英夾雜語料英語短語之詞性與型態分佈

詞性		數量	比例		範例
名詞	人名	89	25.14%	**90.4%**	John Culver, Kobe, Paul Hertz
	地名	80	22.60%		Boston, London, Paris
	組織	70	19.77%		NASA, NIKE, NHK, LV, Sony
	單位	14	3.95%		cm, GHz, kg
	食物	13	3.67%		bagel, coffee, salad
	其他	54	15.25%		cartoon, CPR, I-phone, MSN, MVP
動詞	—	34	9.6%	**9.6%**	call-in, DIY, po, shopping
合計		**354**	**100%**		

表三、中英夾雜語料台語短語之詞性與型態分佈

詞性	數量	比例	範例
名詞	17	23.61%	咱, 阮, 月娘, 運將, 囝囡, 代誌, 天公伯, 古早厝
動詞	50	69.44%	尬意, 讀冊, 拍謝, 假仙, 挫著等, 阿莎力, 趴趴走
副詞	2	2.78%	攏, 嘛
疑問詞	3	4.17%	安怎, 蝦米, 衝啥
合計	**72**	**100%**	

三、未知詞擷取

多語夾雜語料庫中夾雜的短語有些並未出現在目前的字典中，因此可能無法正確的斷詞，例如：”趴趴走”即無法被 CKIP 斷詞系統(http://ckipsvr.iis.sinica.edu.tw)[14]斷成一個詞，因此本年度另一項工作就是從多語夾語料庫中找出未知詞，尤其是夾雜短語的部分。我們提出的未知詞擷取演算上做法上是先對語料庫進行斷詞，此時未知詞將被切成數個單字詞或較短的詞，因此兩相鄰詞是否經常在語料中重複出現就成爲偵測新詞的重要依據。我們使用文獻中常用的點式交互資訊(Pointwise Mutual Information, PMI)[15]來衡量兩詞的內聚力，並以閥值(threshold)篩選有較大 PMI 值的相鄰詞爲候選新詞。由於 PMI 只考慮兩個詞是否經常相鄰出現，但經常相鄰出現的字合併後未必是新詞，有鑑於此，我們除了使用 PMI 之外，亦將使用前後文脈之 entropy 來過濾無關的新詞以提升精確度[16]，流程如圖一所示。

(一) CKIP 斷詞

我們收集的多語夾雜語料庫經過國台客英字典及 CKIP 斷詞，此時未知詞將以單字詞或短語的形式出現，而英文單字將被 CKIP 標記爲 FW。

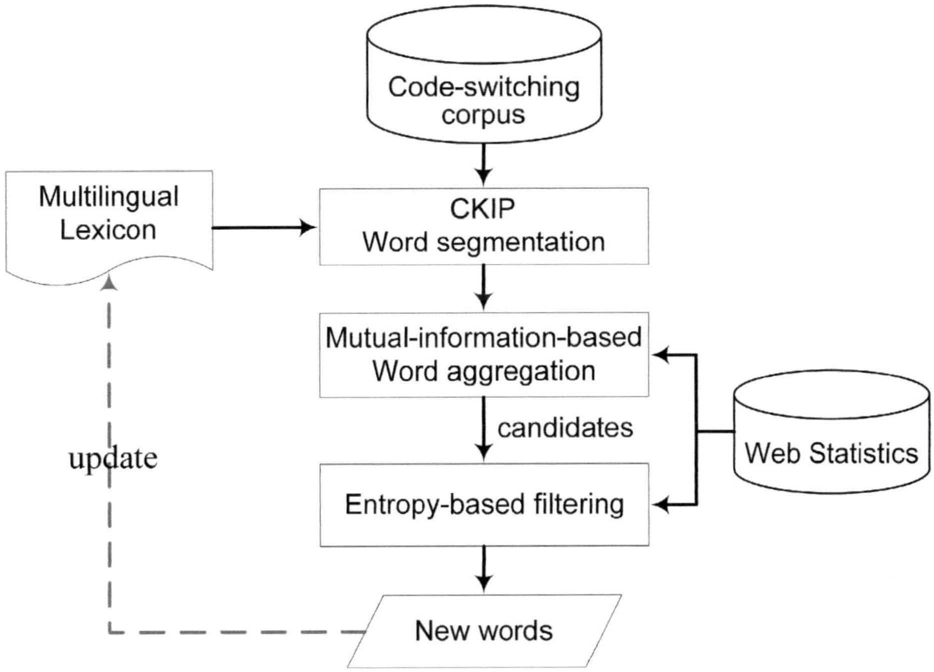

圖一、未知詞擷取流程圖

(二) 以交互資訊爲本的聚合機制(Mutual-information-based word aggregation)

針對語料庫中斷完詞的句子，從左至右計算任兩相鄰詞的 PMI 分數，定義如下。

$$PMI(w_i, w_j) = \log \frac{P(w_i, w_j)}{P(w_i)P(w_j)} = \log \frac{C(w_i, w_j) \bullet N}{C(w_i)C(w_j)}, \tag{1}$$

其中 $C(w_i, w_j)$ 表示 w_i 與 w_j 在語料庫中相鄰出現的次數，而 N 代表語料中的字數且爲常數，在此我們取 Google 查詢所回傳的文件數做爲 $C(w_i, w_j)$ 、 $C(w_i)$ 及 $C(w_j)$ ，由於無法知道正確的 N 值，我們以 10^{12} 代替之 (N 值大小並不影響 PMI 的排序結果)。當所有相鄰詞的內聚力計算完後以 PMI 值遞減排序，接著即可篩選有較大 PMI 值的相鄰詞爲新詞候選者。

(三) 以 Entropy 爲本的過濾機制(Entropy-based filtering)

前一個階段產生的候選新詞可能包含無關的新詞，其主要原因在於 PMI 只考慮詞與詞的內聚力，並未考慮該詞是否爲一個語意完整的單元。一般來說，統計式方法較難直接評估一個詞語意的完整性，不過一個語意完整的詞在語用的表現上卻有其特徵，也就是它可與許多其它的詞搭配使用形成更大的單元，因此，若某個詞與之相鄰的詞較少且集中在少數幾個時，即表示它與這些詞的相依性高，較有機會合併成爲新詞。根據上述特性，一個詞的語意完整性便可用與之相鄰詞的數量及分散程度間接衡量，原則如下所示。

相鄰詞數量多且分佈平均 → *語意完整性高* → *單獨使用*

相鄰詞數量少且分佈集中 → *語意較不完整* → *適合與其相鄰詞合併成爲新詞*

表四、“趴趴”之左右文脈情形(取前五個最常出現的詞)

趴趴			
詞頻	左文脈	右文脈	詞頻
8	愛	走	336
5	軟	GO	42
5	台灣	造	23
2	【	熊	21
1	「	照	19

舉例來說，”趴趴走”使用 CKIP 斷詞的結果爲“趴趴” “走”，因此，我們以“趴趴”爲例查詢 Google，並從回傳結果中擷取 999 筆含有“趴趴”的標題，分析緊鄰其左右的詞彙分佈情形，如表四所示。由結果可以發現，“趴趴”的左邊及右邊分別出現 212 及 58 個不同的詞，並且其右邊文脈分佈相當集中，“走”就佔了 336 次，而左文脈的分佈則較爲平均，這顯示“趴趴”與“走”的相依性高，較有可能向右合併形成爲新詞。

爲了以系統化的方法分析每個詞左右文脈分佈的集中程度，我們可用左右文脈的詞頻除以總詞頻的方式將左右文脈轉換爲機率表示法，再以 entropy 表示左右文脈分佈的集中程度。假設 $RC(w_t)=\{w_1,...,w_n\}$ 表示某個詞 w_t 的右文脈(right context)，也就是語料庫中緊鄰出現在 w_t 右邊的字詞集合，則 w_t 右文脈的 entropy 可定義爲

$$H_{RC}(w_t) = -\sum_{w_i \in RC(w_t)} P(w_i)\log_2 P(w_i), \tag{2}$$

其中 $H_{RC}(w_t)$ 爲 w_t 右文脈的 entropy，而 $P(w_i) = C(w_i)/N$ 爲 w_t 右文脈中某個詞出現的機率，其中，$C(w_i)$ 爲語料庫中 w_i 緊鄰出現在 w_t 右邊的次數，N 爲語料庫中所有緊鄰出現在 w_t 右邊的總次數。同理，$H_{LC}(w_t)$ 表示 w_t 左文脈的 entropy，計算方法同上。根據上述 entropy 的計算方式，文脈分佈愈集中，則 entropy 愈小表，而文脈分佈愈平均，則 entropy 愈大。因此，以 entropy 來衡量一個詞的語意完整性，其原則如下。

Entropy 大 → 語意完整性高 → 單獨使用

Entropy 小 → 語意較不完整 → 適合與相鄰詞合併成爲新詞

表五即爲趴趴走等詞左右文脈的 entropy。由表五可發現”趴趴”右文脈的 entropy 較低，表示其語意較不完整，適合與其右邊的詞”走”合併成爲一個新詞，至於”是”與”的”這兩個詞左右文脈的 entropy 都很大，表示這些單字詞已經是完整的語意單元，不需要與其它詞合併。由此觀察可發現當兩個詞要合併時，如果其中一個詞的左邊或右邊不完整時，便是一個良好的合併候選者，因此，我們定義兩個詞 w_i 與 w_j 合併前的 entropy 爲 w_i 右文脈與 w_j 左文脈 entropy 的最小值，如下所示。

$$H_{before}(w_i, w_j) = min(H_{RC}(w_i), H_{LC}(w_j)), \tag{3}$$

表五、合併前後左右文脈 entropy — 以趴趴走、是的爲例

	$H_{LC}(w_t)$	$H_{RC}(w_t)$		$H_{LC}(w_t)$	$H_{RC}(w_t)$
趴趴	6.07	**2.75**	是	7.17	8.24
走	4.85	5.56	的	8.34	7.72
趴趴走	6.07	5.56	是的	7.17	7.72

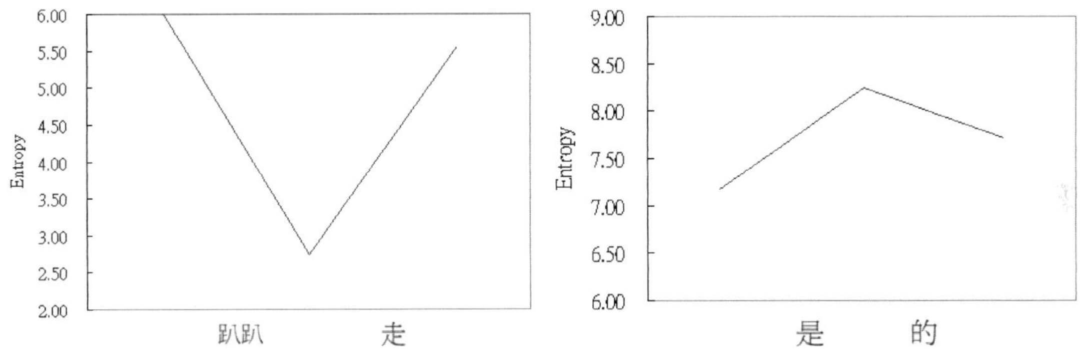

(1) (2)

圖二、兩詞合併前後 entropy 變化情形

表五的另一個發現爲兩詞合併後其左右文脈的 entropy 會變大，這是因爲合併後的新詞語意較爲完整之故，例如：趴趴走合併前的 entropy 爲 2.75，合併後若取"趴趴"的左文脈爲合併後的左文脈，"走"的右文脈爲合併後的右文脈，則合併後左右文脈的 entropy 分別變大爲 6.07 與 5.56，如圖二(1)所示，反之，兩個語意完整不需合併的詞如果合併，則合併後的 entropy 並不會明顯變大，甚至可能變小，如表五及圖二(2)中"是"與"的"的範例所示。由此可知，兩個詞合併前後 entropy 的變化便是判斷是否爲新詞的重要依據，因此，我們定義兩詞合併前後的 entropy 比值(ratio)，如下所示。

$$\lambda^{LC}_{w_iw_j} = \frac{H^{LC}_{after}(w_i, w_j)}{H_{before}(w_i, w_j)}, \qquad (4)$$

$$\lambda^{RC}_{w_iw_j} \frac{H^{RC}_{after}(w_i, w_j)}{H_{before}(w_i, w_j)}, \qquad (5)$$

其中 $\lambda^{LC}_{w_iw_j}$ 與 $\lambda^{RC}_{w_iw_j}$ 分別爲 w_i 與 w_j 兩個詞合併後左右文脈 entropy 與合併前的比值，其中 $H^{LC}_{after}(w_i, w_j) = H_{LC}(w_i)$ ，也就是取 w_i 的左文脈做爲 w_i 與 w_j 合併後的左文脈，同理，$H^{RC}_{after}(w_i, w_j) = H_{RC}(w_j)$ ，因此，當 $\lambda^{LC}_{w_iw_j}$ 與 $\lambda^{RC}_{w_iw_j}$ 皆大於 1 時代表合併後 entropy 較合併前大，可考慮將兩詞合併成爲新詞。

四、實驗結果

(一) 實驗設計

在實驗設計上，我們從雅虎新聞中隨機挑選 500 篇新聞，接著以人工的方式找出國台夾雜的句子，再以 CKIP 斷詞系統進行斷詞，如果某句所夾雜的台語短語無法被正確的斷詞，則表示該短語爲台語新詞，反之，可以被正確斷出的台語短語將不列入本實驗中。依此原則，本實驗共挑選出 40 句包含台語新詞的國台夾雜測試句，句中任兩相鄰詞皆爲合併候選者，共計 200 個，其中僅有 41 個台語新詞，即爲本實驗的標準答案。測試時，給定一斷完詞的測試句，首先透過 Google 的回傳結果從左至右計算句中任兩相鄰詞的 PMI 分數及左右文脈 entropy，接著針對有較高 PMI 的相鄰詞以合併前後的 entropy 比值，即 $\lambda_{w_i w_j}^{LC}$ 與 $\lambda_{w_i w_j}^{RC}$ 做爲閥值來評估是否合併成爲新詞，最後以召回率(recall)、精確率(precision)與 F-measure 來評估未知詞擷取演算法的效果，其中召回率是用來評估系統能從正確的 41 個新詞中找出幾個，精確率則是評估系統所建議的新詞中有多少是正確的，而 F-measure 則是召回率與精確率的綜合評估，即 2 * recall * precision / (recall+precision)。一般說來，調高 PMI、$\lambda_{w_i w_j}^{LC}$ 與 $\lambda_{w_i w_j}^{RC}$ 等閥值將可提系統的精確率，但召回率卻可能下降，反之，若閥值太低則可以找出更多新詞，但也會降低系統的精確度。

(二) 結果

表六即爲部分候選新詞之 PMI 及合併前後左右文脈 entropy 之比值。結果顯示調高 PMI 等閥值可過濾許多不爲新詞的候選詞，但也可能損失如"破糊糊"(PMI 太小)與"皮皮挫"($\lambda_{w_i w_j}^{LC}$ 太小)等正確的新詞。本實驗藉由調整閥值(PMI=3，$\lambda_{w_i w_j}^{LC}$ =1.15，$\lambda_{w_i w_j}^{RC}$ =1.05)得到的最佳結果爲 F-measure=68.49%，Recall=60.98%，Precision =78.13%，如表七所列之部分結果，圖三即爲同時調整 $\lambda_{w_i w_j}^{LC}$ 與 $\lambda_{w_i w_j}^{RC}$ (0.75 ~ 1.25)之實驗結果。

表六、候選新詞之 PMI 及合併前後左右文脈 entropy 之比值

候選詞	PMI	$\lambda_{w_i w_j}^{LC}$	$\lambda_{w_i w_j}^{RC}$
瞭解 甚麼	12.69	1.11	1.00
碎碎 念	12.33	4.14	5.29
皮皮 挫	11.42	0.92	1.07
囝 囡	11.07	1.29	1.38
才 發生	3.90	0.79	0.96
好 山	0.80	1.13	1.18
破 糊糊	-2.14	1.33	1.14
就 是	-2.87	1.13	1.27

表七、不同閥值未知詞擷取效果之影響 (PMI=3)

$\lambda_{w_i w_j}^{LC}$	$\lambda_{w_i w_j}^{RC}$	Recall	Precision	F-measure
1.15	0.75	0.6585	0.6000	0.6279
1.15	0.80	0.6585	0.6136	0.6353
1.15	0.85	0.6585	0.6136	0.6353
1.15	0.90	0.6585	0.6136	0.6353
1.15	0.95	0.6341	0.6341	0.6341
1.15	1.00	0.6098	0.6757	0.6410
1.15	**1.05**	**0.6098**	**0.7813**	**0.6849**
1.15	1.10	0.5610	0.7667	0.6479
1.15	1.15	0.5366	0.8148	0.6471
1.15	1.20	0.4390	0.9000	0.5902
1.15	1.25	0.4390	1.0000	0.6102

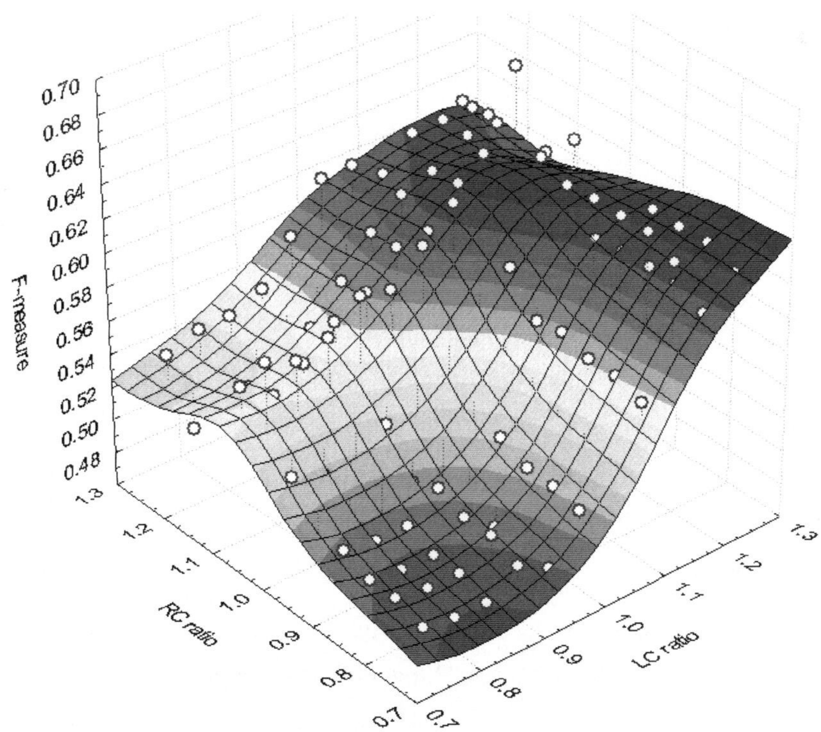

圖三、兩詞合併前後 entropy 變化情形

五、結論

本論文提出結合交互資訊與熵之未知詞擷取演算法，自動從多語夾雜語料中找出未知詞，使用交互資訊之目的在計算詞與詞的內聚力並挑選較高者爲候選新詞，接著使用以熵爲基礎的過濾機制，根據候選新詞左右文脈的分佈情形過濾無關的新詞，實驗結果顯示本論文所提之以熵爲基礎的方法可藉由過濾無關的新詞提升未知詞擷取之精確度。未來，我們將研究機器學習的方法以期達到更精確的結果。

誌謝

本研究感謝王政欽及粘書豪同學在先期工作上所做的努力。此外，本研究承蒙國科會 NSC 99-2221-E-155 -036 -MY3 費補助特此致謝。

參考文獻

[1] P. Fung and T. Schultz, "Multilingual Spoken Language Processing," *IEEE Signal Processing Magazine*, 25(3), pp. 89-97, 2008.

[2] L. Ge, "An investigation on English/Chinese Code-switching in BBS in Chinese Alumni's Community," Master thesis, University of Edinburgh, 2007.

[3] Y. Liu, "Evaluation of the Matrix Language Hypothesis: Evidence from Chinese-English Code-switching Phenomena in Blogs," *Journal of Chinese Language and Computing*, 18(2), pp. 75-92, 2008.

[4] R. Y. Lyu, M. S. Liang, and Y. C. Chiang, "Toward Constructing a Multilingual Speech Corpus for Taiwanese (Min-nan), Hakka, and Mandarin," *International Journal of Computational Linguistics and Chinese Language Processing*, 9(2), pp. 1-12, 2004.

[5] C. H. Wu, Y. H. Chiu, C. J. Shia, and C. Y. Lin, "Automatic Segmentation and Identification of Mixed-language Speech using Delta-BIC and LSA-based GMMs," *IEEE Trans. Audio, Speech, and Language Processing*, 14(1), pp.266-276, 2006.

[6] C. L. Huang and C. H. Wu, "Generation of Phonetic Units for Mixed-Language Speech Recognition Based on Acoustic and Contextual Analysis," *IEEE Trans. on Computers*, 56(9), pp. 1225-1233, 2007.

[7] D. C. Lyu, R. Y. Lyu, Y. C. Chiang, and C. N. Hsu, "Speech Recognition on Code-switching among the Chinese Dialects," in *Proc. of ICASSP-06*, pp. 1105-1108, 2006.

[8] W. T. Hong, H. C. Chen, I. B. Liao, and W. J. Wang, "Mandarin/English Mixed-Lingual Speech Recognition System on Resource-Constrained Platforms," in *Proc. of ROCLING-09*, pp. 237-250, 2009.

[9] J. Y. C. Chan, P. C. Ching, T.Lee and H. M. Meng, "Detection of Language Boundary in Code-switching utterances by Bi-phone Probabilities," in *Proc. of ISCSLP-04*, pp. 293-296, 2004.

[10] J. Y. C. Chan, P. C. Ching, T.Lee and H. Cao, "Automatic Speech Recognition of Cantonese-English Code-mixing Utterance," in *Proc. of Interspeech*, pp. 113-116, 2006.

[11] C. M. White, S. Khudanpur, and J. K. Baker, "An Investigation of Acoustic Models for Multilingual Code-Switching," in *Proc. of Interspeech*, 2008.

[12] Y. Zhang and J. Tao, "Prosody Modification on Mixed-Language Speech Synthesis," in *Proc. of ISCSLP-08*, pp. 1-4, 2008.

[13] Y. Qian, H. Liang, and F. Soong, "A Cross-Language State Sharing and Mapping Approach to Bilingual (Mandarin–English) TTS," *IEEE Trans. on Audio, Speech, and Language Processing*, 17(6), pp. 1231-1239, 2009.

[14] W. Y. Ma and K. J. Chen, ""Introduction to CKIP Chinese Word Segmentation System for the First International Chinese Word Segmentation Bakeoff," in *Proc. of ACL, Second SIGHAN Workshop on Chinese Language Processing*, pp. 168-171, 2003.

[15] K. Church and P. Hanks. "Word Association Norms, Mutual Information and Lexicography," *Computational Linguistics*, vol. 16, no. 1, pp. 22-29, 1991.

[16] Z. Luo, and R. Song, "An Integrated Method for Chinese Unknown Word Extraction," in *Proc. of the Third SIGHAN Workshop on Chinese Language Learning*, pp. 148-155, 2004.